★ 国家出版基金资助项目
★ 湖北省学术著作出版专项资金资助项目

高等教育与社会发展论丛

董泽芳◇主编

挑战与应答：
高等教育与农村发展互动

彭拥军　著

华中师范大学出版社

新出图证（鄂）字 10 号

图书在版编目（CIP）数据

挑战与应答：高等教育与农村发展互动/彭拥军著. —武汉：华中师范大学出版社，2017.9

（高等教育与社会发展论丛/董泽芳主编）

ISBN 978-7-5622-7954-9

Ⅰ. ①挑…　Ⅱ. ①彭…　Ⅲ. ①高等教育—关系—农村—人才流动—研究—中国　Ⅳ. ①C964.2

中国版本图书馆 CIP 数据核字（2017）第 233277 号

挑战与应答：高等教育与农村发展互动

© 彭拥军　著

责任编辑： 古　沁　　**责任校对：** 肖绪旭

装帧设计： 罗明波

编辑室： 学术出版中心　　**电话：** 027－67863220/7792

出版发行： 华中师范大学出版社　　**社址：** 湖北省武汉市洪山区珞喻路 152 号

电话： 027－67863426（发行部）　027－67861321（邮购）

传真： 027－67863291　　**邮编：** 430079

网址： http：//press. ccnu. edu. cn　　**电子信箱：** press@mail. ccnu. edu. cn

印刷： 湖北恒泰印务有限公司　　**督印：** 王兴平

开本： 710mm×1000mm　1/16　　**字数：** 270 千字

版次： 2018 年 1 月第 1 版　　**印次：** 2018 年 1 月第 1 次印刷

印张： 16.75　　**定价：** 50.00 元

欢迎上网查询、购书

总　　序

高等教育是社会大系统中的一个极其重要的子系统，它与经济、政治、文化等子系统之间有着相互依存的关系。高等教育作为培养高层次专门人才的社会活动，与人的发展更有着极为密切的联系。同时，高等教育自身又是一个多层次、多类型、多主体的系统，不仅大学之间，大学内部各组织之间，领导、教师与学生之间关系错综复杂，而且与社会的方方面面都有着千丝万缕的联系。随着时代的发展，多层次的高等教育与多元化的社会之间形成了越来越密切的互动关系。现代社会，高等教育的存在和发展越来越离不开政府和社会在人力、物力、财力，以及政策、环境等方面的支持与促进；社会的发展也越来越离不开高等教育及其研究的引领与推动。美国经济学家弗里德曼用经济学“核心—边缘”理论研究二战后的经济社会现象与教育特别是与高等教育的关系时，发现在知识成为经济社会赖以存在和发展的基本资源与生产要素后，高等教育逐渐从游离于社会之外的“象牙塔”进入社会的边缘区，并渐次成为推动经济社会发展的“中心”要素，从而提出了著名的高等教育“从边缘走向中心”的发展趋势理论。从二战后高等教育对许多国家发展的实际影响来看，高等教育已成为促进国家科技振兴、经济发展、政治民主、文化繁荣的必要条件；从高等教育对社会个体的影响来看，高等教育不仅是提高个人素质、开发个人潜能的重要基础，更是促进社会流动、实现人生价值的主要途径。的确，高等教育对社会及个人的影响力从来没有像今天这样巨大，社会变革对高等教育的影响也从来没有像今天这样深刻。

然而，随着现代科技的发展和工业化进程的加速，科学文化及其内含的经济价值和工具价值得以彰显，高等教育发展中理性主义与功利主义的冲突日趋激烈。同时，高等教育大众化的进程加快及其与政府、市场、大学三者关系日益复杂，加之财政困难，高等教育商业化、官僚化、技术至上和教育质量下降等问题凸显，高等教育发展的现状和社会的期望之间的鸿沟逐渐加深，高等教育与社会发展之间的冲突也不断加剧。著名的高等教育学家约翰·S. 布鲁贝克在其《高等教育哲学》一书中，专门从冲突论的视角，论述了高等教育发展中认知论与政治论、自治与控制、学术自由与社会责任、精英教育与大众教育、普通教育与专才教育五方面的冲突，还就传统的高等教育与现代的高等教育、学术研究与社会现实道德、大学与教会等方面的冲突展开了论述。联合国教科文组织前总干事费德里克·马约尔在 1995 年发布的联合国教科文组织关于“高等教育的变革与发展的政策性文件”中更明确指出，“全世界几乎所有国家的高等教育都处于危机之中”。

在我国，随着社会现代化进程的加快，人们已愈来愈清楚地认识到，高等教育与社会的良性互动和协调发展不仅是政治稳定、科技振兴、经济发展、文化繁荣、人民幸福的必要前提，而且是保障高等教育健康发展、高效运行的基本条件。然而，现实的高等教育与社会互动机制仍不够健全，高等教育与社会发展不协调的现象也普遍存在。尤其是在社会大转型的今天，新旧体制、新旧观念与新旧因素的对立与摩擦，以及由此产生的社会失序、混乱与震荡，不仅使高等教育与社会的互动日趋复杂，也使高等教育与社会的协调发展严重受阻。有关高等教育与社会发展的关系的研究也面临着一系列值得研究的新问题。

从宏观的层次讲：一是社会结构转型与高等教育制度的调适问题。社会转型主要包括政治结构、经济结构、文化结构等在内的社会结构的整体性变迁过程。社会转型必然引起与原有社会结构相配套的规则与程序不同程度的失效，而新社会结构要素的生长亟待制度创新来促进和保障。高等教育制度如何调适与创新，如何形成与各种新的社会结构要素协调发展的关系，如何实现高等教育自身健康发展与着眼于学科发展、促进社会全面协调发展的双重目标等问题，必须通过高等教育社会学的研究才能作出科学的回答。二是高等教育与社会关系的变化及高等教育的社会功能重构。社会结构的全面转型必然对高等教育产生巨大的影响，并使高等教育与社会的关系出现一系列新变化。如市场经济的发展打破了高等教育自我封闭的格局，加强了高等教育对市场的关注；民主政治的推进提升了高等教育的自主地位，弱化了高等教育对政府的依赖；对外开放格局的形成拓展了教育者的视野，加强了高等教育同世界的联系，等等。在这种情况下，如何重新认识高等教育的社会价值，如何重构高等教育的各种社会功能，如教育对市场经济的适应、支持与矫正功能，对政治的维护、监督与批评功能，对国外文化的选择、吸收与融合功能，等等，也是高等教育社会学研究的重要任务。三是高等教育与社会冲突的加剧及高等教育的整合机制。社会全方位的变革使高等教育赖以生存的基础发生了变化，高等教育本身也进入了一个剧变时期，旧的运行机制正在被打破，新的运行机制尚未被建立，高等教育与社会的冲突大量存在。如社会经济发展对高等教育的人才需求结构与高等教育的人才培养、输出结构的冲突，高等教育发展对投入的需求与社会经济承受力的冲突，高等教育对理性精神的追求与社会现实的功利取向的冲突，高等教育的价值观念取向与社会文化观念更新的冲突，等等。诚然，高等教育社会冲突的出现并不必然产生消极的后果。如果通过高等教育社会学的研究能够形成比较健全的教育与社会的整合机制，高等教育与社会之间的冲突就会向积极的方面转化。

从中观的层次讲，主要是社会转型带来的各种社会分化引发了一系列新的高等教育社会问题。如区域分化与高等教育发展的失衡问题，阶层分化与弱势群体子女的高等教育问题。急剧的社会转型使原有社会阶层结构产生了前所未有的大分化，进而导致利益的大分化，这必然会在不同利益主体间产生广泛的矛盾和冲突。由此引发了地区之间高等教育差距扩大、高等教育资源配置不合理、高等教育机会不均等等新的高等教育社会问题。

从微观的层次看，主要有社会行为无序与大学行为失范问题，高等教育时空拓展与高校师生关系变化问题，大学校内、校外环境变化与大学教师角色冲突问题，商业的价值原则渗透与大学生的功利行为问题，等等。这些现实的问题，都是令人感到困惑的新的教育问题、社会问题，迫切需要高等教育社会学的探讨与解决。

在这种情况下，高等教育社会学理应顺应时代的要求，调整研究的视角，真正树立起高等教育与社会一体化协调发展的观念，加强对高等教育与社会互动机制的研究，努力探寻高等教育与社会协调发展的规律，促进我国高等教育的健康发展和社会的全面进步。本丛书的出版目的正在于促进这一研究。

本丛书在编写上突出了下列特点：一是研究立场的本土性与研究内容的时代性。从中国近代高等教育的发展过程看，过去高等教育学的研究在一定程度上存在着过于依赖西方教育理论和教育观念的问题，相关研究缺乏本土意识。本丛书强调立足中国国情来解决中国高等教育实践中的问题。在研究内容上，牢牢把握当下中国社会大转型这一时代背景，直面因新旧体制、新旧观念及新旧因素的对立与冲突所产生的社会失序、混乱及震荡给高等教育发展带来的冲击与挑战，紧紧围绕“高等教育与社会和谐发展”这一核心主题，提出了摆脱困境、战胜危机所要解决的一系列重要问题，并通过实实在在的研究，给出了明确回答。本丛书提出的这些问题，都是“高等教育与社会和谐发展的中国问题”，或者说是“中国的高等教育与社会和谐发展问题”。而丛书作者通过研究作出的回答，可视为有助于解决问题的一些“中国答案”。

二是研究视域的广泛性与研究视角的多层性。高等教育与社会发展都是多层次、多类型、多主体的系统，探讨二者的关系应该有广阔的视域和多层的视角。在研究的视域上，本丛书既着力审视整个社会的结构与文化、体制与机制同整个高等教育之间的关系，也努力探明区域分化、地方传统文化同地方高等教育之间的关系，并用力探究具体高校中的职业性别政治、权力关系及角色冲突等问题。在研究的视角上，本丛书立足于高等教育学，比较倚重于社会学，但并不局限于社会学，而是根据研究的具体问题及主要目的，将研究的视角延展至经济学、文化学、人类学、教育学等学科。开阔的学术视野与多样的研究视角，使得丛书内容格外丰富多彩。

三是研究方法的多元性与研究手段的实证性。本丛书遵循了理论研究与实证研究相结合、立足国情与合理借鉴相结合、问题分析与对策探讨相结合等原则，注重多种方法的综合运用。尤为强调运用实证分析的手段，将研究结论建立在翔实的资料基础之上，力图更多地用客观事实说话，用实际材料说话。如制度政策的文本分析、形式多样的问卷调查、扎根实地的田野研究、已有统计数据的二次分析等，在本丛书中都有合理运用，从而为发现高等教育与社会协调发展中存在的问题、揭示成因、寻觅对策提供了必要依据。通过开展实证研究，本丛书改变和克服了老套社会科学研究“从概念到概念”、“从理论到理论”、“从问题到问题”的不良倾向，增强了理论研究的“问题导向”与策略研究的“有的放矢”。

本丛书得以出版，既要感谢华中师范大学出版社新老领导的精心策划与大力支持，也要感谢编辑部主任和各位编辑的认真审读与细致编校，更要感谢顾明远先生与吴康宁先生的充分肯定与郑重推荐。

本丛书的作者主要是高等教育与社会发展研究方向的博士和博士后，丛书多是在他们的博士学位论文的基础上修改而成，虽然研究宗旨与写作要求一致，但每本书的主题思想与写作风格各异。作为丛书主编，我希望本丛书的出版能够为促进我国高等教育与社会协调发展起到一定的作用，也希望高等教育与社会发展的议题能受到学界更多的关注。由于作者的水平以及对高等教育与社会协调发展规律的认识有限，本丛书必有诸多不足之处，诚望诸位学者、读者不吝赐教。

董泽芳

2017 年 6 月 6 日

目　　录

绪论　智力流动：高等教育与农村发展互动的生长点

即便是目前的中国，高等教育与农村发展仍然缺乏公认的直接而长久的结合点，但高等教育对农村发展的影响又悄悄地像影子一样与之相伴随。高等教育作为农村智力甄别、选择和吸纳的工具，使部分人离开了农村社会而进入工业和城市社会，并由此影响农村人口的价值观念和行动选择。高等教育引发农村智力流动产生了种种社会效应，研究者往往可以从中发现解读高等教育与农村发展互动的线索。

事实上，社会流动尤其是普遍性向上社会流动是社会阶层结构积极变动的反映，它有利于促进更多个体充分发挥自己的才能，促进社会资源配置效率的提高，并最大限度化解社会紧张和社会冲突，从而有效增强社会活力。因此，建立一种促使人们通过艰苦奋斗和诚信经营等正当手段、经过自身努力来实现向上社会流动的机制，代表了一种社会希望。这种希望与一个国家或者社会从专制封闭的社会走向开放平等的现代社会、实现社会发展现代转型的要求相一致。

对农村而言，现代化或者说农村现代化的成功，让人能够显而易见地观察或感受到的结果之一应该就是：身居农村的人成了见多识广、乐意接受新经验以及新观念、具有很强个人效能感、能积极参与社区各项事业、在思想上是开放的、在认识上是灵活的、在处理个人事务时有高度独立性和自立性的现代农民①。

① 英格尔斯．从传统人到现代人：六个发展中国家中的个人变化［M］．北京：中国人民大学出版社，1974：424．

有必要指出的是，农村智力流动（输出或者回流）是农村现代化过程中必然出现的重要社会现象或者说是农村现代化进程的重要组成部分，智力流动也是发展经济学的重要论题。这一概念旨在说明经济发展需要通过智力流动来实现人才资源与物质资源的合理配置和（或）匹配。因为农村智力流动的格局变化往往与城乡关系格局或者工农关系格局变动有关，也与现代化发展所处阶段或水平密切相关。如何从历史与逻辑相统一的视角来理解、揭示和解释农村智力流动这一社会现象及其背后隐含的深刻变化并解决可能潜藏的问题，是思考这一论域问题必须遵循的基本学术理路。

一、历史视野中的农村智力流动

可以肯定，农村智力流动实际上是我国现代化过程中实现人才（或者人力）资源匹配的重要方式和过程，但这种流动过程隐含很多超越经济学的含义。正如一位青年学者在其著作《一个村庄里的中国》[①] 中饱含深情地写下的这样一句话：“没有故乡的人寻找天堂，有故乡的人回到故乡。”如果从高等教育与农村发展互动视角看，这句话实际上试图从人文意义上揭示变动社会中出身农村而身居城市的人们对往昔的感怀与对归属感的追寻。

从历史视角看，实现社会流动的方式因社会不同而呈现差别。在古代，个人在捕猎和种植等方面在体能与智能上的优越性常常是赢得社会地位或实现社会流动的重要依据；中世纪的欧洲社会，教会是拓通社会阶层的重要通道；在依靠武力开疆拓土的时代，军队往往充当着向上社会流动的阶梯；工业革命后，在贸易和制造业上的成功，往往成为一个人进入上层社会的现实通道；在传统中国社会，权力与知识的结盟是因为知识可以为权力所用，可以增强权力的合理性和权威性，而权力可以保证知识产生更多的影响力并获得更多社会资源。唐代“满朝朱紫贵，尽是读书人”的说法则比较通俗地描述了中国传统社会的文化政治景

① 熊培云．一个村庄里的中国［M］．北京：新星出版社，2011：封底．

观，比较直白地说明了教育是获取权力、财富、声望乃至其他重要社会关系和社会资源的重要手段。

知识与权力的结盟，使教育成为提升个人以及家庭或家族地位和声誉的重要手段。在汉代，儒家知识分子对社会权力的实现产生了重要作用，儒术也被政权所重视。儒士陆贾在《新语》中，提出文武并用的“长久之术”①。孙叔通制定朝仪并成功地通过借助宏大排场的皇家礼仪来彰显皇帝身份的显赫，并使仪式在中国演化为制度和文化。董仲舒则认为“夫不素养士而欲求贤，譬犹不琢玉而求文采也”，极力主张推行“罢黜百家，独尊儒术”、“兴太学、置明师，以养天下之士”② 等文教政策。因此，有学者认为，汉代形成了世界上最早的借助教育培养文官的制度③。笔者认为，中国古代的文官制度实际上一直包含两种并存的升迁渠道：一种主要凭业绩，一种主要靠血缘。从社会流动视角看，这两种影响官员选拔和升迁的制度安排实际上分别指向竞争性和赞助性社会流动，而赞助性流动常常是主流渠道，竞争性流动则充当着社会“减压阀”的作用。

在现代社会中，实现向上社会流动的途径同样很多，出色的球技、演技甚至出众的外表都可能成为向上社会流动的手段。换句话说，某一

① 《新语·述事篇》中有这样的言论：立事者不离道德，调弦者不失宫商，天道调四时，人道治五常。《辅政篇》中有：夫居高者自处不可以不安，居危者任杖不可以不固。……圣人居高处上则以仁义为巢，乘危履倾，则以圣贤为杖……故杖胜者帝，杖贤者王，杖仁者霸，杖义者强，杖馋者灭，杖贼者亡。

② 《汉书·董仲舒传》：“夫不素养士而欲求贤，譬犹不琢玉而求文采也……太学者，贤士之所关也，教化之本原也。”

③ 黄留珠在《秦汉仕进制度》(81—86) 中指出，汉代当时各级官吏 12 万名，大部分被军事新贵所占据，“以勇力之所加而治智能之官”的矛盾十分突出，刘邦也已经明白了马上得到的天下不能用马上的方法来治理的道理，到汉武帝时“树立了儒家在中国学术思想史上的正统地位，而且也开创了察举制主要以儒术取士的新规定”。安作璋、熊铁基的《秦汉官制史稿》(334)，认为两汉的察举与考试是相辅而行、相互为用的。察举加考试，这是两汉选官制度中的两个重要步骤。李宗桂的《中国文化概论》(广州：中山大学出版社，1988：230)，则认为汉代实现了以军功向以教育成就选贤纳士的教育选拔制度的转变，儒术成为取士的主要依据。

方面的独特性和突出性，一旦能够被社会认可或具有市场价值，就可能引起个人的向上社会流动。高等教育能够产生普遍性的向上社会流动作用，则与教育的普及和提高分不开。而教育的普及和提高主要受人权思想的广泛传播、科学技术因素的推动、民主国家建立和建设的要求等因素的影响。现代社会，教育不仅成为人们的权利和必须履行的义务，而且成为牵涉亿万人的事业。随着教育机会不断扩大和受教育层次不断提升，高等教育在当前社会中对人们职业选择、职业转换和地域流动的影响越来越大。从个体意义上说，教育可以改变人的气质，影响人的命运；从社会角度看，教育影响社会价值观念和社会风气的形成或改变，从一定程度上左右社会文明发育的程度和水平。概而言之，人类社会进入现代阶段，教育尤其是高等教育的发展程度和水平标志着一个国家或社会文明发育的程度和水平；高等教育在一个区域的发展水平影响一个区域经济社会和人的和谐发展，影响区域的发展模式和发展潜力；高等教育接受者在一个行业中所占比重大小往往最终影响该行业的社会声誉和职业地位。

二、作为社会事实的农村智力流动

正如亨廷顿所言，“现代化带来的一个至关重要的政治后果便是城乡差距”①。农村发展滞后虽有农业文明被工业文明取代的宿命性因由，但我们不能无视农村在现代化进程中曾经承受的诸多代价，更不能任凭农村发展与现代社会相断裂。毋庸讳言，没有农村现代化就不可能实现国家的全面现代化。所以，无论基于现代化顺利实现的考量，还是基于对农村应有的社会关怀或者其他合理原因，我们都有必要了解农村和农民的亚文化，理解改变农村和农民行为的重要性。

随着农村社会流动大规模、长时段地在中华大地发生并且整体上（最初只是接受高等教育的农村人口被理所当然地视为人才或智力）逐

① 亨廷顿．变化社会中的政治秩序［M］．北京：生活·读书·新知三联书店，1989：66.

步向智力流动方向转变，这种思考将具有越来越重要的意义。事实上，新生代农民工与第一代农民工在生活阅历、进城动机等方面已经大不相同。他们在经历了城市工作和生活后，对家乡和城市的认同都发生了很大变化：一方面对家乡的认同越来越淡漠；另一方面还没有确立起对城市社会的真正认同。他们处于社会认同丧失和重构的艰难阶段，有可能成为一群没有认同或认同内卷化了的无“根”漂泊者①。

从目前农村人口的智力流动状况看，我国农村还处于智力输出为主的阶段，如果高等教育引发的农村智力输出以及以农民工形态存在的农村智力输出都是以农村智力流失为基本存在样态的话，农村发展必然十分困难。值得欣慰的是，智力输出格局正在发生变化。根据笔者2007年启动的对湖南宁乡某镇所做的调查，由于当地各种类型的企业迅速发展，本土就业机会显著增加，在家乡工作的经济收益和其他收益优势逐步明显，回流型农村智力流动（主要表现为在外学习了知识、技术并增长了见识的已婚成年男性大量回乡创业）开始大量出现。为了便于在统计意义上反映该镇社会流动者从业的地理空间，该调查研究把流动者分为省内流动和省外流动两种类型并进行了分类统计，结果发现该镇在本省范围的流动者超过了到外省寻找工作机会的人②。就全国而言，农村智力回流目前还只在局部范围呈现，并且流量较小、流速较慢。

有必要指出的是，农村发展仍处劣势且带有更多传统意味，现在有很多人倾向于把农村和农民视为保守和落后的代名词。而更为合理的看法应该是“传统不应仅仅被当作是障碍或不可避免的状况。抛弃传统应该被看成是新事业的一种代价；保留传统则应算作是新事业的一种收益”，“传统应该被当作是有价值生活的必要构成部分”③。换句话说，我们不能把传统简单地看成社会发展进步的累赘，必须认识到：现代社会是传统社会某种意义上的赓续，传统社会仍然潜藏或隐含解读现代社会的脉络。此外，随着农村、农业和农民中高等教育接收者的比例提升，

---

① 王春光. 新生代农民工：特征、问题与对策［J］. 人口研究，2010（2）：31-34，55-56.

② 彭拥军. 走出边缘——农村社会流动的教育张力［M］. 武汉：华中科技大学出版社，2011：79.

③ 希尔斯. 论传统［M］. 上海：上海人民出版社，1991：440.

农业、农民和农村的地位将与发达国家目前呈现的格局一样，即涉农人口和行业同样拥有较高政治经济地位和备受尊敬。

三、农村智力流动与人的现代化

个体通过高等教育改变自己的生命轨迹、实现自身理想和抱负的过程，既是高等教育促进个体或群体向上社会流动的积极反映，也是高等教育增强人的社会流动能力并使之具有更强现代性的重要过程。智力流动作为社会流动的一种特殊方式或者高级阶段，往往与人的现代性追寻存在内在关联。

现代性是现代人的根本属性。“现代”一词于10世纪末期首次被使用，它原本是用来指称古罗马帝国向基督教世界过渡的时期，目的在于把古代与现代区别开来。历史学家汤因比在1947年出版的《历史研究》，则把人类历史划分为四个阶段[①]：黑暗时代（675—1075）、中世纪（1075—1475）、现代时代（1475—1875）、后现代时期（1875至今）。他划分的“现代时期”指的是文艺复兴和启蒙时代，而他所认为的后现代时期是指1875年以来以理性主义和启蒙精神崩溃为特征的“动乱年代”。由此可见，现代和现代性都是发展的概念。

有关“现代性”的权威理论家哈贝马斯则认为，“现代”一词为了将其自身看作古往今来变化的结果，它随着内容的更迭变化而反复再三地表达了一种与古代性的过去息息相关的时代意识。正如汪晖概括的：“现代”概念是在与中世纪、古代的区分中呈现自己的意义的，它体现了未来已经开始的信念。这是一个为未来而生存的时代，一个向未来的“新”敞开的时代。这种进化的、进步的、不可逆转的时间观不仅为我们提供了一个看待历史与现实的方式，而且也把我们自己的生存与奋斗的意义统统纳入这个时间的轨道、时代的位置和未来的目标之中。

一言以蔽之，在人文学科思想家看来，现代性主要体现在精神文化变迁方面。马克斯·韦伯从宗教与形而上学的世界观分离角度出发来理解现代性，认为现代性被分离构成“科学、道德与艺术”三个自律的范围，由此把自18世纪以来基督教世界观中遗留的问题分别纳入不同的知

① 汤因比．历史研究［M］．上海：上海人民出版社，1986：49．

识领域加以处理，它们被分门别类地纳入不同范围：科学以真理或追求真理为准绳，道德以规范的正义为鹄的，艺术则以真实性与美为魂灵，由此导引入日常生活，形成了知识问题、公正性与道德问题以及趣味问题。

人的现代化是现代社会的基本要求。现代社会呼唤现代人，这可以从经济、政治、文化等多方面的发展需要来寻找或找到佐证。(1) 从经济上看，社会化的大生产和广泛的社会分工，使人与人之间置于一种全面的相互依赖的社会关系之中，这种社会依赖关系也对社会成员的素质不断提出更高要求。因为社会化大生产是面向市场的生产，而市场经济是理性规则的法治经济，其实质就在于它把市场的等价交换原则纳入以强制力为保证的法律性权利义务关系中，这就使得所有市场主体都具有平等地位和均等机会成为可能，市场主体的平等性实际上也决定了市场平等地向一切合适的主体开放，也就理所当然地使市场经济具有了开放性特征；而市场经济的开放性必然打破过去人与人之间分散、孤立、封闭的状态，呼唤统一大市场的形成，从而进一步促进了人与人之间的交往和联系。市场经济自主、开放、平等的特性，确认了公民个人的主体性地位，并要求参与经济活动的个人具有相对独立的经济利益和独立人格以及自由意志。(2) 从政治上看，政治现代化是一种传统体制不断瓦解的社会变迁过程，政治民主化是其基本目标。换句话说，民主制度的架构是政治现代化的一种外在规范，民主权利和民主观念则是衡量政治现代化程度的测量尺度，人的现代性水平则是现代化成败的关键。正如现代化专家英格尔斯所指出的：那些完善的现代制度以及伴随而来的指导大纲、管理守则，本身是一些空的躯壳。如果一个国家的人民缺乏一种能赋予这些制度以真实生命力的广泛的现代心理基础，如果执行和运用着这些现代制度的人，自身还没从心理、思想、态度和行为方式上都经历一个向现代化的转变，失败和畸形发展的悲剧结局是不可避免的。再完美的现代制度和管理方式，再先进的技术工艺，也会在一群传统的人手中变成废纸一堆①。(3) 从文化上看，现代化过程是一个摆脱落后

① 英格尔斯. 人的现代化——心理·思想·态度·行为 [M]. 成都：四川人民出版社，1985：4.

社会状态、走向高度文明和人的全面发展的社会历史进程，是一个包含文化现代化的过程。文化现代化的根本要旨在于实现传统道德情感向现代理性精神的转换。就我国现代化的演进而言，实现中国传统文化中的精华向现代理性精神转换是中国现代化发展的重要任务。在现代化的推进过程中，如何凝练和凸显新时代的人文精神，并以此来推动与社会主义市场经济相适应的政治文明、精神文明和社会文明的实现，真正让财富的增长给人们带来幸福，带来真诚和信任，这些都是值得研究和思考的重要问题。

笔者认为，要全面实现现代化，关键在于实现人的现代化，培养具有现代意识的公民，并建成良好的公民社会。人的现代化的实质就是要把人培养或塑造成现代人。英格尔斯把现代人归纳为具有以下特征的人：(1) 准备和乐于接受他未经历过的新的生活经验、新的思想观念、新的行为方式；(2) 准备和接受社会的改革和变化；(3) 思路广阔，头脑开放，尊重并愿意考虑各方面的不同意见、看法；(4) 注重现在与未来，守时惜时；(5) 强烈的个人效能感，对人和社会的能力充满信心，办事讲求效率；(6) 计划；(7) 知识；(8) 可依赖性和信任感；(9) 重视专门技术，有愿意根据水平高低来领取不同报酬的心理基础；(10) 乐于让自己和后代选择离开传统所尊重的职业，对教育的内容和传统的智慧敢于挑战；(11) 互相了解、尊重和自尊；(12) 了解生产及过程；(13) 对自己和社会生活及未来持乐观态度；(14) 平等观念和守法意识①。农村智力流动其实也是农村人口不断市民化或不断从传统农民转化为现代农民的一个重要阶段或过程。

四、农村智力流动的实质

农村智力流动实际上包括智力输出和智力回流这两个向度相反但常常紧密相倚的侧面。说其向度相反，是指流动的指向或方向是相反的，

① 英格尔斯. 人的现代化——心理·思想·态度·行为 [M]. 成都：四川人民出版社，1985：22-36.

其流动效果可能也相反；说其相倚，既指二者之间需要保持合理的平衡，也指它们在某些特殊时段可能分离或失衡，或者它们之间不可能也不应该长久背离，一旦长久背离，容易衍生出社会问题。

智力输出这一概念是从人才外流和智力流失等概念逐步演化而来的。人们最初言及的人才外流，从国家层面看，是指一些国家花费大笔智力投资培养造就的知识分子或专业技术人员移民其他国家，从而使这些国家遭受智力损失；而对引进科学技术人员的国家来说，他们没有花费前期的任何智力投资就获得了人才，这些人才很快就能创造可观的社会财富。从单位或者群体层面看，智力流失是指某些人才因某种原因离开本单位、本地而就职于他单位、他地的现象。对人才流出地或流出单位而言，这种人才流动造成其人才流失，产生智力损失，人才外流不仅使单位的智力投资得不到回报，而且造成技术专长的流失。简而言之，人们早期对人才流动的认识，更多地侧重于消极方面，认为智力流失（brain drain）是许多发展中国家普遍发生并值得关注的问题。持这种观点者通常认为，智力流失进一步拉大了发展中国家与发达国家之间在竞争力上的差距，对广大发展中国家的主权和安全以及发展后劲等方面都有消极影响。这种观点有很长一段时间在我国也颇具市场。即使到 2010 年，仍有学者指出，“中国是精英人才第一大流失国。截至 2009 年，中国送出留学人员约 162 万，世界最多，但归国者只有 49 万”，并针对这一状况提出了诸多对策①。

事实上，人才流出与回流是有规律可循的。在经济社会发展正常的情况下，一个国家、一个地区或者一个单位从人才流出到智力回归一般需要经历三个前后相依的阶段：第一阶段是人才净流出期，其主要特点是人才流动主要是输出性的，回流的人数很少甚至没有，总体上是流出的人才数量大大多于回流的人才数量；第二阶段是流动转折期，其主要特点是流出的数量依然比较大，但智力流动呈现出回流数量增多和回流意愿增强的趋势；第三阶段是流出与回流平衡期，这一时期人才流出与

① 王辉耀. 中国如何应对“人才外流”[N]. 南方周末，2010-06-24. http://www.infzm.com/content/46705.

人才回流开始走向平衡，不仅出现本国、本土、本单位自身意义上的智力回流，也出现外来智力输入的现象。

就本研究论域而言，农村智力输出已经逐步从第一阶段向第二阶段转向，即从单纯的“孔雀”、“麻雀”等“东南飞”（即各种层次的人才或者人力向广东、上海等沿海地带的输出）开始向以“回乡创业”等新形式、新格局的社会流动转变。换句话说，农村智力流动开始出现由单纯的智力输出向智力回流转向的苗头，这种苗头能否汇集成智力回流的洪流，则需要假以时日并需要相应的社会环境或社会条件来支撑。

智力回流这个概念最初是指暂不归国的外流科技人员短期回国进行讲学、咨询指导等。事实上，“智力回流”不同于“人才回流”。“人才回流”是指人才本身的回归，“智力回流”是说学识、才能被带回。就农村社会流动这一论域而言，用智力流动或智力回流来描述这种现象的研究还比较少，人们还习惯用农村社会流动甚至农村富余劳动力流动或者农民工现象等概念来描述。实际上，从农村社会流动的现实驱动力看，主要有制度推动导引的智力流动和农民自主性社会流动两种①。通过高等教育途径导致的制度性农村社会流动，人们偏向于将其视为智力输出（带有智力剥夺意味，这种流动实际上根源于不平等的城乡结构、城乡关系和工农结构、工农关系），人们言及的农村劳动力进城务工（即农民工）现象，这些劳动者被人们视为农村富余劳动力（以前甚至将其指称为剩余劳动力，这种说法带有贬义色彩）寻找出路的一种方式，没有把自主社会流动的农村人口视为具有一定知识技能和智能的智力携带者，仅仅将其当作体力携带者。

有鉴于此，本研究指称的智力回流是同农村智力流出、劳动力转移相关联的概念，是指有知识和技能的劳动者把知识、技能带回农村的过程或行为。智力回流不等于人力资源的回流，它强调的是知识、智能的回流，其间可能伴随着人力资源的刚性回流，也可能是人力资源的柔性回流、虚拟回流，这些不同回流方式的共性是在智力层面上存在着向农

① 彭拥军．走出边缘——农村社会流动的教育张力［M］．武汉：华中科技大学出版社，2011.

村输入或者说回流（用回流主要是针对农村一直处于劳动力和智力输出这种状态而言的）。

必须肯定，人是智力的载体，智力回流肯定要以人的回流为依托，但智力回流不等于人的回流，它可以有多种多样的存在样态，既可以伴随人一起回流，也可以不伴随人而仅仅是智力层面的回流。从这种意义上来理解智力回流可为农村引进智力提供更大灵活性并扫除很多不必要的心理和行动障碍。概而言之，农村智力回流主要有三种可能样态：(1) 刚性智力回流。这种智力主体回流的特点是"回土又回乡"。比如毕业后回到农村工作的大中专毕业生即属于这种类型。刚性智力是推动农村发展的主体，也是回流智力的主体。打工的农民工回到家乡创业，也是重要的刚性智力回流。(2) 柔性智力回流。这种智力回流犹如"候鸟"，这部分回流智力主体的特点是"人回，家不回"、"两边安家"或者借助智力中介实现智力回流。比如，他们把家安在城市，平时工作地点也在城市，到农村工作属于外援性质，他们就像候鸟一样在城乡之间飞来飞去。对农村来说，尽管这部分人所提供的智力不那么固定，但这种智力回流可以有效提高农村回流智力的层次。(3) 虚拟性智力回流。这种智力回流是"信息型"回流，其特点是"智力回，人不回"，即智力回流主体提供的智力主要借助互联网、广播、电视等媒介为农民提供智力服务。如通过互联网进行远程教育，帮助农民解决所遇到的难题，就属于虚拟性智力回流。虚拟性智力回流属于给农村发展提供智囊支持。在网络普及程度越来越高、通信技术越来越发达的大环境下，这种回流方式所起的作用将越来越大。

根据智力流动的规律及流出与回流的关系，智力流动一般可以更细致地分为四个时期①，具体到农村智力流动，其从无到有，大体上会呈现这样一些阶段：(1) 前智力外流期。这一时期智力流动的主要特点是低外流率、低回流率，人们甚至对智力流动持基本否定态度。我国改革

① 张再生. 中国的智力回流及其引致机制研究 [J]. 人口学刊，2003 (6): 20-25.

开放前，农村智力流动就处于这种阶段。(2) 智力流失期。这时期的智力流动表现为高外流率、低回流率。从 1978 年到现在，中国农村的智力流动基本上处于这一阶段。(3) 智力回流期。这一时期外流率继续缓慢增加，但回流率迅速提高。从 21 世纪我国出现较大范围“民工荒”现象开始，我国农村智力回流已经在农村局部悄然发生并有蔓延之势。(4) 双向稳定流动期。这一时期，外流率与回流率相当，二者都处在较高水平，社会发展进入新阶段。

有必要指出的是，农村智力流动的流向和流速以及流向与流速的变化常常受到以下因素影响。具体而言，这些影响农村智力流动的因素大致可以分为三类：第一类是市场支持系统因素。它主要包括人才或劳务引进市场、人才交流市场和专利技术市场等。第二类是政策支持系统因素。它主要包括智力流动政策、人才使用政策、人才激励政策、人才保障政策、教育培训政策和人才流动迁移政策等。第三类是城乡和工业推拉力因素。这些因素包括收入水平与待遇高低、工作环境与条件、人际关系与民主氛围、晋升与学习机会、流动机会与自由程度、归属感与文化认同感等。

第一章　生存：高等教育与农村发展互动的原点

农村社会流动演化成智力流动是一个关涉社会结构变化或社会整体面貌变化的波澜壮阔的长时段历史事件。对于这样一个现实意味很强、演化路径尚不够清晰的大问题，从宏观上对它加以把握，有其独特学术价值和现实意义，但这样的任务，让一位研究者在有限时间内加以很好的把握和完成，应该是力所不逮的。因此，把农村社会流动这样的大问题，切分成若干小问题或划分成不同发展阶段并把它们分别放置于若干相对狭小的时空中来加以探究，然后通过寻找并形成一个个好的个案来追求研究深度，通过个案之间合理的连结，使之成为能够共同说明主旨的个案群，是做好这一论域研究的现实路径。值得指出的是，如何通过个案和个案之间的合理连结来实现研究者所期待的学术抱负，需要人们对作为研究方法的个案有更加深入的领悟①。

不管是需要一定教育支撑的农村社会流动或高等教育推动的农村智力流动，在外显形式上都是农民社会行为的一种客观呈现，而农民的社会行为实际上植根于他们具体的生活遭遇，同他们的生存策略和生存权的维护密切相关。因此，不去仔细考察各种地方性的传统和文化特质，不去探寻那些看似琐碎的农民日常行为的丰富含义，人们对农民问题的认识便容易误入歧途，就可能将农民暗中的抵抗与积极的合作混为一

---

① 彭拥军，姜婷婷．个案研究中的学术抱负——兼论个案的拓展与推广［J］．西安交通大学学报（社会科学版），2010（3）：84-88．

谈，从而做出错误的政治、经济决策，诱发社会动乱①。事实上，农民有着一种特殊的生存伦理：生存而不是发展最大化或利益最大化，组成了农民的生存逻辑；或者说，在严酷而强大的生存压力面前，农民实在无暇顾及发展或利益最大化。所以，代价最小，对他们来说，就是最经济、最理性的行为（由此，我们不难理解近若干年见诸报端的大量农村孩子放弃高考的真正原因了）。正由于这种特殊境遇，所谓的共同利益不足以唤起农民的理性，我们要么容忍他们“搭便车”，要么找到克服“搭便车”的具体机制，使积极参与成为农民在社会行动中的最佳选择。同样道理，动员农民融入社会流动大军之中的真实力量，不应是基于空洞的口号，而应是植根于每个农民对利害的权衡。可以肯定，使农村社会流动逐步呈现出明显的智力流动色彩，既是农村人自主理性的选择，也是对外在比较利益主动与被动权衡的结果。教育作为一种智力流动手段、机制或者隐含在其中的力量，我们应如何来看待它，如何看待教育与农民行动之间的连结，这是需要研究者努力回答的问题。

第一节　影响高等教育与农村发展互动的背后力量

自20世纪80年代以来，我国农村在改革开放过程中或同时或先后或交错出现了一系列令人关注的大事件。这些大事件包括从联产承包责任制到全面包产到户，从乡镇企业创办到私营经济遍地开花，从零星的农民自主流动到广泛的农村社会流动，从日显空壳化、凋敝化的农村走向全面的新农村建设。随着农村产业结构和经济结构多元化的出现，农村经济在生产方式、经营方式等方面的多样化也随之而来，农村的许多重要变化也随之出现。一方面，农村经济得到长足发展，农民生活水平有了很大提高，改革开放初期甚

① 斯科特．农民的道义经济学：东南亚的反叛与生存．南京：译林出版社，2001：322.

至一度出现了农村与城市差距缩小的情况①。另一方面，与城市发展相比，农村经济发展总体上相对缓慢，不同地区的发展速度不平衡加剧，农户之间的收入增长不平衡更加凸显。农村生产的发展通过不断解放生产力而形成不断增长的富余劳动力，但农业和农村自身对知识的吸纳能力没有得到明显增强，农产品的技术附加值没有提升至少没有明显提升，农产品在国内和国际市场上的自我定价能力依然缺乏，农业增产不增效的情况普遍存在，农村在教育和经济社会发展方面的相对剥夺感有所增强并被人们普遍察觉，除了高等教育对农村人口流动的拉动外，农村青壮年人口大量向城市和发达地区寻找发展机会的社会流动逐步呈现加速趋势。随着流动者数量的积累和社会变迁过程加剧二者的叠加，农村社会流动呈现出数量增长、格局变化和质量提升等复杂演进趋势。

一、影响农村社会流动到智力流动的背景性力量

传统社会向现代社会转型是农村智力流动的总体背景。“社会转型”，从其字面意义上看，是指人类社会由一种存在类型向另一种存在类型的转变，它意味着社会系统内在结构的变迁，意味着人们的生产方式、生活方式、心理结构、价值观念等方面全面而深刻的革命性变革。然而，严格地说，人们所使用的社会转型这一概念其实是含义丰富甚至富有争议的。比如，哈贝马斯（J. Habermas）把18世纪启蒙思想家的主张称为“现代性方案”(project of modernity)，他认为这是一个未完成的方案，西方形成的现代文明秩序是一个需要医治和修补的制度②。为了避免歧见和纷争，笔者试图把

① 在1978年，我国农村居民家庭人均纯收入为133.6元，城镇居民家庭人均可支配收入为343.4元，城镇居民家庭可支配收入与农村居民家庭人均纯收入之比为2.57倍。在改革开放的初期阶段，城乡居民人均收入差距有缩小的趋势，所以，从1978年至1985年，城乡居民人均收入差距处于缩小的态势。但自1985年之后，伴随城市经济体制改革的进行，城乡居民人均收入之差又开始有了扩大的趋势：在1989年扩大为2.28倍；在1991年扩大为2.40倍；1992年扩大为2.58倍；1993年继续扩大，增长到2.80倍；1994年上升到2.86倍；1995年之后虽然稍有回落，但在1998年之后又继续上升。参见相关年度国家统计数据以及李培林等的相关研究。

② HABERMAS J. The theory of communicative action: 2 vols [M]. Boston: Beacon Press, 1981.

自己对社会转型的理解作以下归纳。

1．社会转型的含义

社会转型最初是指经济体制转型，即从计划经济体制向市场经济体制的转变，这与西方国家主流理解一致。我国开始频繁使用转型这一概念，在1992年前后。社会转型具体表现在以下几个方面：(1) 社会经济基础转型。即由传统农业为支柱性产业向工业和以工业为基础的现代商业和服务业转型，就业人口也发生相应变化。(2) 社会劳动方式转型。即由传统手工劳动方式转变为机械化和自动化生产。(3) 社会结构转型。随着社会分工和社会分化程度加剧，由按照年龄和性别等自然特征而形成的社会分工转变为依据社会结构和功能来实现的高度职业分化和专门化，社会结构由同质单一社会向异质多样性社会转化。(4) 社会组织形式和社会关系转型。家庭和血缘组织功能开始弱化或者出现功能性转移。教育、抚养和娱乐都日益走向社会化，尽管家庭的经济功能可能更为强大但对社会的依赖性会明显增加；职业组织和业缘关系成为重要的社会关系，家庭和个人部分生活功能由社区组织替代。(5) 社会活动空间转变。社会生活由以农村为主转变为以城市为主，农民向市民转化。(6) 社会由分散和封闭走向集中和开放。社会化大生产、商品流通和市场经济使社会的开放程度越来越高。(7) 社会权威和管理方式转变。社会由传统权威和家长式管理走向法理权威和科层化管理①。

中国社会正在发生和完成以上的系列转变，所以被称为处于转型时期。社会转型是一个包括社会结构和制度等在内的多层面、多方位、多角度的转型。在社会转型过程中，如何把农村纳入现代社会的轨道，如何实现农村智力输出和自身发展的有机结合，如何通过教育尤其是高等教育提高农民自身素质和社会竞争力，如何促进农民由传统人向现代人的转变，如何提高社会幸福总量和增进人民的幸福感，这些既是社会现代化的发展目标，也是现代化得以顺利推进的前提条件和心理保障。社会转型过程，往往也是社会利益重新分配和重新组合的过程。在我国现代化过程中，改革和发展的阵痛曾经

① 李培林．另一只看不见的手：社会结构转型［J］．中国社会科学，1992（5）：3-17．该文最初比较系统地阐述了社会结构转型，后来有许多学者进一步丰富了社会转型的含义。

更多地甚至过多地由农民和农村来承担。这种做法，一方面确实在新中国成立初期降低了工业发展成本、保障了工业的迅速发展，对加速我国现代化进程具有积极意义；但另一方面逐步使城乡差异制度化（尽管改革开放初期，处于边缘的农村由于一度借助联产承包等系列新政策，其发展速度优于城市，城乡差距也在缩小，但城乡制度设计上的差异很快又引起了城乡差距反弹并呈现拉大趋势）。在转型阶段，如何实现农村人口合理有序流动，如何把一般性社会流动转向内含更多知识技能元素的智力流动，这是传统社会向现代社会转型不能回避的重要问题。

2. 社会转型与城乡关系变化

我国制度性设计中的城乡壁垒使从农村流动到城市具有社会地位提升的隐性含义，这在计划经济年代尤为明显。在当时，有非农户口的城市游民与农村漂亮姑娘的结合常常被理解为是合情合理的婚姻，因为前者改变了后者的居住地并使后者提升为城市人而获得城市人的身份和相应的一系列特殊资源，后者某些方面的牺牲不但换取了农村向城市的地理流动，而且实现了向上意味的地位流动①。因为城乡的二元分离，使城乡不再是简单的地理概念，它们实际上隐含着身份、价值和观念等许多内容。城里人和乡下人在生活福利保障、就业保障等诸多方面不但存在着制度化的身份差别（首先表现为非农人口或非农户口主要集中在城市），也实际上存在着职业差异（如非农职业主要集中在城市）和心态上的差异。所以，即使从职业意义上来看待地位意义上的社会流动，农村向城市的流动，直到今天，仍然包含着地理空间和社会地位的双重改变，而高等教育作为一种中介力量或制度力量引起的农村向城市的这种跨越制度壁垒的空间流动则是一种最容易观察的社会地位流动形式（当然，这带有中国的特点），这种社会流动形式与农民工自发进城仍然有着极大区别。因为农民工在目前没有被纳入城市的制度化框架内，他们是城市中地位最低下、最不能享受到城市发展福利的人，他们大多数人的社会流动都只具有地理空间流动的含义，缺乏社会地位上升的含义。事实上，我们所关注的教育特别是高等教育或职业教育引发的社会地位流动，

① 彭拥军. 高等教育与农村社会流动［M］. 北京：中国人民大学出版社，2007：46.

在很长一段时间可以简单地归结为所谓的“跳农门”（即改变农村人口的身份和职业地位，实现农村人口的非农化）和“跃龙门”（农村人口实现了社会身份和地位质的飞跃，即农村人口的非农化并被纳入城市的职业体系和福利系统，而不像农民工进城那种缺乏制度性保护而成为城市的边缘人群）。

要准确了解和理解城乡关系，首先要认识农村和乡土社会。从传统意义上说，乡土社会的基本结构单元是村落。村落作为一种生活制度和社会关系网络，它所建构的熟人社会①网络对人们的生存和生活都起着重要作用。它可能比人们的职业身份改变和居住地的变化有着更多深刻性。而城市就不同，因为它是更具社会现代性的产物或者现代化的一种标志性产物。尽管城市社会中也存在血缘基础，但没有明显的地缘基础。尽管城市人在地理空间上可能十分接近，但在社会空间上却是十分疏远的，城市是一种陌生人社会②。正由于以城市为重要特征的现代社会是一个由陌生人关系而连接成的社会，乡土感情不再是重要的社会维系力量。因而，在现代社会里，乡土在许多人的眼里，已经不再具有神圣的意味，甚至被蜕变为土气、愚昧，乡土也不再是衣锦荣归的去处。这种认识对人们的社会行动或交往行为产生一定的消极影响。城市陌生人社会的特征不但影响社会实质结构的形成，而且影响人们的文化心理；它不但影响社会流动的方式，而且对各种影响社会流动因素的排序产生牵制作用。然而，改革开放后，随着农村向城市的社会流动迅速推进，以及与之相伴随的城乡二元结构逐步松动、城乡边界逐渐模糊，这些力量共同作用而产生两个方面的重要变化：一方面对社会流动产生积极影响并唤醒人们的差别意识和利益观念，驱使人们产生改变这种结构的强烈愿望；另一方面则表现为实实在在地影响社会流动在现实生活中

① 熟人社会一般是指人与人之间存在一种私人关系，人与人通过这种关系联系起来，构成一张张关系网。背景和关系是熟人社会的典型话语。民间“熟人好办事”的说法，正是对熟人社会的一种朴素表达。

② 陌生人社会是随现代经济发展而产生的一种社会现象。经济的高速发展、人们的紧张工作和生活导致都市里较近生活圈的人们之间互不关心、互不信任，容易滋生“对陌生人处处提防，又抱怨人性冷漠”等两极性负面情绪。

的理性化水平。因为在这种既定社会框架下，个人才智无法成为影响个人各种地位因素的决定力量，而个人的生命历程的有限性和现实中的茫然无措感会共同诱发人们在心里滋生出强烈的宿命感。与此同时，如果职业既无法成为经济分层的最佳指标，又无法很好地体现政治分层和声望分层，就有可能使这些指标的相关性显著降低，从而导致人们的主客观评价不一致，容易滋生幻灭感等消极或复杂的社会心理感受。

我们不妨简单回顾一下历史。中华人民共和国成立后，随着社会主义制度的全面确立，明确了土地国有。农村则通过集体所有制和人民公社等组织形式把生产和生活一分为二，个人获取生存资料不能再简单地依靠血缘关系，而需要转向超血缘关系的基层组织。这种组织是以国家权力为前提的，家庭的经济形式结构也因此而改变（如传统的男耕女织或男主外、女主内），但以消费为特征的生活还是需要以家庭为基本形式（尽管曾经出现过大食堂，但历史很快证明其缺乏生命力）来保证。由于生产和消费的隔离，劳动者的劳动与利益关系存在着距离，造成农村社会保健性因素①缺失，激励性因素②实际上也失去了物质性保障，因为整个社会劳动效率长期维持在较低水平，但劳动监督和协调成本却维持在高水平甚至很高水平。与此同时，我国的阶级结构或阶层结构除了被排斥的部分人外，在整个人民内部主要存在着两大板块、三个层次（尽管我们当时不承认社会主义制度存在着社会分层，因为我们社会发展的重要目标是消灭工农、脑体和城乡三大差别）：即人民内部分为农业人口与非农业人口两大板块，他们处于城乡分离的二元社会。属于非农业人口的城市职员则分为边界比较清楚的干部和工人两个阶层，他们

① 赫茨伯格从1844个案例调查中发现，造成员工不满的原因，主要是公司政策、行政管理、监督、工作条件、薪水、地位、安全以及各种人事关系的处理不善。这些因素的改善，虽不能使员工变得非常满意，真正地激发员工的积极性，却能解除员工的不满，故把这种因素称为保健因素。

② 工作富有成就感、工作本身带有挑战性、工作的成绩能够得到社会的认可以及职务上的责任感和职业上能够得到发展和成长等等。这些因素的满足，能够极大地激发员工的热情，对于员工的行为动机具有积极的促进作用，故把它们称为激励因素。

分别隶属于不同的管理网络，如前者由人事部门归口管理，后者则由劳动部门统一管理；属于农业人口的农民则属于最低的第三个层次。三个层次之间的身份差别是个人不容易逾越的。

改革开放后的相当一段时间，职业地位对社会结构的影响越来越大，但还没有从根本上冲破单位制等方面的限制，尤其是属于非个体经济的职业领域仍然以单位作为基本的组织形式和分配单元，对这一职业群体的大多数人来说，个人生存发展的资源仍旧主要甚至基本来自单位。换句话说，是单位而不是职业本身近乎先天性地决定了个人劳动的基本价值或价格。同一单位内的业绩与报酬之比相对合理一些，其合理性至少高于单位之间业绩与报酬之比的合理性。事实上，在计划经济体制下，国家通过一系列制度性手段（这些制度性手段主要有：户籍身份制、生产和分配的单位制、管理的行政制以及劳动与身份相连结的劳动人事制度），将控制的社会资源分配给个人，形成人们不同的社会地位，以此构成社会的基本分层体系和社会结构形式。通过户籍制度和劳动人事制度把全体社会成员区分为干部、工人和农民三种基本身份，它们之间存在着明显的身份壁垒，要想改变这种身份关系十分困难，其渠道也十分有限。行政制在身份和单位基础上赋予一部分人以及几乎所有单位以一定行政级别，这种级别将不等量的社会资源和支配社会资源的权力分配到不同级别的个人和单位身上，使社会资源和它的实际使用者之间建立起更为紧密的联系。上述制度性手段存在着以下弊端：一是制度的刚性化造成对人的积极性和创造性的压抑。二是社会地位带有先赋性，缺乏自致性，也就是说，个人自身的努力和创造性难以成为获得社会地位的直接依据，或者说能否进入特定制度框架内比个人奋斗重要得多；社会地位结构的刚性化和先赋性，造成利益差别固化，人们容易把不公平所产生的利益矛盾指向国家、指向社会制度。事实上，改革开放初期国家对各种行业进行的轮流安抚（如1980年代末期，政府为了改善教师经济地位而给中小学教师增加10%的工资，结果教师增加的工资还没有到位就已经引起许多艰苦行业和其他行业的攀比并率先上调工资，导致教师工资不但没有出现由政府承诺的从老九提到第一的趋势，反而降到当年的第十）效应的制度性原因也在这里。

在这种制度框架下，在农村，村组织是农村政治、经济和文化活动的基础。建基于土地制度以及相应的经济活动、管理制度等制度规范上的城乡差异和村落差异，还有与土地和管理相关的农村身份等共同维护了村组织的这种特殊地位。与此同时，在现代化进程中，中国的村落家族文化受到前所未有的强大冲击。中国经济的逐步发展、生产力的发展和商品经济的扩大步步蚕食和动摇家族村落文化赖以依托的经济基础，社会革命和政治革命则以新的理想和新的意识形态冲撞着古老的中国农村社会结构，动摇其社会制度基础和文化心理基础。由于传统乡土社会的政治基础和经济基础逐步弱化，乡土社会的特性出现了前所未有的变化。中华人民共和国成立以来，由于国家对社会的挤压，“强政府弱社会”的格局迅速形成。这种格局在中华人民共和国成立初年，确实具有积极意义。它最大限度地发挥了政府调配资源的能力，使国家迅速从动荡中稳定下来，为发展创造了稳定的社会环境。遗憾的是，这种格局没有随着国家的发展和进步适时做出合理调整，反而慢慢衍生出新弊端。正如有学者所指出的，这种模式没有很快地走过它的过渡期，反而进一步僵硬化，从而造成我国成为世界上为数极少的实行法定的城乡隔离制度的国家之一①。在当时，融合城乡的纽带，从社会流动意义上说，基本上只有参军，当工人或升学。甚至通过婚姻实现农村个体向上社会流动也十分困难，因为城市里的游民也比农村人的地位高，而婚姻是以“门当户对”或者说以“同质婚姻”为主要形式的，城乡的制度化隔离实际上也形成了城乡间的婚姻阻隔。

与此同时，我国传统村落家族文化遭遇了一次次来自社会变革的冲击，具体而言，大约可以分为四次大的冲击：第一次是从 1920 年到 1952 年的历次土地改革，彻底动摇了家族文化赖以存在的经济基础；第二次是从 1952 年到 1956 年的合作化运动，不但在经济上对农村社会进行了重建，而且在社会体制上向真正实现一体化轨道发展并在广大农村实行政治重建，动摇了家族村落文化的政治基础，世俗权威从此被行政

① 胡俊生．由隔离走向融合——城乡关系的历史演变及其发展趋势［J］．延安大学学报（社会科学版），1997（3）:35-40.

权威一步步取代；第三次是人民公社阶段，在组织原则上采取“政社合一”，在社会体制上则实现了向农村的深度延伸，国家意志在政治上和经济上都通过基层政权实施最大范围的渗透，家族村落文化失去了制度基础；第四次是从1978年至今，中国农村改革拉动了整个社会改革开放的帷幕，社会分层出现了制度性松动。由于受经济和政治（政策）改变的影响，社会流动加速，社会流动合理性和合法性的确立以及社会流动秩序的维护等问题日益凸显。社会真正开始全面进入了一个大动荡、大分化和大变革（这里指的主要是社会阶层而不是社会政权或社会基本秩序等方面的动荡、分化和变革）的新阶段，社会结构从社会分层和流动意义上出现了显著变化。

值得指出的是，在相当长的时期内，我国的社会流动不是社会发展自然调节的结果，而是政治力量或政权力量进行人为控制的产物。每当人口结构和经济结构出现不相称发展格局时，国家往往采用人为手段推动人口的社会空间流动。我国从城市向农村的人口迁移，就出现过遣返“五类分子”、下放城镇人口、干部下放劳动、兴办“五七干校”和知识青年“上山下乡”等多种形式①。国家在20世纪六七十年代曾动员5000多万名市民到农村去，其中2000多万名知青属“上山下乡”，注销了他们的城市户口。尽管当时的口号是自愿，采取的方法却是动员甚至强迫。不管这一行为的政治动机多么美好和善良，结果却不如人意，至少是不尽如人意的，这一政策甚至造成了许多小人物命运的起伏浮沉（如“上山下乡”的这一代人知青遭遇了青年时代的下乡、中年时代的下岗和抚育孩子时期的教育收费等诸多对他们来说带有明显偏向负面影响的社会大变动，他们几乎承受了所有政策大变动带来的代价而得不到应有补偿或舆论、道义上的抚慰）。从社会结构性变迁和社会流动角度看，这应该是比较典型的社会流动反例，因为它既与社会发展向城市化和现代化迈进的基本进程相违背，也无法动摇坚如磐石的城乡壁垒，它只是遏制城市人口机械增长的一种人为手段。这种社会行动，严格地说，缺

① 李飞龙．改革开放以前中国农村社会的人口流动（1949—1978）——基于国家和社会的视角分析［J］．天府新论，2011（2）：94-98．

乏可靠的科学依据和经得起历史检验的实践依据。但它从另一个侧面说明了中国农村结构的超稳定性和强大的包容性。从长远看，这种农村社会结构的超稳定性和包容性对社会流动必然产生深远影响。

概而言之，高等教育推动的农村智力流动作为农村社会流动的高级形式或阶段必然与乡土社会结构性变革相协调。而现在乡土社会的结构和现状的形成，既有历史文化方面的原因，也与新中国的一些政策性和制度性安排直接相关。中华人民共和国成立后，我们比较注意政治上的动员和对社会资源的国家全面控制，但没有从经济制度上保障和激发农民对经济利益逐步提高的要求，而是采取制度性的城乡壁垒来限制城乡人口（实际上主要是限制农村人口向城市）的社会流动，并且从经济上通过工农产品的价格剪刀差来实现工业资金的积累并降低工业发展成本。在这种社会结构下，走出农村、实现户籍身份的转化就成为农村社会的普遍理想。正是在这种独特社会结构中，在相当长的时间内，高等教育或职业性教育实现的农村人口向上社会流动，不但使许多出身农村的人通过接受教育可以合理合法地进入中国新生的文官系统或技术行业，实现了自身地理意义和地位意义上的社会流动或智力流动，而且往往实现了下一代身份和地位的转变（这种社会流动实际上是一种特殊的伴随性社会流动，它有别于社会流动研究中的所谓社会流动的代际效应，因为它带有旧式的世袭意味，充其量只是一种赞助性流动）。

二、牵引农村智力流动的制度性力量

在农业文明时代，农村是社会的荣耀，农民是社会稳定和社会发展的中坚，农民在我国士、农、工、商的序列中处于第二的位置。在当今，农村在社会发展过程中已经演变成为一个含义十分丰富的概念，其中不乏贬义。对农村和农民的误解和偏见说明农村已经褪去了昔日的荣光，退却到了社会边缘。正如亨廷顿所言，“现代化带来的一个至关重要的政治后果便是城乡差距”①。值得指出的是，当前的农村已经出现了显著分化，原来被人们惯常使用的农村这一概念实际上已经难以恰当涵

① 亨廷顿．变化社会中的政治秩序［M］．北京：生活·读书·新知三联书店，1989：66．

盖各种发展形态和水平的农村社会现实。人们不经意间仍在使用的农村概念，实际上既涵盖那些发达的、现代化水平很高的农村（如江苏的华西村），也内在包含着那些仍处于“天高皇帝远”的原生态意味很浓厚的农村，还不排斥处于上述两种相对极端状态之间的、有着不同发展水平的形形色色的农村。因此，研究者选取的不同研究切片，既要保持其相对的完整性，以便能够凸显其作为研究对象的完整性与典型性；又要使这些切片构成相互关联的整体而包含必要的丰富性，从而能够尽可能更好地反映丰富多彩的农村社会；此外，通过这些不同切片以及切片之间的合理连接能够较好地反映农村的整体性和完整性。这样，一个个经过精细选择的切片既可以被看作是一个个独立个案或个案材料，又可以通过一张无形的网把这些相对独立的切片背后的社会景观勾勒成整个社会的宏观图景。新中国成立以来，我国逐步形成和强化了存在着高工资经济和低收入经济并存的二元经济。由于受比较利益的影响，低收入部门自然会成为高工资部门的劳动力“蓄水池”，只要有机会和渠道，处于低收入部门的人群就会努力争取进入高工资行列。这也是农村社会流动或智力流动的经济社会动因。农村向城市或者说农村人向城市的单向度社会流动或智力流动是城乡不均衡发展的一种社会后果。如果听凭农村人口向城市和发达地区无序流动，它容易产生两种消极后果：对流入地而言，流量和流速不合理的社会流动或智力流动必然超出其吸纳能力，会引发交通拥挤、贫民区增加、社会骚乱和动荡加剧等社会病①；对流出地而言，大量青壮年人口的流出，必然损失人口红利，造成流出地的人力和人才资源损失，导致人口结构老龄化、人力结构弱小化。在广大乡村，很多地方的常住人口被人们戏称为“996138”部队，即农村常住人口基本上由老人、小孩和妇女构成，农村呈现凋敝化和空壳化态势。

20 世纪 70 年代末期到 90 年代中期，体制改革引发了中国大规模社会阶层结构变动和社会流动。具体而言，社会结构的松动，首先是从农村的土地承包责任制开始，农业的发展和富余劳动力的产生是农村体制

① 李若建．“民工潮”对中国社会的冲击［J］．未来与发展，1995（3）：41-43．

改革带来的两大明显结果；与此同时，受比较利益的驱动，农民开始纷纷向城市和发达地区转移，由此引发全国性的大规模社会流动。所以，改革开放后的第一波大规模社会流动是从农村开始的；第二波社会流动才从城市的底层开始出现：城市中没有职业的社会闲散人员（甚至包括刑满释放人员）由于在原有的体制内无法获取充足的社会资源，在商品经济大潮裹挟下，纷纷加入个体私营行业，借政策倾斜迅速致富而实现某种意义上的向上社会流动；第三波社会流动则是从公有制内部涌动的，“下海”、“孔雀东南飞”等词语比较形象地描绘了当时的这种现象。与此同时，原有制度性壁垒逐步松动，高等教育对社会流动质量和社会流动自由度的影响逐步增大①。

与此同时，权力因素向市场因素逐步让位，教育筛选、人事筛选、市场筛选和政策筛选同时对个人社会流动产生作用。就农村自身而言，农村改革促发了农民的社会分化（尽管农民的基本身份地位尤其是户籍身份没有变化），由此有了我们所谓的务工农民、经商农民以及富裕农民和贫困农民等多种形式的称谓；同时，农村开始出现大规模的处于有序和无序之间的社会流动。早期的农民社会流动被贬称为“盲流”，农民向城市和发达地区的大规模社会流动出现后，“农民工”的称呼开始变得复杂起来，比如人们使用“进城务工的农民”、“农民工”等概念来描述这种社会现象或这类人群。与此同时，城市中多种经济成分的出现，使得工人分化为国有企业工人、三资企业工人以及私营企业工人等；知识分子也由于同样原因进入了一种新的社会分化中；城市社会还出现了中产阶级、企业家和下岗工人等新社会阶层。

概而言之，经过一段时间的渐变和突变后，社会流动已经越来越常规化。尽管体制性阻碍因素仍然存在，但常规化的社会流动越来越呈现出主流势头，高等教育和一般教育在社会流动中的直接或间接作用变得越来越重要（在形式意义上几乎城市的任何岗位都有起码的学历要求）。据此可以预言，在我们的未来社会中，高等教育将会越来越多地取代体

① 高等教育接受者可以得到“不受进人指标限制并免收城市增容费”等优惠政策的支持。

制改革而成为我国主要社会流动的制度性和动力性基础，农村社会流动的智力意味也将日益明显。

与此同时，社会也越来越开放，开放性社会比封闭性社会的社会流动更加频繁。社会流动无论是在水平流动和垂直流动方面，还是在流动的数量或者流动的速度方面，都表现得更加显著。有学者认为，我国新一轮社会流动的结构动因①可以表现在六个方面：一是城市化和产业及职业结构升级而出现的大量可获得的社会位置空缺。白领职业位置的大量增长造成了代际和代内上升社会流动的强劲势头。城市化和职业层次的升级，形成了一个向上社会流动链条。二是生育率下降尤其是不同阶层的生育率差距扩大，造成相对地位较高的社会位置存在越来越多的空缺。改革开放以来一直实施的严格生育制度（值得指出的是，一孩政策在 2016 年被全面二孩政策取代，但其社会影响暂时还无从观察和准确预见），使处于社会中上层者的生育意愿和生育数量都受到严格控制，而社会发展产生更多社会中上层位置，这些中上层位置的空缺需要由出身较低阶层家庭的人来填补。三是代际间可继承社会位置极大减少，尤其是带有明显的赞助性流动色彩的接班顶替制度已经大面积废除，以上升或下降为特征的垂直流动空间有扩大的可能。四是限制流动的制度性因素减少，户籍制度、身份制度、单位制等制度方面的松动使越来越多的人可以享有选择职业的自由。由于制度的改变，如计划经济和户籍制度造成的城乡二元经济结构和二元身份制度日渐松动，社会地位的获得由依赖赞助性流动而转变为更多地依靠个人竞争而实现竞争性社会流动，加上原有体制和新的市场机制都承担分配社会地位的功能，从而产生了更多的社会流动机会和社会流动形式。五是大众化的教育体系确立并迅速发展膨胀，越来越多的来自中下阶层的个人可以通过接受教育实现上升流动。六是工业化的劳动模式促进了社会的等级分化，这种等级分化结构有利于刺激人们的上升流动欲望。根据有关研究，自 1978 年以来，在城镇职业构成中，白领职业得到扩展，蓝领职业相对减少。在

① 李春玲. 社会结构变迁中的城镇社会流动 [J]. 社会学研究，1997 (5)：82-88.

1979 年以前的城镇身份制划分中，干部与工人的比率在 1∶5 至 1∶6 之间[①]。在中国城镇社会中，代际和代内流动的变化趋势都证实了体力和非体力工人之间的社会距离在扩大，社会边界趋于清晰。与改革前相比，蓝领工人的社会位置相对下降，而干部和专业人员的社会位置相对上升。体力劳动工人直接上升进入干部和专业技术群体的机会相对减少，干部和专业技术人员直接下降为体力工人的概率也降低了。而低层白领成为二者升降的缓冲地带。阶层边界的清晰和阶层标准的变化使人们的差别意识觉醒，在原来僵硬的身份制度松动的情况下，人们开始有意识地借助新的制度，实现自己社会地位的提升。

第二节　高等教育与农村发展互动的制度性变演与尴尬

社会流动已经成为一种普遍的现象，而社会流动将向包含更多知识技能意味的智力流动转向不可避免，这给高等教育作用于社会流动、促进农村发展留下想象空间和现实空间。客观说，具有合理的质（这里指社会流动中的规则、效果与秩序）与量（这里主要指社会流动的流量与流速）的规定性的社会流动在一定程度上会起到促进社会公平或平等的作用。

一、作为社会现象的农村智力流动

社会流动率的提高是社会现代化和社会进步的体现，而社会流动向智力流动转向则意味着社会进入了更高水平的发展层次。合理的社会流动不仅使社会分层体系相对开放，而且为人们通过努力改变自身社会地位、消除人与人之间不合理的不平等提供机会和可能。此外，合理的社会流动对加强不同阶层的沟通和理解，激发人的积极性、创造性与开拓进取精神，不断赋予社会以新的活力，促进社会的良性运行和协调发展，也具有积极意义。简而言之，社会流动是社会活力的表现，是社会发展最重要的激发因素之一。

---

① 李强．现代化与中国分层结构之变迁［M］∥陆学艺．中国社会学年鉴 1992.7—1995.6．北京：中国大百科全书出版社，1996：114.

1．社会流动与职业匹配

社会流动是一个含义丰富的概念。我们把个人或群体从社会经济地位不同的一种社会集团转移到另一种社会集团，或从社会集团内部一个层次转移到另一个层次的现象称之为社会流动。按照彼特·布劳的观点，“社会流动包括人们在社会位置之间的所有流动，不仅包括职业流动和迁移，而且还包括宗教信仰的改变、结婚、收入的增加、失业以及政治联盟的变化”① 等。

一般来说，从群体角度看，社会流动是指社会阶层流动。我们一般可以从三个方面来阐释其含义：其一，社会流动是一种社会分层过程，也是动态的分层体系。也就是说，社会流动的过程是形成社会分层的过程，或者说社会流动是一个旧的社会分层解体、重组和新的社会分层形成的动态过程。其二，社会流动是社会变迁的一般性和广泛性的过程。不管是水平的还是垂直的社会流动都最终影响或反映着社会结构变迁，并且通过社会流动加速社会结构变迁速度。或者说，社会流动是社会变迁的量变过程，这种量变的积累最终导致社会结构的深刻变革。其三，社会流动是构筑社会结构及特征的关键因素。这一特征在社会转型时期表现得尤为突出，因为社会转型时期是社会结构变迁十分剧烈的时期，社会转型的完成也往往促进社会结构变迁而使社会结构形成一种新的结构形态。与此同时，社会转型过程也是社会阶层出现大分化和新组合最为明显的时期，因而社会流动成为各种社会资源重新配置和社会地位、社会阶层重新分配的一种最为明显的可以观察到的表现形式。事实上，社会流动既可以出现在同一阶级或阶层内部，也可以产生于不同阶级或阶层之间。所以，社会流动一方面可以打破原有的阶层边界，增进不同阶层之间的了解、理解和融合；另一方面由于新的阶层逐步稳定和凝固，新的阶层边界逐渐清晰，社会流动又成为产生和转换社会阶层的动力性因素。

从个体意义上看，社会流动除了带来个体生活的地理空间变化外，我们更多地从个人社会位置变化或个人社会属性变化来理解和使用社会

① 布劳．不平等与异质性［M］．王春光，等译．北京：中国社会科学出版社，1977：11.

流动这一概念。尽管在社会学领域，人们比较认同德国社会学家马克斯·韦伯最初提出的把财富、权力和声望作为衡量个体或群体地位的基本指标的方法，我们也赞成这种观点；但我们倾向于从职业角度来分析社会流动，把职业作为研究和分析的切入点。在现代社会中，职业是一个可以方便地观察和比较的、相对稳定的对象，从现实意义上看，职业地位实质上影响着个人财富、权力和声望的获得，或者说，从某种意义上看，职业是个人财富、权力和声望的现实基础和保障，并且具有比较明显的制度色彩。正如亚历山大·汉密尔顿所宣称的，在现代社会中“支配人生计者支配人命运”①。因为在现代社会中，职业地位在很大程度上是个人地位结构中起主导作用的因素，它是个人获得社会资源的合法基础，具有很强的业绩性和自致性色彩。职业与肤色、血统等先赋性因素不一样，在现代社会中越来越需要经过个人后天的努力才能获得；同时，职业不但意味着财富、权力、地位和声望，而且是决定一个人多种社会关系存在和发展的基础。所以，职业地位的改变往往成为观察社会流动状况的较为可靠的标志。值得指出的是，我们对社会流动的研究不是建立在对具体职业划分的基础上，而是抽象出职业这一概念，如低技术水平的农业职业向非农业职业的流动或传统农业职业向现代农业职业的转变都是以职业为标志的向上社会流动。总而言之，从更为宽广的意义上看，社会流动既可以指人们社会地位间的变化，也可以指人们生活的地理空间的变化。智力流动则强调每一个行业或职业的知识和技术特征或优势。

2. 农村智力流动的一般特征与动力特征

从农村智力流动的制度性特征或引发的力量特征看，其主要有三种形态：第一种形态是高等教育引发的农村社会流动或智力流动，即农村人口通过接受大中专等职业性教育，凭借教育力量（至少从形式上看是如此）跨越城乡二元分割的制度壁垒而实现向上社会流动。这一形态的农村智力流动尽管本人曾做过专题研究②，但教育作为一种制度性意味

① 墨菲. 文化与社会人类学引论［M］. 北京：商务印书馆，1991：189.

② 彭拥军. 高等教育与农村社会流动［M］. 北京：中国人民大学出版社，2007.

的力量促发的农村社会流动也会随着社会变化而在形式和内容上发生某些新变化。第二种类型是通过各种招工、招干、入伍、顶替接班等渠道而进入非农行列的农村社会流动。在这种制度性安排中，教育的力量显得比较弱小或间接。因为这种流动越来越弱化，总体数量也会越来越少。随着这类制度性安排被大面积废除，这类人将基本上不再存在，在农村社会产生的影响也会越来越小。但它作为一种实际存在过的流动形态还是有必要予以说明。第三种类型是在各种力量（教育只是一种隐性力量）作用下的农村社会流动。这类流动涉及的人员众多，流动的形式比较复杂，不同世代之间的差异也比较显著，但他们至少具有一个共同特点，就是他们的农村户籍身份仍然被保留。这类流动形态是最值得关注的，其向智力流动转向的路径与效果很值得研究。

从高等教育与农村智力流动关系视角，人们主要倾向于从向上社会地位流动角度来理解和阐释社会流动，但我们也不能忽视某些空间意义上的社会流动实际上隐含的地位流动含义。比如：我国制度性的城乡壁垒使从农村流动到城市具有社会地位改变的性质，这在计划经济年代尤为明显。因为城乡的二元分离，使城乡不再是简单的地理概念，它们实际上隐含着身份、价值和等级等许多内容。因此，我们可以把社会流动理解为个体或群体“从一种社会地位或阶级向另一种社会地位或阶级的运动”①。所以，社会流动兼指社会成员从一个阶级向另一个阶级、从一个阶层向另一个阶层、从一种职业向另一种职业、从一个地区向另一个地区的位置移动，而智力流动则强调流动者对知识、智能和（或）技术的携带。

不管是一般性社会流动还是智力流动，对农村人口而言，其发生的原初动力是谋求生存或者生存质量的改善。在本研究中，我们不但要研究农村人口向上社会流动或智力流动，也要把研究视角转向智力回流以及智力流动中输出与输入的平衡等相关问题。就上升性社会流动而言，主要有两种主要类型：一是人口从农村向城市的制度性流动，因为我国

① 波普诺．社会学：下［M］．刘云德，等译．沈阳：辽宁人民出版社，1989：34．

城市与农村的二元阻隔，这种社会流动包含着地位提升的意义；二是农村职业和地位的整体提升，这表现为农村产业结构的升级和职业地位的结构性提升，同时也表现为农村社会中农民职业地位的改善或提高。

自改革开放以来，我国农村社会流动已经由个别人的“盲目流动”演变成为一种社会洪流，农村社会流动也由私人活动转化成为人们广为关注的公共事件。客观地说，大规模农村社会流动隐含着农村智力①的大量输出，这种输出实际上是农村社会发展的内在力量和工业化、城市化等外在力量共同作用的产物。广泛的农村社会流动向智力流动的转变需要农村社会发展内在推动力和工业化、城市化等外在拉动力持续不断地提供推拉力量。具体而言，支撑农村社会流动及其向智力流动转向的力量主要来自三个方面：第一个方面的力量表现为改革开放和工业化、城市化的发展创造了大量新的就业机会，为农村社会流动及其向智力流动转向提供了外围条件和外部要求；第二个方面的力量来源于农村实行家庭联产承包经营等一系列制度性创新和农业科学技术的大力推广，它们不但解决了农产品短缺和提供充足商品粮的问题，还为释放出大量农村劳动力并形成城市和工业发展的劳动力蓄水池提供了坚实基础；第三个方面的力量是体制性力量。随着一系列体制性改革的逐步推进，僵硬的城乡二元分割的制度性壁垒逐步松动，从制度层面上适应并推动农村社会流动逐步从个别现象演变成为社会公共景观、从一般性社会流动向智力流动转向。

依循历史的脉络，我们可以发现，随着计划经济体制在中华大地的全面确立，公民的居住和迁徙自由权尤其是农民的居住和迁徙自由遭到了空前的限制。有人说，1958 年颁布的《中华人民共和国户口登记条

① 人们最初把农民的自主社会流动称为盲流，带有一定的贬义色彩；后来又称之为农村剩余劳动力自寻出路的社会流动，进而把剩余劳动力的说法修正为农村富余劳动力，这种说法其实还是有一定的问题。以往针对农村人口流动的描述往往只是把这种劳动者作为体力供给者，忽视了这些劳动力的知识与技能。笔者使用智力流动这个概念来描述农村社会流动意在表明，农村社会流动者在知识和技能方面的呈现正在不断增强。

例》，其实质就是严格限制农民向城镇自由迁徙和居住[①]。因此，以农村社会流动为外在形态的智力输出实际上也是计划经济体制一步步向纵深解构的产物，农村智力输出在外在形态上呈现出从空间流动到职业转变等方面的变化，内在地包含着文化的迁移与互动，以及新文化的产生等诸多内容。农村智力输出从地理流动到文化移民，隐含着以下三个特征：第一，流动富有明显的转型特征。农民工进城在外在形式上只是地理意义上的流动，职业和身份的改变在制度上还没有得到真正认可，这种流动的智力输出性质也没有得到普遍认可；但出身农村的知识分子流动、农民工进城客观上起到了大量制造社会新阶层的作用。第二，流动承载着丰富的社会文化含义。尽管农村智力输出还没有抛弃血缘关系等旧的社会关系链条的影响，但适应和创生变得越来越重要。高等教育引发的农村智力流动客观上已经使更多农村出身的男女抛弃了因袭已久的行为模式，获得了新知识、新技能和新观念，它必然促成更深层的文化移民。第三，流动过程仍然包含着许多不和谐和不确定的因素。一方面，通过高等教育的筛选而实现社会流动的制度性智力流动者顺利进入了非农行业，基本上能够比较顺利地进行身份和地位的转变，但那些没能真正跨越制度壁垒的农村社会流动者往往具有孤独感和相对剥夺感[②]。

但毋庸置疑，高等教育引起的农村上升性社会流动，实质上是对身份资源、地位资源争夺的一种被广泛接受的方式，它在中国仍然存在明显城乡壁垒的背景下，存在特殊形式，有着特殊意义。事实上，新中国成立后的一段时期，由于户籍制度、人事制度、福利制度等系列的制度安排和行政管理举措使社会身份的相对凝固化，由此形成了各种事实上的社会阻隔，并客观上造成个人社会位置主要由国家分配的，而非个人自主选择（或者说个人选择自由度很小），个人社会流动机会较少，社会流动渠道单一且带有明显政治意味和封闭性特征。在农村社会，向上社会流动渠道除了参军、招工、婚姻和农转非外，在理论上向所有人敞

① 张英洪．农民权利论［M］．北京：中国经济出版社，2007：12．

② 彭拥军．走出边缘——农村社会流动的教育张力［M］．武汉：华中科技大学出版社，2011：13．

开的制度化手段主要是接受高等教育或其他可以改变身份的教育（如中等专业教育或中等职业教育）。

二、农村社会流动中的智力尴尬

当高等教育成为进入白领阶层越来越重要的一个客观指标时，它带来的直接社会后果之一就是社会对优质教育资源的竞争不断加剧。教育领域的竞争变得越来越激烈，家庭已有文化资本和教育资本在个人获取进一步教育资格的竞争中会产生越来越突出的作用。有鉴于此，在不同时期，城市与乡村对优质教育或优质高等教育机会竞争的动力必然存在显著差异。一旦高等教育在获取社会中上层职位中作用增大，加上城市社会中职业竞争的外显性、赞助性流动显著降低（最明显的就是顶替接班制度基本废除），人们对高等教育就学机会的竞争就会变得前所未有的激烈。在激烈的竞争格局下，农村人口总体上会因为缺乏具有竞争力的经济资本、文化资本、社会资本甚至制度资本作为支撑，其对高等教育尤其是优质高等教育就学机会的竞争力必然呈现减弱趋势。教育对农村社会流动向智力流动转向的作用也会呈现出新特点。这种特点与我国国情和制度安排的特殊性有着千丝万缕的联系。

毋庸讳言，由于中国国情和社会制度的特殊性以及再分配制度向市场体系过渡时期的种种特征，社会流动还远未能实现良性循环，更没有全面进入智力流动的这一更高阶段。因此，我国高等教育所导引的社会流动与其他工业社会存在一定差异。如接受教育或高等教育年限的增长不一定能够产生被所有人能够明确观察或感知的提高个人年均收益率的效果。毕竟，高等教育与社会地位之间的联结还受许多制度性和非制度性因素的影响，它可能比其他工业化国家所涉及的因素更为复杂和特殊。但不管在再分配系统还是在市场系统中，高等教育在分配较高社会地位时，已经被作为一种越来越重要的社会选择标准，并且人们对这标准本身鲜有人质疑（人们质疑的是高等教育文凭含金量或文凭的合法性①）。

① 这里的合法性包括逻辑合理性，人们的心理认同程度，以及制度或法律合理性等含义。

但不管怎样，农村社会流动向智力流动形态的可能转向，一方面给高等教育促进农村社会流动创造了新环境，也给高等教育促进社会流动作用的发挥提供了新形式，如大学生在空间流动上具有更多的自主性和选择性，自主流动的机会由一次性向多次性转向。与此同时，由于社会流动渠道更加多样化，高等教育引起农村社会流动的不确定性实际上也在逐步增加，比如大学生群体已经不再被视为天之骄子，甚至颇具几分弱势意味。

可以肯定地说，不同时期不同形态的农村社会流动需要我们对农村社会流动问题做进一步深入和系统的调查和探讨。如何从高等教育视角来把握教育在农村社会流动中的现实作用和潜在影响，就很值得认真探究。在前一阶段，笔者曾关注过农村出身的不同年代的大学生并做了相关研究①后发现：由于高等教育大众化在我国的快速推进，大学生的身份和地位发生了显著变化，读大学对农村人来说已经开始在一定程度和某种范围内丧失了昔日的那种吸引力②。事实上，由于引起农村社会流动的力量在逐步呈现多元格局，教育已经不再是一条通天大道；另一方面，农村遭受智力剥夺和青壮年劳动力剥夺的消极后果似乎正在得到改变，在农村一度出现的走向凋敝化、空壳化的现象在我所调查的范围内得到明显纠正③。

事实上，中国目前正处于急剧的社会变迁和社会流动过程中，急剧加速的城乡社会流动和农村向发达地区的社会流动是我国改革开放以来发生的几个重要社会变化之一。它不但表明我国城乡关系发生了重大变化和调整，也表明我国社会结构的变迁和重组。可以肯定，我国当代农村社会流动既是社会结构变革的产物，也是农民转换身份的结果；既是我国经济体制改革的产物，也是中国走向现代化的必然历史前提和过

① 彭拥军．高等教育与农村社会流动［M］．北京：中国人民大学出版社，2007．

② 百万考生放弃高考　农村学生占大多数［EB/OL］．中国广播网，2013-06-08．

③ 彭拥军．走出边缘：农村社会流动的教育张力［M］．武汉：华中科技大学出版社，2011．

程。农村社会流动是农村需求变化自身演进和工业化、城市化诱导共同作用的结果。农村社会流动向智力流动演进的核心问题是农村的现代化，它的外在尺度之一就是农村人口的城市化或居民化。这种城市化或居民化不仅仅是把农村人口纳入城市版图或者农村具有城市一样的现代生活，更重要的是使他们在观念上融入城市，在制度上融入城市，在个人生存发展的能力上能够真正融入城市。

当然，农村社会流动向智力流动的转向除了农村向已有城市的流动外，还有农村本身的城镇化以及自身对智力资源的吸引和吸纳能力提升的问题。这种变化实际上预示着农村结构性上升，并要求农村人口出现身份的适应性转变。在理想状态下，高等教育导引的农村社会流动不应该单纯表现为农村人口由乡村向城市的流动，也应该渗透到农村职业地位提升或职业形态改变之中。但由于我国农村和欠发达地区的资源短缺或社会中高层职位严重不足，这种现实状况必然造成农村和欠发达地区对高等教育（比较直观的是对大学生）的吸纳能力不足，它在一定时期内必然导致高等教育引发的农村和欠发达区域的人才流动是流向城市和发达地区的。高等教育引发的农村社会流动，从积极方面看，可以拓通农村与城市或发达地区联系的渠道，有利于把新知识、新技术、新观念带回农村，实现文化反哺、信息回流甚至技术回流，并可能形成新的城乡之间、发达与不发达地区之间的联系，产生激励和示范作用；但也可能造成对农村资源的剥夺，尤其是智力剥夺，造成农村和欠发达地区人才的严重流失。事实上，农村和欠发达地区本身的职业地位并没有在农村社会流动过程中得到明显提高，一度大量出现的空壳村和农村凋敝现象实质上与农村教育的“去农化”有着内在关联。教育引起的农村社会流动不是农村发展的自然历史进程的必然产物，而是城乡社会政治经济乃至制度框架上的不平等的一种特殊的社会后果。值得指出的是，中国农村社会流动过程中出现的快乐或苦痛，也是发达国家（如美国）在现代化过程中曾经出现过的①，有些问题具有发展过程中的共性。

但遗憾的是，我国高等教育为农业培养专门人才的法律和制度一直

① 舒尔茨．改造传统农业［M］．北京：商务印书馆，2006.

未能出台（如美国的莫里尔法案即赠地法案，促进了高等教育为农村培养许多专业技术人才，促进了农业技术的现代转变，这种转变进一步促进了农业生产力的提高和农村人口的减少，也就是说，进一步改变了农业品质，并促进了农村人口的社会流动）。在我国，只要高等教育为城市、为工业发展服务的主要方向不变，专业化的教育对农村社会流动作用就必然限制在提高大学生及其相关利益群体的社会经济地位等方面，而不可能从根本上直接改变农村本身地位不高这一基本状况①。

随着社会改革的进一步深入和社会结构变迁的加剧，人们在社会流动过程中的自主性逐步得到加强。出身乡土社会的、因高等教育的制度化提升而实现向上社会流动的大中专生，他们的行为仍然不可避免地带有乡土社会的心理文化印痕。乡土社会中的熟人关系、人情特点等等，都隐含着解读教育引起农村社会流动的某些线索。而对农村中其他社会流动者而言，教育则成了一种隐性力量。

在分析教育促进农村社会流动这类问题时，如果忽视了城乡的结构性背景和我国的制度性背景，往往会把问题看得过于简单。比如有人认为：刚恢复高考时，高等教育对农村人口向上社会流动的作用更为显著；随着高考的日益制度化和常态化，高等教育对农村人口向上社会流动的作用在减弱；到了高等教育大众化阶段，高等教育对社会流动的影响将比较微弱。事实上，高等教育对农村社会流动的影响，在不同时期，人们关注的焦点不一样，其社会动力、个体选择自由度都存在着显著差异，各种不同的利益群体对接受高等教育的愿望也存在显著差异②。有必要指出的是，参与高等教育机会竞争角力的因素，在不同时期，存在着明显差异。比如，在计划经济时期，高等教育对城市人口（尤其是城市中直接与物质财富的流通和分配打交道的人们）并没有很大吸引力，而此时高等教育对农村人口跨越城乡制度壁垒则意义重大，“跳农门”的生活化用语比较传神地刻画了这一行为的实质。而通过高等教育

① 彭拥军. 农村社会流动进阶与农村教育功能变演［J］. 教育研究与实验，2014（3）：24-28.

② 彭拥军，陈乐. 大学生精英形象起伏的逻辑［J］. 中国地质大学学报，2011（6）：104-110.

筛选农村优秀人才送往城市的高等教育招考制度，一方面实现了农村人口社会地位的提升，另一方面也造成农村人才资源的流失而导致农村人口资源丰富而人才资源缺失，这在一定程度上迟滞了农村发展的步伐。正由于以上原因，故有学者认为，改革开放前，高等教育对城镇非农业人口的社会地位影响很小，是否受过高等教育与他们所获得和占有的各种社会资源——权力、财富（收入）、声望之间关联不大。

值得指出的是，农村作为一种绵延千年的社会存在，仍然积蓄着自我生存的内在力量。农村发展在经过一段短时间的凋敝后，借助新农村建设的拉动力，开始迸发出新的生机和活力，农村社会自身的上升性流动也在很多地区快速出现，农村社会流动完全有可能成为一种新的社会景观。

第三节　高等教育与农村发展互动的社会意蕴

随着改革开放一步步向纵深推进，农村出现了一些积极的新变化。农村由于自身的分化和改组，专业化程度会越来越高，订单农业等新事物开始大量出现，人们的交往关系也出现新变化，这种局面已经有点像罗吉斯等人所指出的那样，农村人口的社会关系变得更加正式，更加非人化和科层化①。农村熟人社会结构开始向半熟人社会，甚至陌生人社会转向。

一、农村智力流动与城乡关系变化

在城市人口生育控制比农村实际上更严的计划生育政策背景下，2011 年末，中国大陆历史上第一次出现了城镇人口超过乡村人口（乡村人口数 65656 万人，城镇人口数 69079 万人）的情况，人口城镇化水平②超过了 50%③。对中国人口城镇化水平提高的合理解释显然不是城

① 罗吉斯．乡村社会变迁［M］．王晓毅，等译．杭州：浙江人民出版社，1987：11.

② 该人口数不是指户籍人口数，而是指常住人口数。据清华大学中国经济数据中心发布的一项有关中国城镇化调查报告显示，中国户籍城镇化率仍然非常低，非农户籍人口占全国总人口的比例仅为 27.6%。参见《中国青年报》2013 年 11 月 5 日第 7 版，这一数据与 2010 年第六次全国人口普查获得的数据 27.7%比较吻合。

③ 国家统计局 2012 年 1 月 17 日公布的数据.

镇人口自然增长速度优于农村的结果，而是农村人口大规模向城镇流动的产物。

大规模农村社会流动是社会现代化进程中的必然过程，而城乡差别和比较利益的觉醒在农村社会流动从涓涓细流演化为波澜壮阔的社会洪流的这样一个历史过程中起到了推波助澜的积极作用。如何提升农村人口流动质量，既是我国城镇化需要积极关注的重要问题，也是实现全民共创、全民共享现代化必须直面的重要问题。要很好地解决这个问题，我们有必要了解农村人口流动的过去、现在和未来。

事实上，直到现在，中国大陆在户籍意义上的农村人口仍然占 60% 左右，但常住意义或职业意义上的人口则发生了颠覆性变化。因此，农村的稳定和发展、农村人口的教育水平和发展程度对我国实现现代化的影响，都会影响我国人口资源向人力资源的转化过程与水平。农村人口向城市的流动和农村人口的职业转移是我国现代化进程中的重要问题。事实上，“仅 2001 年，中国农村那些延续了数千年的村落，就比 2000 年减少了 25485 个”①。农村村落在现代社会中的消失，往往意味着社会发展和向上社会流动，但乡土社会承载着历史，保存着历史记忆，乡土中国千百年来所保存的恬静美满、安全永恒的田园牧歌式生活是否因现代化进程而终结，农村社会的结构性变迁是否意味着农村社会的向上社会流动并因此而使农村人口更好地享用现代生活带来的种种好处，从而从根本上改变农村人口的命运，这是一个值得关注的理论和现实问题。从生活的现实中，我们不难发现，农村社会面临着现代化的冲击，乡土社会由人们生活的中心一步步退却到了社会政治经济文化的边缘。农村社会昔日的荣光在一步步地消退，人们开始忘却对它应有的关怀。现在，在许多人的眼里和心中，乡土不再是过去那种富有情感皈依和回报之所了。

农村作为一个边缘区域、弱势地区，出生于其间和生活于其中的人，从总体上仍然属于弱势群体。尽管从制度环境上看，他们的处境一直在

① 李培林. 村落的终结——羊城村的故事［M］. 北京：商务印书馆，2004：1.

向着好的方面不断进步，但我们仍然不能否认，在目前的情况下，他们在许多层面上还真正处于社会边缘，一不小心就会被排斥在人们关注的视野之外。正如费孝通先生所指出的，对情况的不准确的阐述或分析，不论是由于故意的过错或出于无知，对这个群体都是有害的，它可能导致令人失望的后果①。

从我国革命和建设的历史看，新中国的革命和建设都是从中国农村开始而获得成功的，农村既是改革的动力策源地，又是改革的试验地和风险的承担者，还是发展代价的承受者。从高等教育视角，如何促进农村人口的有效流动，如何避免流动的风险和不良后果，应该是社会发展必须密切关注的重大问题。与此同时，农村作为改革试验场和改革风险的缓冲地带，如果因为农村人口的素质问题而使农村成为改革和发展的包袱或者使农村无法充分享受到发展带来的好处，我们的改革和发展走向畸形甚至失败就可能难以避免。我国在新中国成立后的相当一段时间，我们在经济发展策略上都采取以农补工、以农村支持城市的发展模式，导致城市对农村的全面领导，国家的关键资源都被城市所控制，城市成为社会的权力中心、经济中心和利益中心，农村在支持城市发展的过程中却被边缘化，并由此进一步形成和强化了僵硬的城乡二元社会壁垒，城市与农村人口分别生活在两个截然不同的世界。如果在现代化的进程中忽视了农村现代化，没有很好地实现农村人口的良性流动和农村人口素质的适应性提高，有可能最终影响现代化进程的走向乃至现代化的成败。

从我国发展的现实来看，我国农村人力资源丰富而人才资源缺乏仍然是农村经济和社会发展的根本矛盾之一。如何把农村丰富的人力资源转化为雄厚的人才资源或智力资源，是影响农村经济和社会发展的带有根本性的问题。然而，我们的教育体系一直只是通过终端选拔②从农村筛选出少部分的人，使他们实现社会流动而进入城市，而淘汰下来的众

① 费孝通．江村经济［M］．北京：商务印书馆，2001：22.

② 鲁洁．论学校的选择功能［G］//瞿葆奎．教育学文集：教育与社会发展．北京：人民教育出版社，1989.

多人仍然保留在农村。这种农村人才的掠夺性开发和利用带来的直接后果之一就是：数量供给充裕的农村劳动力大军往往与较低的文化素质相伴随。据统计，我国1990—1999年新增劳动力总数为1.89亿人，其中大专以上技术人才仅占3.5%，中专、技校、职业高中毕业生占14.5%，只接受过初中教育的占46%，有36%的新生劳动力还达不到初级技术所要求的文化程度。目前，我国低素质的劳动力绝大多数留在农村，农村庞大的劳动力难以通过充分就业发挥其价值，更不用说体面就业了，而这种状况恐怕将在较长时期内存在。这是农村经济和社会发展在资源层面需要解决的一个根本性问题，也是我国农村将长期面对的人才资源的基本态势。21世纪不容回避的紧迫问题是将农村丰富的人力资源“深度开发”成人才资源，高等教育不但要实现农村人口从农村向城市的社会流动，也要实现农村人口本身职业地位的整体提升。

毋庸讳言，改革开放后，社会转型和社会流动加剧，阶层差别扩大和人们的差别意识觉醒，造成人们的相对剥夺感增强，加上社会差别的形成依据并非总是那么合理。这些因素引发了人们的不公平感。高等教育作为带有明显的智力意味的社会流动符号标志，因为其特有的公正性和制度性，容易得到更大范围的认同。但是，新中国成立以来，多次读书无用论思潮的出现，官员和在校生文凭获取方式和文凭流通价值的强烈反差，都隐含着对高等教育发展的制度性破坏①。如果文凭体制崩溃，本来尚欠牢固的高等教育促进社会流动的功能将遭到制度性破坏，其产生的社会后果可能需要很多人来承受其代价，其不良的影响甚至可能不亚于“文革”破坏高考制度所产生的不良后果和所带来的社会代价。

与此同时，大多数自由流动的农民，仍旧没有成为真正的城里人或顺利地在发达地区扎根。而那些通过大学（甚至中专）进入城市和流向发达地区的人，则顺利地成为了城里人或者几乎能够像当地人那样享受现代生活。这些出身农村的大学生，仍旧受到乡亲们的羡慕。这在某种意义上印证了克里斯托弗·詹克斯（Christopher Jenks）和他的同事们在

---

① 彭拥军，等．高校扩招要防止文凭疾病［J］．湖南教育学院学报，2000(6)：86-89．

《谁将领先》一书中通过对美国社会分层研究所得出的结论："一个青年人的最终地位和工资收益的最明显可见的预兆就是他的受教育年限。"①

二、农村智力流动的一般作用

良性智力流动可以提高社会效率，改变人类的生存能力，满足个人进取的需要，具有积极作用。具体而言，智力流动的积极作用主要体现在：首先，有效的智力流动可以合理配置资源，保证社会资源掌握在勤勉和有能力的人手中，提高整个社会的运行效率，提高资源的使用效率。其次，可以产生激励效应。智力流动形成的优胜劣汰竞争机制是对能力和素质以及努力的一种肯定，它可以让出身地位低微的人获得进入社会中上层的机会。其三，合理的智力流动可以促进和推动社会的运行和发展。社会流动率的高低、流动幅度的大小和流动时间的长短反映了社会结构的开放程度。合理的社会流动增加改变社会地位的平等机会，可以实现人力资源和物质资源的优化配置，实现人与位的合理配置。其四，模糊阶级阶层边界，有利于社会的整合。社会流动模糊社会层次间的差别，缓解社会矛盾。合理的社会流动实际上减缓了群体内和群体间交往的压力，是缓解社会冲突的减压阀。社会流动使个体与社会位置之间的关系不是凝固不变的，打破了社会分层所形成的阶层壁垒和身份壁垒，使各层次的人员处于不断更新变换的过程中，因而可以减弱各种社会阶层的集团意识，增加改变地位的机会，缓解地位差别所造成的冲突，释放社会不公平所积累的社会张力②。达伦多夫在《工业社会中的阶级和阶级冲突》中也指出，"如果流动增加，组织的团结就不断为人们之间的竞争所取代，人们投入到阶级冲突中的能量就会减少"③。事实上，群体交往越频繁，则表明一个群体的成员与其他群体成员的交往活

① 何建章．中国社会指标的理论和实践［M］．北京：中国统计出版社，1989：175.

② 社会张力（social tension）是指社会系统在运行和变迁过程中，由于结构失调或人们的无序互动导致的紧张状态以及由此产生的种种社会冲动力量。一般而言，社会张力增大与群体性事件增多，使社会控制的难度加大。

③ Darendorf. Class and class conflict in industrial society［M］. Stanford：Stanford University Press，1959：211-222.

动得到较广泛的承认，而较少地偏离流行的习惯，这就有可能削弱群体压力对与局外人交往的压力①，从而有利于不同社会群体间的整合。

社会流动既是社会合作和资源合理配置的需要，也是产生权力和特权等社会冲突的原因。智力流动则是社会流动达到较高层次的一种体现，使人摆脱了单纯的体力依赖而到达依赖知识和技能谋求更加美好的生活并提升生活质量的新阶段。但不管是一般性社会流动还是智力流动都可能因社会整合、社会协调和社会团结而产生，也因权力、特权和财富等因素的影响而扭曲。首先，社会流动的负面影响往往是权力和特权作用下的结果，既得利益阶层只是把社会流动作为精英筛选的一种点缀性手段，除了竞争性流动外，往往还充斥着许多旨在保护既得利益者们自身利益的赞助性流动，从而造成社会流动过程中的不公平以及腐败现象的发生；其次，社会流动鼓励竞争，过度的竞争会使弱势群体的利益得不到应有的维护，滋生新的问题；其三，社会流动的机会和流动能力的形成，因为无法摒弃财富、权力等个人能力素质以外的因素，甚至由此可能产生逆淘汰；其四，社会流动的结果之一，就是必然造成新的社会分化，过度的社会分化可能危害社会的稳定和发展。

当前，我国正处于社会转型的关键时期，中国社会生活的各个方面都在发生深刻变化，这些变化在速度、深度、广度、向度和难度上都是前所未有的。利益格局、社会关系、次级制度、价值观念、生活方式、文化模式、社会控制机制、社会承受能力都在发生变化。农村社会在传统和现代的双重力量影响下，也在通过引发或适应等方式而推动自身的发展。不同的个人、不同的群体在利益冲突和调整过程中，可能获得收益或蒙受损失。从教育与社会关系视角看，高等教育日益成为社会发展的动力站和社会关注的引力中心和服务中心，它对社会的可持续发展和个人的前途命运呈现出越来越重要的影响。高等教育越来越成为农村人走向城市并融入城市文化和生活的重要力量，也是农村人更好地享用现代文明成果的必要准备。在我国从传统社会向现代社会转型的社会大背

① 布劳，王春光．不平等与异质性［M］．北京：中国社会科学出版社，1991：120．

景下，从农村社会的客观现实出发，努力用中国式的方法解决中国特有的发展问题，从中国的问题中获得理论发展的资源，使对农村、农民和农村教育的关注将不再是一个“土”问题，而是一个与我们国家现代化的形成动力、实现结果和路径等基本问题息息相关的问题。而新中国成立以来，由于制度性的原因，形成了城市对农村的全面领导，在相当长的一段时间内城里人在权力、财富和社会声誉方面都高于农村人，并且上述三种地位特征是融合的或者说是单一的。正如有的学者所指出的，由于传统和高度计划的经济体制的影响，和读书无用论思潮的多次出现，教育程度作为地位特征不具有意义①。也就是说，我们的地位特征存在单一化倾向，即权力、声望和财富都统一集中在一部分人手中，而没有形成像商人拥有财富而缺乏权力、官员拥有权力和声誉而缺乏财富、知识分子拥有声誉却往往缺乏权力和财富的格局。正是在我国这种特殊制度背景下，农村人口能够经过合法途径成为城里人就不单纯是一种具有地理意义的社会流动，更为重要的是它包含着社会地位的提升。

第四节　高等教育影响农村发展预期

农村智力流动产生重要社会作用主要是通过流动使社会资源分配更为合理来实现。社会流动在改变个人社会位置的同时，也会改变社会资源的分布状况，并带来经济利益、政治权力和职业声望等社会性资源的重新分配，换句话说，社会流动既反映个体间或群体间对社会资源的争夺，也反映或造成社会关系和社会结构的变化。

一、高等教育与农村发展互动的实质

高等教育与农村发展良性互动，一方面表现为高等教育为农村人口素质提高以及社会竞争和流动能力增强提供智力支持，另一方面则是农村发展为吸引和吸纳高等教育提供更大空间。在目前，农村上升性智力流动实质上就是对身份资源、地位资源的争夺过程或结果，它在中国存

① 李路路，王奋宇．当代中国现代化进程中的社会结构及其变革［M］．杭州：浙江人民出版社，1992：57-59．

在特殊城乡壁垒背景下，具有特殊形式和意义。新中国成立后的一段时期，由于社会身份的相对凝固化，户籍制度、人事制度、福利制度等一系列的国家政治制度和行政管理手段的安排形成了各种社会阻隔，个人的社会位置往往由国家直接分配而非个体自主选择（或者说个人选择自由度很小），个人社会流动机会少，流动渠道单一。但在社会发展新阶段，农村上升性社会流动会增添或渗透越来越多的知识技能和智力内容。

这种新的社会流动形态，一方面给高等教育促进农村社会流动创造了新的环境，给高等教育促进社会流动作用的发挥提供了新的形式，如大学生在个人流动上具有更多的自主性和选择性，个人流动的机会由一次性向多次性转变。与此同时，由于社会流动渠道更加多样化，高等教育引起农村社会流动的不确定性也在逐步增加。

对农村而言，如何顺利实现现代化而不是仅仅充当城市和工业的劳动力蓄水池，已经成为一个越来越影响发展大局的问题。客观说，中国要全面实现现代化，除了物质现代化，更重要的或者说更深层的，应该是实现人的现代化。正如英格尔斯所言，那些完善的现代制度以及伴随而来的指导大纲，管理守则，本身是一些空的躯壳。如果一个国家的人民缺乏一种能赋予这些制度以真实生命力的广泛的现代心理基础，如果执行和运用着这些现代制度的人，自身还没有从心理、思想、态度和行为方式上都经历一个向现代化的转变，失败和畸形发展的悲剧结局是不可避免的①。现代化进程中的一个很重要的问题，就是社会要从相对凝固的身份社会转变为存在合理社会流动的业绩社会。在我国，如何解决生产力的发展和促进庞大的人口尤其是庞大农村人口的合理社会流动问题，将变得越来越有意义。可以肯定地说，这一问题的解决与人口素质的提高和资源合理流动是分不开的。高等教育在提高人的素质和促进社会合理流动方面能够起到多大的作用，从某种意义上说，将反映和影响国家现代化的进程。

从国家视角看，中国是一个人口密集的国家，尽管在我国现代化进

① 阿历克斯·英格尔斯，等．人的现代化［M］．殷陆君，译．成都：四川人民出版社，1985：4．

程中，我国人口的文化结构和城乡分布结构都发生了很大变化，但人口的大部分只是户籍意义上的农村人口这一基本事实仍然没有从根本上改变。在农村，人口的就业要求大大超过就业机会，劳动力价格仍旧低廉。国家要从整体上和根本上实现现代化，必须从根本上解决农村人口的这种状况，提升农村职业层次，实现农村人口素质的提高和农村人口有序、有效的社会流动。

从个人角度看，作为农村的个体，要摆脱农村中的贫困和落后状况，有必要读书识字，了解新时代发展的走向，能够适应和融入未来新的生活，必须具有现代人的素质和具有适应现代社会和驾驭现代生活的能力。从理论上说，高等教育为解决这些问题提供了现实途径。它可以帮助人们开阔视野，提高技能，增加生存机会，改变气质，获得更多文化资本、关系资本以及物质资本，从而更加有效地实现社会地位升迁。

从经济角度看，农业社会向工业社会的全面迈进是现代化的必由之路，而我国现代化的发展模式是典型的后发外生型①的，有必要采取赶超型的发展战略，不可能也没有必要亦步亦趋地照搬老牌资本主义国家的现代化模式，尤其是我们的现代化是处于工业技术已经较为充分发育和知识经济日渐明朗的时期，我们完全有可能缩短或跳过别的国家现代化进程中的某些过程或阶段。

但不管怎样，社会的有序和高效发展，都需要从整体上提升人，需要合理有效的社会流动。从农村出发，确保高等教育促进农村人口素质提升，实现农村人口有序有效的社会流动，进一步促进社会发展和良性运行。

二、农村智力流动与农村发展

从当前高等教育发展的情况看，一方面，我国现在的高等教育正以

---

① 后发外生型现代化是实现经济现代化的一种模式。它指那些面临外部现代化挑战而本身却缺乏现代化因素积累的国家，由政府出面运用国家机器的强大力量自上而下地启动的现代化。因为这些国家在现代化过程中，由民间力量启动现代化是不可能的，民间也缺乏足够的能量来推进现代化进程，所以必须由政府出面。日本是后发外生型现代化的典型代表。

无与伦比的速度发展，人们接受高等教育的机会大大增加，但数量增长与质量提高的双重压力同时凸显，它影响着高等教育的入口（招生）和出口（就业和质量评价）；另一方面，高等教育的接受机会并没有走向更加平等，城乡人口接受高等教育尤其是优质高等教育的机会差别仍然很大甚至有拉大的趋势。尽管我国正处于高等教育大发展的时期，但城镇生源进入大学的机会在 2001 年就已经是农村生源的 2.9 倍①，现在这种现象不但没有得到根本扭转，甚至一度还存在扩大的趋势。这一现象说明农村人口在接受高等教育的机会方面还是大大低于城市。此外，城市对农村的智力剥夺现象（值得指出的是，这种剥夺和被剥夺，对当事人来说，往往具有心甘情愿的成分）仍然存在，在城市中接受高等教育回流到农村仍然缺乏社会性动力和制度性支持。如何通过高等教育途径，把农村人口的出路植根于我国现代化整体进程中，如何通过教育为将近 9 亿农民（户籍意义的人口统计数据）过上有尊严的、体面的生活，摆脱落后和愚昧，真正融入现代社会之中，我们有必要关注社会和高等教育的现实，为解决这一问题而研究，为最后妥善解决农村问题和我国现代化过程中人的现代化问题出主意、想办法。

我国社会转型的最终目标是要实现 13 亿中国人口的现代化，这么规模宏大的现代化是人类历史上不曾有过的。我们不可能套用欧美国家的资源消耗型现代化旧模式，也不可能疯狂地占有外部物质资源，只可能采取可持续性发展战略，故应该注重从人才资源开发、人才合理社会流动等方面实施合理的制度安排，从人的智力资源可持续开发上做好文章，才能真正顺利实现我国的现代化。因此，农村人口的智力开发和农村人口的良性流动，既是解决农村、农民和农业问题的最终动力之一，也是我国现代化发展道路无法回避的重要问题。就农村智力流动对城乡发展尤其是农村发展的积极作用而言，主要表现在以下几个方面：

1. 促进农民身份转换

农民身份的转换一般需要通过两种途径来实现，即就地转换和易地

① 彭拥军，唐慧君. 高等教育大众化对农村社会流动的影响 [J]. 大学教育科学，2007 (1)：94-97.

转换。就地转换的一个重要方面就是农村职业的提升并带来农民身份的转换，其主要特征是“离土不离乡”，它是适应农村建立健全完备的市场体系和各种生产要素市场的需要而进行的。如现在农村有以种田大户为骨干的农业生产联合体，有种子公司、饲料公司、各种中介组织，有以龙头产品为中心的公司加农户的股份有限公司等等。处在这些组织中的农民和乡镇企业的经营者和生产者，已经不再是传统意义上的农民。按所拥有的生产资料和劳动方式划分，他们至少可分为以下几大社会阶层：农业劳动者阶层、雇工阶层、农民知识分子阶层、个体手工业劳动者和个体工商户、私营企业者阶层、乡镇企业管理者阶层、农村管理者阶层等。正如有学者指出的，这些阶层的出现不仅有利于农村市场体系的完备和农民进行规模经营，农民流动过程本身也从客观上加速了农民现代素质的累积，敢于冲破原有的经济格局，敢于冒险①。农村职业地位的这种改变，也为农村吸纳新知识和新技能提供了现实契机。易地转换就是在空间和职业上的转换，是农民在住所、职业或身份等方面的综合性或整体性改变。

2．通过为城市发展作贡献而推动农村发展

农民流动到城镇，主要在城市中从事建筑、零售、餐饮、保姆、修理、运输等经济活动，在城市产业结构调整中发挥作用，填补了城市人一些不愿问津的脏、苦、累、差、险的就业岗位，为促进农村对城市的了解和城乡之间的相互了解和理解提供了渠道，为农村人口适应城市提供了尝试性准备。进城的农民往往开始对自身的素质问题和子女的教育问题进行不同方式的反思，这必然引起他们思想观念、价值观念等方面的转变。笔者的调查②发现，凡是有过社会流动经验的农民，都能够或深或浅地认识到良好教育对自己孩子将来的重要意义，都希望自己的孩子能够不再像他们自己一样无法真正融入城市生活（尽管他们认为现在

① 章辉美．农民社会流动对农村现代化影响探讨［J］．求索，2002（6）：96-98．

② 笔者在2003年和2007年对湖南宁乡某小镇进行了长时段和大样本的调查。彭拥军．高等教育与农村社会流动［M］．北京：中国人民大学出版社，2007；彭拥军．走出边缘：农村社会流动的教育张力［M］．武汉：华中科技大学出版社，2011．

的生活比单纯的种田要好）而苦恼。这种认识给高等教育促进农村发展提供了良好的思想基础和行动动力。

3．提高全社会劳动生产率

农村社会流动向智力流动的转向，从表面上看，主要是农村人口的城镇化和职业的非农化，它可以帮助有效地改变社会职业构成和人口的总体结构。实际上，这种从农业中释放和转移出大量劳动力的农村智力流动，推动了劳动力从低效率的农业向高效率的非农产业转移，这种流动最终有利于促进全社会劳动生产率的提高，并且对流动者的知识技能要求也会逐步提高，从而使一般性社会流动逐步演变成为智力流动。

4．进一步打破城乡经济壁垒

农民对社会流动有着足够的认识，并以不甘示弱、吃苦耐劳和特有的创造精神在城市谋取就业岗位后，却又受到来自城市各个方面的抵触和地方政府政策的限制。也就是说，当城镇在提供其谋生的经济环境时，社会还不可能为其提供公正、公平的社会环境，社会上出现了农民在申请城市户口、子女求学、人身安全和自由、身份限制、身份歧视、打工中签订“不平等条约”等方面的一系列难题。这些难题是农民从根本上转移身份的最大障碍。值得欣慰的是，这些问题逐步成了办公桌上的文件、新闻媒体的话题、学术会议的研讨内容、各式会议讲话上所积极关注的问题。这最终必然引发政策性和制度性的变革，从而最终打破僵硬的城乡壁垒。

在理想状态下，高等教育引起的农村社会流动应该能够发挥上述四种作用，但在现实中，高等教育引起的农村社会流动只是让部分农村人脱离了农业和农村，并没有实现农村整体的职业非农化和身份市民化的转变。高等教育只是农村人口突破城乡壁垒的制度化手段，这是我国高等教育促进农村社会流动比较独特的地方，也是我国高等教育促进农村社会流动作用难以充分发挥的最容易观察到的原因之一。城乡外显的地理差别，仍然反映甚至就是身份地位的差别。

第二章 符号：高等教育与农村发展互动的隐性结点

人们的社会行为往往与其社会境遇存在内在关联。农村人口的心理和行为与农村特定的社会结构、社会关系以及农村在国家社会结构中的特殊处境都存在着比较复杂的关系。探讨高等教育对农村社会流动的影响及其在农村社会流动演化为智力流动中的作用，以及高等教育与农村发展之间的隐性或显性互动，都不能忽视农村社会结构的历史面貌及其变迁的可能走向。一般而言，任何一种社会框架的建立，往往都潜藏着支撑这种社会框架的价值模式。当今世界，实际上存在着以下三种主导性价值模式：一是社会主义国家崇尚社会成员平等和国家利益优先的价值模式；二是资本主义国家追求效率优先和个人利益优先的价值模式；三是注重效率兼顾国家利益与个人利益统一的价值模式。

我们知道，越是传统封闭的社会，因为整个社会缺乏比较畅通的向上社会流动渠道，社会成员对关乎自身前途命运的“宿命”观念所占分量就越重，并由此导致个体自主性更加羸弱，进而导致人们不容易相信并且也很难凭借个人自身力量来彻底改善生存处境或命运。随着社会文明的不断进步，社会关系结构的固化程度会逐渐降低，社会成员的位置会随着社会生活的变化而在社会关系网络中发生变化或得到调整，从而使社会的封闭程度逐渐降低，开放程度逐步增加。也就是说，社会越是文明进步，社会成员实现空间流动①的可能性就越大。而我国当前的社

① 这里的空间流动所指称的空间实际上涉及地理空间、制度空间、经济空间和社会空间等不同空间样态。

会流动，在强权力弱社会格局发生变化后，政治权利和社会权利获得了进一步的自由，社会价值系统由单一的政治化发展为社会化和功能化。这种变化除了制度调适外，也需要人们进行价值重组和认同。因此，政策导向中的价值变化对社会流动以及社会价值观的影响很大。

第一节 影响高等教育与农村发展互动的合法性符号

农村智力流动是在国家走向现代化的改革与转型过程中出现的一种社会现象，它往往需要一定的合法性符号来有效支撑。尽管人们实际上只能在政党、阶级或阶层、国家、事业、理想等因素之间来选择合法性符号。但与改革与转型相伴随的农村智力流动的实际效果如何，往往要看改革与转型以何种名义行动，这些名义背后隐藏着何种期待，这些期待必然影响改革的目标、路向和过程，也最终影响转型的进程及其成效。值得指出的是，社会场域或教育场域的改革实际上存在很多相互竞争的合理性，这些合理性往往以不同名义或借用不同符号来呈现。

一、集体：独具特色的合法性符号

无论是作为农村智力流动的践行者，还是作为改革的推进者或者参与者，只要是社会活动的投身者，如果其需要确保行动尽可能符合预期，往往需要从自己可能卷入的任何一种情境、自己可能拥有的任何一种特性中合理后退，以便能够对特定情境与特性做出恰如其分的判断，并据此来确定合适的行动口号和采取相应的行动。在民主化的鼓噪和管理专家、政治精英等精英垄断之间形成尖锐对立的时候，集体或集体利益容易成为口号或行动赢得合法性的有用符号。比如，以集体名义进行教育改革来实现制造精英和（或）普惠大众的目的，这种行为就更容易赢得合理性与合法性①。因为在我国这样一个以集体和集中为政治文化甚至大众文化的国度，集体主义或者集体本身就是一个充满魅力的用语，它可以帮助确立社会行动的合法性。事实上，在我们习惯化的官方

① 彭拥军. 高等教育改革的合法性：话语的视角［J］. 江苏高教，2011（1）：19-21.

话语中，个人利益应该服从集体利益（其实质就是集体优于个人）的言说几乎人人都耳熟能详。因而集体名义下的社会行动（比如农村社会流动或智力流动）就有了近乎“天然的”合理性与合法性。

值得指出的是，我们在谈论集体时，“集体”这个概念其实常常含混不清。有时候集体被用来指称国家，有时候实际上是指某一特定政党，集体甚至有时候仅仅是用来说事的工具，尤其是在集权主义盛行时，集体往往是权力用来同化意志的合理用语。这有点像麦金太尔所说的，“权力导致同化，绝对的权力导致绝对的同化”①。毫不夸张地说，集体背后实际上潜藏着权力的魅影，集体也因此常常成为权力隐身或栖身的场所。

在我国全面改革的铺开和推进过程中，集体或集体名义实际上一直是改革赢得合法性的重要依据。比如，高考即使到现在仍被视为国家的“抡才大典”，农村社会流动的合法性也是以与国家发展需要或发展阶段间的适应程度为依据的。这种认识或行动的背后都埋嵌着“国家是最大集体”这样的认知逻辑，由此我们就不难理解，国家仍然是维护改革合理性和正当性的强大力量，也是中国式行动迎合合法性的重要符号。

集体的合法性和很强的社会动员力量与我国特有的政治体制和治理格局密切相关。新中国成立以来，一个十分重要的举措就是国家垄断人们生存发展的基本资源，个人主要通过各种形式的单位（城市里的国有或集体单位，农村的人民公社及其所管辖的村组）来获得生存资源，个体如果不依赖国家就很难生存，这种制度安排成功营造了集体优于个人的社会情境。与之相伴随的一系列宣传，甚至“大河有水小河满，大河无水小河干”② 这类貌似科学其实完全违背科学常识的言说，曾经确实成功地帮助营造了集体优于个人的强大思想舆论基础。一旦这种集体与个人之间关系格局被合法化、凝固化，以集体名义实施的行动就可能产生强有力的社会动员力量。

集体作为社会交际符号的含义一旦全面确立并被不断强化，它就会

① 麦金太尔．追寻美德［M］．南京：译林出版社，2008：122．

② 中国官方曾经广泛使用“大河有水小河满，大河无水小河干”的言说，试图告诉民众“集体有，个人才会有；国家富，人民才会富”的道理。现在由于地理常识的普及，这一言说，已经被摒弃。

产生强大的社会能量。事实上，无论是改革的发动还是改革正当性或正义性的确立，集体名义都是推进改革的一种重要武器。通过集体名义下的组织动员和宣传发动，改革者的愿望往往就变成了集体或者组织的意志，改革的合理性和合法性就容易得到确证。

在农村社会流动的演进或者社会流动向智力流动的演化过程中，集体也可以充当正义性或正当性的符号。但这时候的集体，含义可能变得相当复杂。各种利益集团，都可能借用集体这个符号，来表达不尽相同的社会诉求。

二、科学：具有独特工具魅力的符号

16 世纪以来，自然科学的兴起打破了人类知识的传统格局，不但“科学”这个词自身逐步赢得了广泛的合理性和正当性，而且科学开始成为衡量知识合法性和有效性的代名词，科学的符号权力得到了广泛确认。

1. 科学成为知识界的强势词汇

自然科学以理性为准则，依靠观测和基于观测的推理，首先将巫术驱逐出知识版图。稍后，宗教与神学也在自然科学实证主义方法论的追击下，不得不让出自己的知识至尊宝座。自然科学在 16 世纪一跃而居于重要地位，而且从此以后对我们生活于其中的思想和制度产生越来越大的影响①。科学取代宗教和人文社会科学的优势地位而在知识界成为真理或追求真理的代名词是因为它一再显示的力量和有用性，科学的力量和有用性也使之成为维护国家声威的重要武器。在科学主义鼎盛时期，自然科学的知识观更是成为了几乎所有知识的试金石，科学不科学成了能不能称之为知识的重要标准。科学主义甚至使“科学的真理成为唯一的真理”。在知识语境中，科学知识取代宗教知识和哲学知识而居于各种知识的顶层，并重新确立了知识的阶层等级。

2. 科学成为判定合法性的准绳

社会发展越来越需要科学的政府来引领，政府越来越需要其公务员具有那种能够使他们取得专家资格的教育，越来越倾向于征募号称专家的人员进入公务员体制。有鉴于此，我国曾经出现的大学生包当干部政策实际

① 罗素．宗教与科学［M］．北京：商务印书馆，2005：1．

上营建了专家进入公务员队伍的通道。随着大学生稀缺性逐步降低，由高等教育走向公务员队伍的直接通道在一定程度上或某种形式上看已经基本堵塞（典型的言说就是大学生不能包当干部），但取而代之的是主要面向大学生的公务员考试开始由录用“五大生”① 的拾遗补缺机制变成录用公务员（现在的公务员从某种意义上就是干部或干部的重要组成部分）的主要制度化途径，其竞争之烈、影响之深不亚于高考恢复时的高考筛选。

以知识或者科学为筛选依据的公务员招考制度实际上更有利于确保政府的有效性和合法性。这一点从中共中央委员学历不断提升的事实也可以得到佐证。从中共十六大开始，中央委员都有大学（包括大专）以上学历，从这以后政治局常委中具有研究生以上学历的人数逐步增加。知识与权力的结盟，并没有因为大学生包当干部政策的全面废除而弱化，而是得到了前所未有的加强。在这种官、学结合越来越紧密的状况下，科学或科学知识成为了具有广泛社会动员力量的符号。

3．科学增强了高等教育服务社会的力量感

高等教育产生服务社会的强大力量感与其专业或者专业化有着很强内在关联，而专业化或专门化背后的支撑力量其实就包含了对科学技术或科学技术理性的追求。在当今社会，科学与技术的理性在很大程度上取代或替代了其他理性和情感。

从国外高等教育改革的成功经验看，早在二次世界大战结束后的1945年，美国联邦科学研究与发展局局长万尼瓦尔·布什就向罗斯福总统提交了一份题为《科学：无边的疆界》的报告，它主要强调联邦政府要继续加强对科研和开发的投入，加强基础研究，支持大学建立重点实验室；成立国家科学基金会，促进科学和教育发展；鼓励大学在军事—工业综合体系中发挥作用等等②。如果从世界高等教育发展的历史来看，

---

① 指通过自考、电大、夜大、职大、函授五种非全日制取得的学历文凭或其他成人教育或国家教育行政主管部门认可的其他类型教育取得国家承认大专以上学历的非在职毕业生，不同于普通高等学校的毕业生。

② 沈红．美国研究型大学的形成与发展［M］．武汉：华中理工大学出版社，1999：65-66；王英杰．美国高等教育的发展与改革［M］．北京：人民教育出版社，2002：64．

高等教育由传统大学形态向近现代形态的转变则与洪堡的经典大学理念分不开。大学相对独立、学术自由、教学与研究相统一等理念成功融入并孕育了现代大学制度，由此确立了柏林大学引领世界的哲学基础和政策性基础①。

4．科学给教育活动平添魅力

在现代社会中，科学意味着理性和权威性。正是受这种观念影响，几乎人类的所有知识领域，现在都自觉不自觉地加上了“科学”这个后缀。科学名义下的高等教育活动意味着对客观规律的遵循，至少是接受了类规律的指引。换句话说，贴着科学标签的教育行动给人的印象似乎就是在按客观规律办事。以科学名义进行的教育改革当然更容易赢得合理性和合法性，并使反抗者承受额外压力。

即使是在多元化背景下，科学依据是教育改革或教育行动获得合理性和合法性的重要依托。实际上，高考恢复以知识或者能力取人的制度，尽管有政治需要，但我们不能剥离其中的科学依据。在高考以知识取人的制度得到全面确立之时，它的反对者往往不会直接去反对高考本身，而是借助有科学意味的言说，比如高分低能说②来渗透其某种背后不可告人的真实目的。有鉴于此，上个世纪90年代，“高分低能”一词似乎有了新含义。我们经常可以在报纸杂志上看到提倡知识分子下海、学生经商的文章，认为他们涉足商海有利于其各方面能力的锻炼和发展，是对“高分低能”现象的有力克服；更有甚者把学生经商所得看成是其能力的证明，大有把人的经济能力夸大成一切，把赚钱看成是能力高的表现等倾向③。这些说法实际上是用来否认以知识立意的考试的合法性，从而顺理成章地巧妙发出高考必须改革的声音，而且似乎不经意但很有煽动性地揭示了这种改革的现实紧迫性，并使新的改革获得了不

① 彭拥军．高等教育研究的旨趣［J］．中国地质大学学报，2008（5）：52-56．

② “高分低能”在20世纪80年代末成为了时髦用词，它最初被用来指代考试得高分、只会读死书的人，后来也把那些生活自理能力、社会适应能力和社交能力相当低下的读书人囊括其中。

③ 张萍．“高分低能”之说不科学［J］．广州师院学报，1995（4）：59-61，71．

可否认的合理性和合法性。科学的客观性面貌成功帮助实现了以科学名义指导教育行动或推动改革的言说者的主观意愿或目的。

5．科学或教育将给农村智力流动带来理性色彩

大规模农村社会流动尽管是社会发展的一种正常社会现象，但其地位的认可即使到现在仍然包含许多误解乃至偏见。自发的农村社会流动（通俗说，就是农民工现象）最初主要是充当城市和发达地区工业和日常生活的一种拾遗补缺手段，他们的价值和地位并没有得到制度层面和认识层面的全面肯定。

然而，随着第二代农民工的出现以及劳动力供求关系变化，加上制度层面和教育层面的某些重要变化，农村社会流动得到了积极关注和认可，也有可能向智力流动方向有效转化。客观说，农村人口的大规模社会流动，原本就有利于传统农业向现代农业的积极转化，因为劳动力向非农部门和非农产业的转移，可以给农业产业的升级带来新空间。比如农业的集约经营将不会因为农民数量过于庞大而无法实现，而农业从业人员的培训和提高问题也将比较容易得到解决。此外，农民数量的减少还意味着农民自身工作效率提高和待遇的增加变得更为必要和更加可能，这必然导致农业职业社会地位的提升变得更加可能。可以肯定，从长远看，农村社会流动在实现农业劳动力向其他行业和产业转移的同时，也有利于对传统农业的改造，有利于催生现代农业，培育新的农业职业。

值得指出的是，农村社会流动既需要新的制度安排来保证，更需要对农村人口进行相应的教育和训练①。缺乏农村人口适应性准备的农村社会流动，农村人口将不具备社会流动的潜在能力，不可能长久而有效地促进社会生产力的全面提高，农村人口只能成为社会底层的填补者，这将给社会的整体发展埋下隐患。切实提高农村人口的教育科学水平，是农村社会流动走向智力流动的必由之路。

三、教育：一种制度性符号

一般来说，高等教育旨在培养人才、发展科学和直接服务社会。大

① 彭拥军．农村社会流动的考察——教育的视角［J］．南京社会科学，2007(6)：129-135.

学发挥社会职能的依据则在大学内部，而人才的生产能力和学问的生产能力是大学发挥社会职能的基础①。教育所隐含的社会期待要真正变成教育（这里主要是指高等教育，并且是从机构意义而不是活动意义上来理解高等教育）的自觉行为，自然应该借助符合教育自身特点和需要的改革来推动。从培养目标看，我国高等教育改革，就本科阶段而言，实际上存在两种主要看法：一是借鉴美国的模式，在本科生阶段实行通才教育或通识教育，把专业教育放在研究生教育阶段进行；另一种就是调整专业设置，加宽专业面，培养目标仍然是专门人才。这就是通常所说的宽口径、厚基础的学理化表达。

从法人地位看，增强高校活力和办学自主权实际上是高等教育改革希望达到的目标。这从高等教育法等相关政策法规的用语变化就可以看出来。但高等教育权的落实或分割是十分敏感的，因为我国一直把教育权视为国家主权的组成部分，受这种观念的支配，高等教育与国家的关系就变得相当复杂。比如，我国建设一流大学（原来倾向于使用“建设一流大学”这一口号，从 2016 年开始，国家层面开始频繁使用“双一流建设”这个新口号，“双一流”迅速成为高等学校或高等教育领域的高频词）的各种举措，首先是出于国家利益的考虑，但要真正实现这一目标，则需要考虑大学本身的方方面面。比如美国高等教育成功走到世界前列是与其在高等教育高低两端有创造性贡献分不开的。在高等教育高端，美国积极发展研究生教育和创办研究型大学，致力于提高高等教育的学问生产能力和一流人才制造能力。据统计，“在 1901 年至 1972 年间，美国共有 92 人获得诺贝尔自然科学奖，其中五分之三的人拥有著名大学的学士学位，并且在 21 所名牌大学获得了博士学位。如果排除在国外受完高等教育后再移民到美国的人，这个比例还会更高一些。美国的主要领导人中也有相当多的人毕业于这些著名的大学，例如，在历届美国总统中有 6 人毕业于哈佛大学”②。在高等教育底端，美国积极发展

① 胡建华. 大学制度改革论［M］. 南京：南京师范大学出版社，2006：245.

② 王英杰. 美国高等教育的发展与改革［M］. 北京：人民教育出版社，2002：56.

社区学院和州立大学。这种旨在提高美国大学服务地方经济社会发展的高等教育改革，与美国莫里尔法案以及后续相关法律的积极推进与落实有很大关系，这些法律在一定程度上有效推动了美国丰富而具有创造性的高等教育体系的形成。

高等教育对个体或群体的影响，正如布迪厄曾不加掩饰地指出的那样，高等教育把人类的某种卓越品质突出出来而分离出世俗精英，这种精英带有准宗教的公共合法性与符号权力的特征①。一般而言，如果高等教育制造的精英，不管是针对个体、群体，还是机构，都带有理所当然的特征，并且这种特征也能理所当然地赢得人们的认同与尊重，那么高等教育所产生的符号权力就带有“神圣化”味道，符号拥有者就会被罩上一层神圣光环（比如人们曾经不无夸张地把大学生誉为“天之骄子”）。如果高等教育作为符号的高度重要性以及必要性或者有用性都作为一项社会功能被普遍预设，它必然意味着：高等教育既然是为生存所需要的严肃生活而预设，它就可以要求人们忍受必要的克制和进行艰苦的练习。也就是说，一旦高等教育充当起精英符号制造者的角色，它就具有某种源自生活需要又超越生活当下需要的力量，并把这种力量的意义传达到高等教育活动当中。就这样，高等教育所代表的文化符号会被人们自愿接受，并导致不管是这种符号权力的拥有者还是符号权力的剥夺者，都会认为这种文化符号是取得社会其他权力和利益的合法基础。

我国高等教育改革，实际上也在注重两端的特色发展。比如，在高等教育顶端积极建设一流大学，从“211工程”、“985工程”，以及到更为具体的“863”、“973”科研计划，都在运用政府力量，并加上经济的“手”来推动高等教育的分层和分化。在高等教育系统底端，积极发展高等职业教育，满足国家制造业快速发展对技工的需要。可以肯定，当代高等教育正经历着从人力需求主导型向教育需求主导型的转变，经历着从重视社会的发展价值到关注人的发展价值和社会的发展价值并重的转变，高等教育将在“追求卓越”与“促进平等”方面并行不悖。

---

① 斯沃茨：文化与权力——布尔迪厄的社会学［M］．上海：上海译文出版社，2006：55.

然而，在中国的教育场域中，即使是以教育名义推动的改革，教育也只是增强教育改革合理性的工具。大多数教育改革，都是从社会需要甚至权力需要出发而发动和推进的。当然，高等教育自身也难以与改革撇清关系，高等教育自身的发展逻辑常常成为人们言说高等教育和高等教育改革不能绕开的角度。比如高等教育中的学术自由和学术规范，就因为存在学术和非学术的自由或学术与非学术的规范，衍生出中国学术领域的一些怪诞现象①。

这种状况既与高等教育自身的地位有关，也与高等教育和社会诸多因素的复杂关系有关。比如高等教育大众化的突然发动，实际上是应对当时亚洲金融危机的“需要”② 而衍生出来的一种教育后果，也符合老百姓渴望上大学的需要。然而，没有被人们普遍预计和预见的是，随着高等教育从精英教育阶段向大众化快速推进，高等教育出现了精英的合理性和合法性问题。高等教育质量问题实际上只是一个言说高等教育问题的一个最合理的借口，因为假借质量问题，它可以成功地把高等教育大众化过程中所衍生出来的诸多问题的责任归结到政府、高校和（或）学生身上，也可以把它们归结到社会或用人单位身上。所以，如果仅仅把高等教育视为一种活动，那么我们就难以深刻理解高等教育含义的复杂性或丰富性，事实上我们确实常常需要把高等教育作为一种机构甚至制度或制度符号来理解。

四、老百姓：表达大众诉求的符号

老百姓或百姓其实是一个经过不断演化而形成的概念，《辞海》将其定义为：(1) 古代对贵族的总称。《诗·小雅·天保》：“群黎百姓。”郑玄笺：“百姓，百官族姓也。”《国语·楚语下》：“民之彻官百，王公之子弟之质，能言能听彻其官者，而物赐之姓，以监其官，是为百姓。”

---

① 高晓清，顾明远．学术自由与学术规范对我国切实性问题的思考［J］．高等教育研究，2004（3）：5-9.

② 这里的“需要”用上双引号，意在表明这种所谓的需要还是一个需要澄清或者存在争议的东西，它是不是真实的需要，一直存在着论争，比如北大与汤敏、魏杰的论争，前面已经有过论述。

(2) 战国后用于平民的通称。《孟子·滕文公上》："乡里同井，出入相友，守望相助，疾病相扶持，则百姓亲睦。"① 由此可见，老百姓或百姓，最初是指显赫的贵族，后来才慢慢演化为指代普通大众的一个名词。

1999 年底，《中国青年报》披露了一份关于中国公民高等教育的报告，该报告对北京多所学校 2000 多名学生的抽样调查，发现 28%的学生来自北京，30%来自北京以外的城市，24%来自全国各地不出名的城镇，17.7%来自农村。杨东平教授主持的国家教育科学规划十五课题"我国高等教育公平问题的研究"课题组的研究也表明，清华大学、北京大学、北京师范大学等重点大学，20 世纪 90 年代以来招收的新生中，农村学生的比例呈下降趋势：清华大学 2000 年农村学生的比例为 17.6%，比 1990 年减少 4.1%个百分点；北京大学 1999 年农村学生的比例为 16.3%，比 1991 年减少了 2.5 个百分点；而北京师范大学 2002 年农村学生的比例为 22.3%，比 1990 年减少了 5.7 个百分点。

这些研究所揭示的问题也日益体现在教育改革的名义中。如何使一般大众（也就是老百姓）获得更多更好的教育机会，以便使改革代表良知和正义，成为改革获得广泛社会动员力量的重要现实基础。本来，改革就不能像皇帝的新装，通过耻笑一个人而取悦所有的其他人来达成；改革更不能宣称几乎所有的人都是衣衫褴褛的，这将很难受到欢迎。而老百姓作为人群中的大多数，以他们的名义实施改革容易赢得合理性和合法性。从目前的情势看，农村家庭和贫困家庭在高考这个看似最后公平的堡垒面前，不是利益最大化者，而是最大的利益受损者。即使到了高等教育大众化阶段，农村孩子只有大约 10%的人能够上大学，而其中相当一部分家庭还由此背上债务；其他贫困人口的教育状况，也不会比这一状况更好。因此，以老百姓的名义实施改革就能产生较好的社会动员力量，因为它从名义上指向了一切人的平等。

值得指出的是，正如麦金太尔所言，正如正义和诚信这类规则当且仅当有利于我们的长远利益时才被遵守，当它们不为我们的利益服务并且违反它们也不会有任何不利后果时，我们就违反它们，纵然如此，我

① 夏征农. 辞海 [M]. 上海：上海辞书出版社，1979：1963.

们的行动仍然不会被证明为正确的①。当改革在各种独立使用或相互交织使用的名义下推进时，这些五花八门的名义或者概念不是统一和公认的，它有点像为了结束争论而武断地使用终极原理。然而，众所周知，诚实、正义与勇敢的修养时常会使我们得不到财富、名声和权力。所以，人们对这些美德，在现实场景中，实际上会做主动和被动的选择。对改革而言，不管有多少美好的名义，人们同样会基于自己的立场和利益，做出拥护、反对或者部分拥护部分反对，或者置于改革之外的旁观者位置等不同反应。当然，不管是哪种名义实施的教育改革，都最终会使改革成为一种文化。作为这种文化的一部分，就是论证改革的合理性。当一种改革的文化资源过于贫乏以致无法完成重释改革的意义和任务时，改革的合理性论证就丧失了根基，改革也难以继续。

第二节　高等教育对农村智力流动的牵引

在我国现代化过程中，如何将富余劳动力从农村中不断转移出来，以提高传统农业的劳动生产率，并促使其向现代农业转变；如何提高第二、三产业在国民经济中的比重，使绝大多数农业人口变为非农人口；如何改变农村包围城市的发展格局，实现传统农村的城市化或城镇化；如何实现农村人口的充分就业并向体面就业转化，真正提高他们的生活水平和福利水平，以最终实现全民共创、全民共享的现代化，这都是对农村智力流动问题予以关注必须考虑的社会现实触发点。

一、作为结构符号的高等教育：对农村智力流动的牵引

高等教育与农村智力流动的互动包括两个方面：一是农村智力流动对高等教育的影响，即农村智力流动产生对高等教育需求的拉动力和压力；一是高等教育对农村智力流动的影响，即高等教育影响人们的价值观和促进社会角色的形成和认同。本来，社会流动是人类社会普遍存在的一种社会现象，而有序性是合理社会流动的重要标志之一。只有高等教育与农村智力流动之间的良性结合，才可能形成高等教育与农村智力

① 麦金太尔．追寻美德［M］．南京：译林出版社，2008：55-56.

流动的有序性。社会流动的有序性既要求社会流动要有相对稳定的运行规则和结构规范，又要求社会流动的规则和规范应该与社会发展的方向相一致。这种意义上的社会流动的有序性才具有更加积极而深远的意义。高等教育作为一种影响社会流动的重要符号，要认识其作用，首先有必要认识符号及其力量。

1．符号及其力量

新中国成立后，随着全面社会主义改造的完成，我国已经被改造成一个没有“阶级”的社会，也不承认社会存在阶级和阶层。在这个社会里，国家几乎垄断了整个社会的物质财富、人们生存和发展的机会（其中最重要的是就业机会）以及重要的信息资源。与此同时，城乡间的制度性差别被强化，农村在政治、经济和文化上接受政府（政府的运行实际操纵在具有非农户口的官员和办事员手中）的全面领导。国家通过工农价格剪刀差和以统购统销等为特征的计划经济方式全面控制农村的经济（包括货币性资源和物质性资源）资源；利用户籍制度实现城乡二元身份社会并产生职业社会的分离，通过户籍制度与国家垄断下的劳动人事制度相结合保障城市户口者的职业机会，通过户籍制度与社会福利制度的结合，使户口成为医疗、劳保、退休、住房、子女上学等福利制度的基础，使户口衍生出价值和等级，并成为限制农村人口向城市流动的重要工具。与这些相关联的，还有职业身份的世袭制度（即所谓的顶替接班）。简而言之，国家通过一系列制度性手段，将所控制的社会资源分配給个人，从而形成个人对社会资源的占有，并由此形成了个人的社会地位。社会成员的地位资源几乎完全被纳入国家权力的统一安排之中。社会资源的分配和有限的社会流动都被国家通过各项政策和制度牢牢控制①。

刘易斯从二元经济角度指出，农村向城市的流动是解决农村人口相对过剩问题的关键：“为挣工资而在城市就业的人口中的供给主要出于三方面的原因而增长起来。第一，城市工资与农村收入的差距大大的扩

① 彭拥军．高等教育与农村社会流动［M］．北京：中国人民大学出版社，2007：213．

大了；第二，在不少国家（主要是非洲），乡村学校教育的加速发展，使得青年人的进城势头更加迅猛；第三，发展和福利开支不成比例地集中于城市，使得城市更加具有吸引力。"[①] 托达罗则看到了农村人口大量涌进城市所引发的城市病，指出“第三世界的城市将如何从经济、环境和政治上去解决这种人口过度集中的问题”，强调转移农村劳动力主要依靠农业的发展来消化和就地转移农村剩余劳动力，并提出“创造适当的城乡经济平衡、扩大小型的劳动密集型的工业和选择适用的劳动密集型生产技术”等六项措施来解决这个问题[②]。

上面的各种分析，尽管角度迥异，但他们都意识到某些分析要素的特殊价值，那就是借助不同符号并发挥其力量可以促进某些问题的解决。换句话说，他们都认识到符号是有力量的，而高等教育无论是作为社会流动的一种识别符号还是流动能力的表征符号，都具有前所未有的力量。可以预见，高等教育在农村社会流动向智力流动的转化过程中，也会产生越来越重要的力量。但这种符号力量能否真正发挥出来，往往依赖特定的教育结构和社会结构以及这些结构之间的联结关系。

2．结构及其在农村中的呈现

人类唯有组织起来才能克服个体力量的不足，才能获得分工合作带来的种种好处，才能办成单凭个人力量永远也无法办到的事情。然而，任何组织要想有效地发挥作用，就必须有一个指挥系统，就必须有人处于领导者位置，也必须有人处于被指挥的位置上。换句话说，只要有组织，就会出现某种形式的社会等级，由各种组织形成的社会系统内部也必然出现分化，必然出现社会分层。社会分层差异的存在如果比较合理，能够激发人们向上流动的愿望和努力，为表达人类的进取精神提供了现实土壤，从而为社会发展带来动力。但如果社会分层过度固化，则可能产生相反的作用。所以，只有社会分层能够合理形成并随着社会发展需要适时改变，社会结构才会不断完善，而要实现社会结构的自我调

① 刘易斯．二元经济论［M］．北京：北京经济学院出版社，1991：91．

② 托达罗．经济发展（ECONOMIC DEVELOPMENT）［M］．北京：中国经济出版社，1999：263，284-285；托达罗．经济发展与第三世界［M］．北京：中国经济出版社，1992．该书中也有相关论述。

适，就必须允许合理的社会流动，让社会进行不断的分化和组合，才能使社会分层发挥优化社会结构和提高人类适应能力的作用。值得指出的是，当人们的进取精神和能力发生矛盾时，人们解决矛盾的方式通常有几种：一是个体不断学习，不断实践，提高自身的素质与能力；二是采取合作的方式，通过人们之间的能力互补，克服个体能力的不足；三是利用社会关系资本，寻求各种社会支持；四是将目标转移给下一代，加强对下一代的教育与培养；五是运用非法手段去获取经济与政治上的好处[①]。显然，前四种方式都有利于优化社会分层结构，实现社会整合。

对于农村社会而言，高等教育可以通过引起文化、价值和行为等方面的整合而对农村智力流动产生积极影响，并且有利于农村社会真正纳入现代社会发展的制度框架中。当然，如果教育资源分配和教育机会存在严重不均，那么处于不同社会阶层的人们，其进取精神就会遇到不同的现实遭遇，从而引发不同社会阶层间的冲突，或者导致一系列的越轨行为。

社会结构的整合需要合理的社会分层，而合理的社会流动促进社会分层的合理化，从而影响社会结构的优化，并影响社会结构的功能发挥。而社会结构的变迁又总是意味着社会地位和社会关系的重组，也意味着人们利益的重新分配和新的利益格局的形成。

简而言之，社会结构，从活动和交往意义上来理解，就是社会关系的结构。社会结构从根本上制约个体的社会流动，而社会流动的大量出现必然引起社会结构的适应性变化；在同样的社会结构中，个体由于处于不同的制度背景下，分享制度资源的机会存在差异，从而有着不同的自我选择和行为方式。正由于社会结构和社会流动的复杂关系，在研究社会流动问题时，我们首先应该考虑社会的宏观结构，在此基础上，我们才可以有效地考察群体地位获得和个体地位获得问题。

农村社会结构的基础是乡土结构。农村智力流动必然反映甚至导致乡土结构的革故鼎新。而乡土社会结构自身更多地体现在各种关系上：

① 陈恢忠．论社会分层的功能与社会冲突［J］．华中理工大学学报（社会科学版），2000（1）：56-59.

如人与土地的关系，人的社会身份的形成和维护方式，以及乡土社会与国家之间的关系等等。

在中国传统社会，政权是一个一层层重叠着的权力金字塔，每个贵族都分享着一部分权力①。但从基层上看去，中国社会是乡土性的②。以农为生的人，世代定居是常态，社会流动是变态。所以，费孝通称这种乡土社会是一种“捆绑在土地上”的社会。中国传统社会的结构具有高度的凝固性，缺乏大规模的社会流动。一个相对凝滞的社会，是不可能成为现代社会的。在农村社会向现代结构变迁的过程中，农村的解体或变革，都离不开社会流动。与此同时，农村社会中存在的村落家族文化尽管在政治权力的渗透和现代化进程的推进力等多重力量影响下，正在发生全面而深刻的变化，但它在一定的时间内仍然会或多或少地保留一些传统的文化特性，至少仍然会带上某些传统文化的印痕。如中国的村落仍然存在，它们远远不是现代化程度较高的美国式的一家一户自成一个单位的形式。我国的农村从总体而言仍然是一个熟人社会，尽管我国的农村也正在经历着由完全的熟人社会向半熟人社会甚至陌生人社会的转变过程，但在一段相当长的时间内，邻里间的交往不可能真正出现所谓“鸡犬之声相闻，老死不相往来”的局面。

在身份和文化方面，尽管传统儒学的影响已经日益衰退，但在乡土文化中仍然清晰可见其痕迹。儒学社会身份的等级特征和身份的伦理性、先赋性，在正式的交往场合仍然可能清晰地表达出来，甚至传统的礼制③仍然是维护身份的手段之一，影响社会交往的等级关系和交往秩序。当然，在现代的乡村由于行政权力已经渗透到了基层，传统礼制已经明显淡化，但在正式的乡土聚会中，仍然可以明显看出主导性的仪式文化仍然没有走出传统“礼”的框架。由此可见，历史对个人而言，并

---

① 吴晗，费孝通．皇权与绅权［M］．天津：天津人民出版社，1988：1.

② 费孝通．乡土中国　生育制度［M］．北京：北京大学出版社，2002：6.

③ 所谓礼制就是礼的制度化，它包括规范人们的生活、行为、人际关系的各种具体措施。如在中国传统社会中，礼制为不同等级规定了不同的祭祀范围、服饰、建筑、车轿、丧葬礼仪、称谓等等，甚至对于生活中的跪拜、座次方位等作了详细的规定.

不是点缀的饰物，而是实用的、不可或缺的生活基础。正如费孝通所指出的：人有能力闭了眼睛置身在“昔日”的情境中，人的当前包含着从“过去”拔萃出来的投影，时间的选择累积①。人因为不能离开社会生活，所以就不能不学习文化。我们不但要凭借文化在个人的今昔之间筑通桥梁，而且要在社会的世代之间也筑通桥梁，不然既没有了文化，也没有了我们现在所能享受的生活。

而农村社会中传统身份和文化逐步塑造和形成了明显的我们与他们，即自己人和其他人。人们在确定行为的参照目标时，不但评价参照目标本身，而且总难以避免对执行目标的行动者也进行评价。所以，农村人口中通过高等教育实现向上社会流动的人们，大家不但对他们的成功给予高度评价，而且他们往往因为其人品、名声和见识而受到大家的认可和尊重，他们成为一种内生的、真正具有影响性的力量。认识和结交那些见过世面的人在乡土文化中是一件十分有面子的事情，而中国人历来就是最为关心自己的面子和底子的，失面子和掉底子都是让人感到羞愧的事情。

正因为这样，由读书实现的社会升迁和由其他途径实现的社会升迁具有同样的权威性，并且由于读书人善于思考和更有见识，加上中国传统积累的重教心理的影响，在相当长的一段时间内，农村出身的大学生能够赢得良好声誉。在精英高等教育阶段，受制度性影响，通过高等教育实现社会流动的农村人，由于通过合法的渠道和自身努力获得向上社会流动的机会，并且获得了一种新的身份，这与科举及第有着文化上的相似性。加上在农村得到社会制度性确认的人才更具有稀缺性，这决定了这种人才的权威性和影响力。我们在调查中发现，在恢复高考时高等教育成功者家里可谓车水马龙，这实际上从一个侧面反映了乡土社会的特性，熟人社会的信息共享和荣誉分享。正如许烺光所指出的，中国人在成名和致富的时候，首先想到的是向周围的人炫耀，并和有关的人：父母、孩子、配偶、远亲、朋友、同学、邻里或更广泛的同乡来分享他的成功。他的光荣也是他们的光荣。反过来，他也由于这种炫耀而更加

① 费孝通. 乡土中国　生育制度［M］. 北京：北京大学出版社，2003：1.

满足①。

3. 农村的乡土结构及其力量

乡土社会的基本结构单元是村落。村落是血缘、地缘关系结成的一个相对独立的社会生活圈子，是一个各种形式的社会活动组成的群体，也是一个人们公认的事实上的社会单位。村落社会并不是个人的简单集合体，而是身份的结构，身份结构与村落的边界存在着一定关联。根据不同标准，传统村落存在不同的边界。一般而言，村落的边界主要有：(1) 以血缘、地缘关系为标志的社会关系圈子所形成的社会边界；(2) 以行政管辖范围为标志的行政边界；(3) 以土地归属权利为标志的自然边界；(4) 对共同价值观认同和社会认同为基础的心理文化边界；(5) 以人们从事经济活动和主张财产权利为特征的经济边界。这些边界的存在形成乡土社会结构所特有的一些特性。所以，村落就像乡土中国的活化石，蕴含着历史文化的积淀，还隐藏着解读中国深层社会结构的脉络。而这些边界中，隐含着大量的私人关系，这是乡土结构的基础。

首先，乡土社会的基层结构是由无数私人关系构成的社会网络，网络的每一个结，都附着一种道德规范要素，所有行为的价值标准都无法根本超越这种秩序。在中国的传统社会里，士农工商四大阶级是社会的基本阶级。在农村，官、绅和民众是能够为大家普遍认可的社会阶层。虽然乡土社会的阶层确实存在一定的边界，也有着明确的世袭制度，但阶层划分从来没有凝固成世袭的、明确而无流动的界限。就社会流动而言，比如通过婚姻实现的社会流动，它首先体现的是一种血缘秩序，这种秩序对任何社会都是需要的，它既包含着生物学意义的内容，也包含着文化的交流。同样的，通过考试等制度化手段形成的社会流动，如中国古代的考试制度或其他形式的文官制度或选拔制度，往往与乡土社会的教化作用和榜样作用联结在一起。中国古代的选拔制度为松散的社会政治制度找到了一种独特的整合方式，在政治权力（君权或皇权）没有通过政治制度化方式全面深入乡土社会的背景下，教育的伦常内容和通

① 许烺光. 美国人与中国人——两种生活比较 [M]. 北京：华夏出版社，1989：159.

过教育制度选纳贤良的机制弥补了旧式政权在农村中缺乏渗透的不足，并且教育选纳贤良的方式往往反映了政治权力的分配或斗争，产生社会价值导向作用。教育的社会教化作用和官僚选拔功能往往纠缠在一起，并使国家需要与家族兴盛和个人成功从某种意义上成为了一个硬币的两面。正由于利益和功能上的家国同构性，传统中国特殊的社会关系格局是血缘的或超血缘的连结。正如费孝通所指出的：在相对封闭和凝固的社会里，中国社会呈现出差序格局，而人们共同关系准则的建立在于一个“推”字，以自己为圆心，向外进行推而广之，从而推演出内圣外王之道。而亲属关系是最基本的关系①。所以，教育在传统社会中充当着教化和筛选两种角色作用：在教化角色中，教育一方面通过传播和创新家族文化而实现家庭家族内部的整合，另一方面通过认同国家的主流文化而走向家国同构的价值认同；在筛选角色中，教育筛选是社会选贤任能的一种制度化手段，在很大程度上实现了社会权力掌握在勤勉和有智慧的人手中的社会政治理想。教育的这两种角色作用从某种意义上解决了社会发展的动力与秩序兼容的问题。

其次，村落家族文化是乡土社会基层结构的重要表现。在传统社会中，家族村落与社会宏观结构具有结构上的同构关系，它所形成的乡土文化特色存在的生物学力量是血缘关系，以宗姓或宗族关系作为外显化的形式。因为血缘关系是内在的，不能从外部观察到，宗姓关系是一种可以体察和辨认的关系，它使血缘关系具有了社会学意义，它是家族内部相互认同的基础，也是家族间区分的依据。在乡土社会结构中，家庭（家族）存在的经济学力量是农村缺乏可利用的资源，人们只能通过分享这些资源才能保证生存繁衍。正由于这种生物学和经济学方面的复杂联系，形成了家庭（家族）间重重叠叠的关系网，我们都在自觉不自觉地使用它，认同它，使我们得到生活的保障，抵御各种敌对力量。尽管在现代社会中，家族制度不再是人们交往关系的主干，但它仍然充当着或孕育着中国人交往的基础。改革开放后，在乡土社会中的一个明显特征就是，家庭（家族）组织在经历了新的重生后，在以户为经济主体单

① 费孝通．乡土中国　生育制度［M］．北京：北京大学出版社，2003：33．

位的农村，已经开始出现新的经济合作的功能。“打虎亲兄弟，上阵父子兵”的民谚反映了亲缘关系不但是亲情的纽带，也是社会性合作的基础。经济上的合作，往往意味着更多的交往和价值上的统一，以及相互的帮助。这对家庭价值观念的形成和发展都有重要的影响。我们在调查中明显感受到，血缘的接近使交往更加频繁，它往往影响子女一代的交往和行为，甚至影响教育的成败。可以肯定地说，在家族村落文化中，人们可以享受和平的心境、稳定的生活和友好的环境，田园牧歌式的生活仍然是我们追求的生活理想的写照。即使在城市，人们也仍然希望彼此生活在一个熟悉的世界里，享受着有人情的生活，在熟人中找到和平和安全，找到宁静与和谐。

对于乡土社会村落一级的基层社会结构单元，国外更多地使用社区这样的概念来指代。如最早使用社区一词的德国人滕尼斯在 1887 年发表的《社区与社会》中，认为社区代表农村，社会代表城市。社区以人与人之间关系亲密、出入相友、守望相助、疾病相扶、富有人情味等为重要特征。人们具有共同利益、共同目标，以血缘、亲情、邻里和朋友等关系维持密切的联系，人们对社区具有较强烈的认同感和归属感。滕尼斯的社区概念实际上也表达了费孝通所指称的熟人社会的特征，揭示了社区心理地理连续体的特质。乡土社会的这种特征，在现代的城市社区中其实仍然存在，只是由于职业的区分，城市社区很难称为熟人社会，但社区利益的相同与职业的相近，加上地理上的接近，仍然具有心理地理连续体的意义和可能。或者说，中国的社区实际上具有城市中农村的味道，反映了城乡之间政治和文化的相容性和传承性。但农村中的邻里则更好地反映了交往距离的接近性和交往关系的亲密性。

在研究中，我们发现，出身农村的大学生带有明显的家族村落文化特征，出现了血缘集中和地缘集中的现象①。这种现象反映了村落家族和邻里的地缘、血缘关系形成的心理地理连续关系，在村落家族和邻里关系中，人们往往有更加相近的教育价值观，也能够更好地分享教育资

① 彭拥军．高等教育与农村社会流动［M］．北京：中国人民大学出版社，2007.

源，所以在大学生的产出上也形成相对的集中性。

值得指出的是，农村历来就不是一个世外桃源。在传统社会里，士绅成为调整帝王权力和农民利益的中间人，他们也具有中间人的社会身份和地位（用现代概念加以简单阐释，可以说他们就是农村中的中产阶级），但他们实质上不是西方意义上的中产阶级或白领。因为我们传统社会的分层是以身份为特征的，这种社会分层包含在一种特殊的身份制度和身份文化之中。事实上，在传统社会中，教育既是个人升迁的达途，又是学习和认同身份文化的渠道，还是提炼乡土文化的手段，乡土文化也往往包含着带有浓厚地缘色彩的传奇。这些神话般的传说，不但给人带来乡土的美好联想和感受，培育着人们对农村共同体的认同和情感，并强调了地域的神圣性和合法性，也使人感到这一地域的唯一性，因而使地域本身也成为乡土文化的一部分。因此，乡土社会除了血缘的联系外，还有着明显的地缘关系。但在现代，由于村庄经济协作的淡化和基层政治权力的弱化，生于斯死于斯的社会状态已经发生了深刻的变化。所以，我们对新现象的理解一方面不能拘泥于原来熟人社会的背景，另一方面又要注意到村落之间熟悉程度仍然很高的事实，农村中熟人和半熟人社会的特点仍然十分明显，熟人关系仍然是中国人交往的心理基础和现实起点之一。正如梁漱溟所指出的，“中国伦理本位的社会，形成于礼俗之上”①。这实际上精辟地概括了乡土社会的重要特征。

可以肯定，不管改革以何种面貌何种名义出现，高等教育及其改革往往会产生一体两面的社会后果。也就是说，改革会达成某些预定目标，也会出现某些与改革愿望不一致的结果。但不管怎么说，无论是人为的改革还是自然历史进程引发的高等教育变革，都包含着抗拒与变迁过程。在抗拒与变迁过程中，改革和转型往往都遵循阻力最小路径原则，最终使各种力量之间的平衡得以产生。值得指出的是，我国不少的高等教育改革都是自上而下的行政动员型改革，并且追求立竿见影的改革效果，多少有些“救急之计”意味，似乎不是“久远之图”。这种大刀阔斧式改革容易产生大起大落的并发症。这种改革的抗拒与变迁过

① 梁漱溟．中国文化要义［M］．上海：学林出版社，1987：138.

程，往往会出现昔日阻碍高等教育变革的某些因素变成今日高等教育改革的积极支持力量等现象；当然也存在原来某些促进高等教育改革的动力演变成当下或者未来阻碍力量的现象。但就高等教育改革的整体而言，正如涂尔干所言，教育的演进始终大大滞后于整个社会的普遍演进①。恢复高考和高等教育大众化这两项高等教育领域的大变革，尽管看似向度相反，其实它们都在高等教育领域和社会领域产生了结构力量，或者说通过结构化形成了新的结构，这是它们的一大共同点；与此同时，它们都反映了中国式改革的某些特点，也包含了改革中各种力量的斗争与调和。而从人（个体和群体意义的人）与社会的关系角度看，这两项改革都把人与社会视为社会现实的两个侧面，在改革推进过程中，人与社会的关系也在相互关联地得到建构，这种建构过程尽管是发动、抗拒、协调和变迁前后相继的连续统一体，但其中的抗拒与变迁最容易记录改革过程中矛盾性力量展现的过程与结果。

二、作为价值符号的高等教育：对农村智力流动的牵引

芬莱对《荷马史诗》所描述的英雄时代做了这样的概括："社会的基本价值是既存的、先定的，一个人在社会中的位置以及随其地位而来的特权与义务也是既存的、先定的。"② 在现代社会，这种给定性越来越弱，人们越来越需要追求行为的合理性和合法性。帕森斯认为，"分析任何一个社会系统的主要基点是组织的价值模式。价值模式决定系统（这里指组织）对其所在的情景采取的基本取向，因而指导个人的参与活动"③。新中国在成立之初，由于脱胎于贫困与落后的基础上，需要国家的强权力来动员社会资源以解决社会总体性危机，迅速形成新的社会秩序。所以，计划经济和行政动员是十分必要的。但当这种模式一步步造成国家对社会资源的全面垄断时，其弊端也逐渐显现出来。其中，缺

---

① 涂尔干．教育思想的演进［M］．李康，译．上海：上海人民出版社，2006：175.

② 芬莱．奥德修斯的世界［M］//麦金太尔．追寻美德．宋继杰，译．南京：译林出版社，2008：136.

③ 帕森斯．现代社会的结构与过程［M］．梁向阳，译．北京：光明日报出版社，1988：18.

乏合理的社会分化与社会流动的问题越来越突出，向上社会流动基本上为我国的政治和政策所引导，按照社会流动发生的优先次序，我国主流的社会向上流动者出现的先后顺序依次为：50年代的军人，60年代的工人，70年代的干部，80年代的知识分子与个体户，90年代的名流与“大款”。

当然，在我们目前的现实中，高等教育作为一种潜在的社会分层标准，远未发挥其应有的作用。人们在提拔干部、晋升职务时，往往容易因外在的技能和道德修养以及一些其他关涉某些群体或集团利益的标准而忽视教育在其中的重要作用。但可以肯定，随着社会整体文化水平的提升，教育层次及其类型日益多样化，社会流动机制日益灵活，社会流动的动力基础将日益复杂化，高等教育对社会流动尤其是农村智力流动的影响将日益凸现。尽管帕累托所提出的“精英循环”可能是客观存在的，即所谓“历史是贵族的墓地”，“人类的历史是精英不断被取代的历史，当一个精英上升时，另一个精英衰落了”①。历史是否真的如此，我们不敢妄加评论。但可以肯定，我们当代的社会流动是在社会转型背景下实现的，社会的结构性变迁不但包括量的变化，也包含质的提高。所以，社会流动本身肯定难以避免精英取代和精英循环这两种过程，而精英取代和循环也会对社会流动本身带来影响，尤其是在一般社会流动转化为智力流动过程中更难以回避。

值得指出的是，教育对农村智力流动积极作用的发挥，需要与社会崇尚的价值相协调。正如班克斯所指出的：“只有正式的教育资格成为获得较高社会地位的条件，教育与职业的关系才会加强。如果高社会地位可以循其他途径，如在职训练或运动、娱乐界的特殊才能而获得，则教育影响社会流动的力量就会减少。”② 在多元力量影响社会流动的背景下，高等教育只是影响社会流动的一种因素。只有当社会的发展越来越需要知识来支撑时，高等教育对个人社会流动的作用才会逐步增强，社

① 许欣欣. 当代中国社会结构变迁与流动［M］. 北京：社会科学文献出版社，2000：31.

② 班克斯. 教育社会学［M］. 林清江，译. 台北：台湾伟文图书出版社，1978：49.

会流动中的智力流动意味才会越来越强烈。当然，如果非制度性因素对社会流动的影响过于强烈，学历社会就难以构建，社会发展就可能出现某种失范。所以，尽管高等教育是影响社会流动十分重要的因素，但这是有前提的。其前提就是：首先，正式的教育资格要能够成为获得较高社会地位的必要条件；其次，只有社会各阶层能够处于较公正的竞争规则和较为平等的竞争条件下，高等教育对社会流动的促进作用才能得到较充分的发挥。此外，高等教育作为一种以知识为载体的社会实践活动，其对社会流动的影响要受到一定社会政治、经济、文化等多种因素的制约，社会的制度性因素也影响高等教育实现农村智力流动作用的发挥。

毫无疑问，高等教育作为一种标准，一种选择的符号，容易充当社会整合和个人社会流动的中介。首先，高等教育作为一种制度化的评价标准和选择标准把人的素质用一种外显方式凝固起来，使人的特质与社会需求相匹配；其次，高等教育通过对社会流动主观和客观两方面的目标需求变化做出反应，通过调整培养的内容和方法等，既协调个人与社会关系，又引导和形成共同的价值。价值观念作为一种与行为目的相关联的深层观念形态，既是人类文化心理的重要组成部分，也影响着人们的行为动向。高等教育不但影响人素质结构的建构，而且对人们价值观念的形成也具有重要影响。高等教育通过传播价值和人才筛选，实现社会和个人在目标和价值上的统一，进而提高社会流动的有序性和有效性。

令人倍感遗憾的是，高等教育作为一种价值传播和职业提升的手段，至少到目前尚未能够很好地认同农民本身，它只是充当着把农民（更加准确地说，是农民子女）转变为非农民的手段或者实现其地理空间变动的工具。这是中国教育引起农村智力流动的一个非常特殊的情况，也反映了高等教育与社会流动之间的一种特殊价值关系。

三、作为秩序符号的高等教育：对农村智力流动的牵引

合理社会流动的另一个重要标志就是社会流动的流速适度、流量合理。所谓流速适度是指社会流动的速度必须与社会发展的水平相适应，不能过度超前或滞后于社会发展的实际需求。流量合理是指社会流动的人员总量必须保持在社会需要和社会承受力的特定范围内，不能超过社会结构的弹性范围。当然，如果社会结构出现制度性僵化，则需要适时

进行调整。从长远看，二者总是可以调适的，但在具体环境下，社会政治发展可能对社会流动的流速和流量进行控制，甚至对流动的合法依据进行人为设计。如人为设计的种姓制度、政治分层和教育筛选等，这些制度安排都可能影响社会流动的正常流量和流速，也影响一般社会流动向智力流动的演进路径或路径选择。

在我国当代出现大规模社会流动的初期，由于对社会流动具有实现流动者自身价值和优化社会资源配置的功能认识不足，加上城乡二元社会中制度性障碍（如户籍制度和社会保障制度）的存在，农村中流动到城市里的绝大多数打工者、经营者和投资者，都缺少合法身份，没有从制度上真正融入城市，实际上还只是城市边缘人。因此，农村社会流动在其发展过程中表现出大量而集中的无序社会流动，这种社会流动往往会冲击现有社会秩序，带来社会秩序紊乱，也导致人力、人才和资本等社会资源的浪费，造成社会发展的整体“不经济”。我国在大规模社会流动的萌生期，人们往往用贬义词（如盲流）来指称社会流动，这种称谓背后其实也隐藏着对社会流动无序性的担忧。正如有学者所指出的，“有序性是社会秩序最本质的表现”①。寻求一种客观公正的社会流动依据，对社会有序性的维持具有重要意义。因为社会资源总是有限的，绝大多数资源不可能各取所需，更不可能“取之不尽，用之不竭”。个人试图最大限度拥有社会资源的行为，也就不可能是孤立的，其必然涉及其他人的利益。

如何通过制度建设的优越性来实现高等教育对农村社会流动的积极影响，优化农村发展过程，实现社会利益的最大化，促进社会的稳定和繁荣，这是一个具有重要意义的问题。正如有学者评价科举对社会流动的作用时所指出的那样：“科举制度造成了社会流动，这是中国古代在制度上优于世界其他各国的重要表现。中国唐宋时期之所以能够在经济、文化发展上高于当时世界各国，主要原因之一就是，当时的中国，毫无疑问，制度优越。”②

① 吴铎. 社会学［M］. 北京：高等教育出版社，1992：358.

② 李强. 当代中国社会分层与流动［M］. 北京：中国经济出版社，1993：4.

在良性状态下，教育可以促进社会流动由赞助性流动向竞争性流动的转变。在传统社会里，农之子恒为农，工之子恒为工。子承父业的职业继替模式，一方面反映了社会流动的渠道不畅，另一方面从社会流动符号的选择上强调先赋因素，因而赞助性流动优于竞争性流动。只有当社会流动的决定因素由先天因素转向后天因素，即社会流动由注重先赋地位向注重自致地位转变时，社会流动的主流形式才会由赞助性流动向竞争性流动转变。可以肯定，当社会竞争日益依赖科学技术、日益依赖知识时，高等教育将会产生日益强大的向上社会流动作用，高等教育可以带来声望和财富。正如舒尔茨所指出的，“教育远非一种消费行为，在此意义上，上学不仅仅是为了得到满足和效用。相反，公共和个人用于教育的费用，意在获取生产性‘存量’。这种‘存量’包含在人体中，将来能提供各种服务”①。高等教育作为一种制度化、规范化的活动，既是实现农村社会流动有序化的前提之一，也是个人社会流动行为有序化的具体体现，更是社会流动演化为智力流动的核心符号。

从现代化发展历程看，随着社会进步和科技革命的迅速出现，教育水平或文化程度的高低正在成为越来越重要的地位特征。教育水平与人们的职业层次之间的关联越来越强，以致出现了所谓的“学历社会”。高等教育之所以能够有力和有效地影响人们的社会流动，首先在于它是一种非常重要的潜在地位。在我国，人们之所以千方百计地考大学，贫困农村的农民也不惜节衣缩食供子女上大学，除了社会有效流动的渠道不够多和不够畅通外，说到底，是因为在人们心目中，高等教育可以改变其后辈的社会地位，改变一个人以及一个家庭日后的社会声望与经济收入状况。学历，不仅是人们获取社会地位的象征，更为重要的是，高等教育是人们获取较好职业的最重要的依据与凭证，是个人未来职业和收入最重要的决定性因素，也最容易为人们普遍而广泛地认同。从制度和社会生活层面看，通过教育的直接作用而实现社会地位和生活空间双重意义上社会流动的“乡下人”，他们能够比较容易地融入主流城市生

① 波普诺. 社会学：下［M］. 刘云德，等译. 沈阳：辽宁人民出版社，1987：38.

活，并且获得各种相应的身份和地位，一般不会成为边缘人。他们在文化心理和价值观念等方面更能适应新的变化，并且容易被纳入既存的制度框架中。

不管怎样，社会流动是建立在社会成员分化为不同阶层的基础上。社会成员分化，既受其获取资源能力差异的影响，也受其获取资源机会差异的影响。而这里的所谓机会有共享机会和差异机会之分。所谓共享机会是指社会机会是否真正向所有人平等地开放，它关注人们获取社会资源的可能性是否存在差异以及差异的可接受程度；差异机会是指人们获取社会资源的现实水平，它关注不同个体真正获得社会机会的真实差别及其程度。社会机会既与社会整体发展程度相关，又与社会个体社会地位高低密切相关。一般而言，社会发展程度越高，地位相同或相似的社会成员获取社会资源机会的差异程度越低；社会成员地位差别越大，他们获取资源机会的差异就越明显。比如，权力与特权的存在，使既得利益者能够通过各种手段将掌握的权力和特权制度化、合法化和凝固化，如把职位世袭制度化以阻碍其他精英或准精英进入社会高层，从而阻碍社会进步和发展。而其他的因素，如财富和出身，也会影响社会机会的分配。正由于社会机会存在着差异，加上在社会分化和社会流动的过程中，原本就容易产生马太效应①，即资源富有者容易获得新的社会资源将会更加富有（这里的富有是指包括权力、财富等诸多社会资源在内的富余状态），使资源贫乏者因难以获得新的社会资源将会处于更加不利的地位。因此，社会分层并不一定总是让能力较强或贡献较大者位居社会地位的较高层次，但社会如果长期忽视人们的能力和贡献，必然挫伤个体积极性，产生消极社会后果，这种后果的积累容易引发社会动荡和（或）人们内心不安。

同理，要使高等教育促进农村社会流动的积极作用得到发挥，首先需要在理念层面上致力于追求社会公正的实现，并通过大家的努力使之

① 马太效应（Matthew Effect）来自圣经《新约·马太福音》的一则寓言——“凡有的，还要加倍给他叫他多余；没有的，连他所有的也要夺过来”，意指强者愈强、弱者愈弱的社会现象，它主要用来描述社会出现富者更富、穷者更穷的两极分化现象。

凝固到一种真正公正的制度设计中；其次，在秩序层面使社会流动合理性从有序性开始，真正形成顺畅的农村向上流动渠道，使高等教育对农村智力流动的影响由单纯的身份转变功能转向为社会生存和职业调适功能。这样，千军万马奔独木桥的高等教育机会竞争景观就会得到有效缓解，高等教育单纯地为城市和非农行业培养人才的局面也会被改变，高等教育为农业和农村培养人才的局面才有可能形成，高等教育能够帮助工具意义上的人真正成为知识和技能的有效携带者，农村社会流动演化为智力流动就有了更大可能。

第三节　高等教育对农村智力流动的助推

在农村，村就是农村政治、经济和文化活动的基础。在特定制度性安排影响下，高等教育作为一种制度性力量而实现农村智力流动曾经是十分清晰可见的。在农村的其他智力流动中，教育作为一种隐性力量还是可以寻找到它的踪迹。笔者本来打算通过一些调查数据来弄清楚受教育年限与智力流动之间存在的关联，由于能够用于调查的时间比较有限，而调查涉及的时间跨度有 30 年之久，能够查阅的相应学籍档案又残缺不全，我们没有足够的时间、精力和社会资源去找到相关资料（可能根本就找不到全部的学籍资料）并对被调查者的教育程度进行核实。但笔者对某镇 13 个村的调查数据还是能够从某些侧面说明教育对个人身份维护和促进智力流动所具有的特殊价值。在调查开始前，我们要确立调查对象和分析的基本单位。其他学科大都采用村作为调查分析的基本单位。从中国当代历史的角度看，村在计划经济时期是“三级所有，队为基础”的纽结，村集行政和经济功能于一体。尽管在我们所调查的区域，村的经济和行政功能都已经显著弱化，但其历史形成的影响在短期内可能还是无法消除的，我们国家和集体的行政和经济行为仍然以村为单位进行，如国家的农业补贴和公益性劳动的摊派等等，都是以村为单位进行的。所以，无论是出于对研究对象的整体把握，还是与其他学科的相关研究进行比较的考虑，把村作为基本的分析比较单位都有着特殊的分析价值。

一、调查基本数据分析

根据调查分析的基本思路，我们依据行政归属把该镇划分为14个基本的村级单位，并根据不同的变量对各村的一些相关情况进行了统计。

1. 各村大学生产出情况的比较

我们对各村人口和大学生人数进行了汇总，在这些数据的基础上，把大学生数与人口数进行比较来计算各村的大学生产出的人倍比（表2-1）。

表2-1　各村人口、大学生数及其比较

代号	村名	人口数（人）	大学生数（人）	人倍比
1	华明	1326	30	1/44.2
2	月明	1294	24	1/53.9
3	双河	1721	24	1/71.8
4	农艺	1063	40	1/26.6
5	双凫	1924	84	1/22.9
6	双桅	1365	34	1/40.1
7	河塘	1875	48	1/39.1
8	万江	863	43	1/20.1
9	白水	1378	75	1/18.4
10	五龙	1245	33	1/37.7
11	余家	1465	58	1/25.3
12	新华	1555	46	1/33.8
13	新源	1230	39	1/31.5
14	镇上	—	67	—
	合计	18304	645	—

说明：1. 表中缺乏镇上的人口数据主要原因是缺乏原始的数据；2. 把镇上作为一个分析单位，因为它反映了社会流动的一种形态，具有重要的比较意义。

从表2-1中，我们可以发现，各村产出的大学生在总量上存在比较大的差距，拥有大学生数量多的村（如双凫村）的大学生数是大学生数量少的村（如双河村）的 3 倍多，差异十分显著。但考虑到各村人口数量也存在着较大差距，为了便于不同村之间的比较，也为了更加直观地反映大学生产出的真实情况，我们使用大学生产出的人倍比（即大学生数量与所在村的人口数量的比，也有人把这种计算方法叫做倍出率）来加以说明。为了使这一数量更为直观，我们把大学生数设定为 1，以此来反映各个不同的村分别需要多少人口才产出 1 名大学生。从大学生的产出率来看，各村之间存在着比较大的悬殊，大学生产出率最高的是白水村，平均 18 人中产出 1 名大学生，和它比较接近的还有万江村、双凫村、余家村、农艺村，基本上不到 25 人就产出 1 名大学生，它们属于调查总体样本中的第一层次；大学生产出率比较低的有双河村，月明村、华明村和双桅村，基本上要 40 人以上才产出 1 名大学生，最低的双河村 70 多人中才产出 1 名大学生，属于相对落后的层次。其余 5 个村属于中间层次。因为缺乏镇上的人口数据，所以无法对镇上大学生进行产出分析，但可以肯定，它应该属于第一梯队，因为我们调查的是一个乡村小镇，集镇内的人口数量绝对不可能超过一个中等人口规模的村，但其大学生产出的总量是名列前茅的。

为了比较直观地反映上述差异，我们对上述数据进行了相关处理，处理结果如下（图 2-1）。我们从表 2-1 的折线图中，可以看出各村大学生产出人倍比的差异是十分显著的。

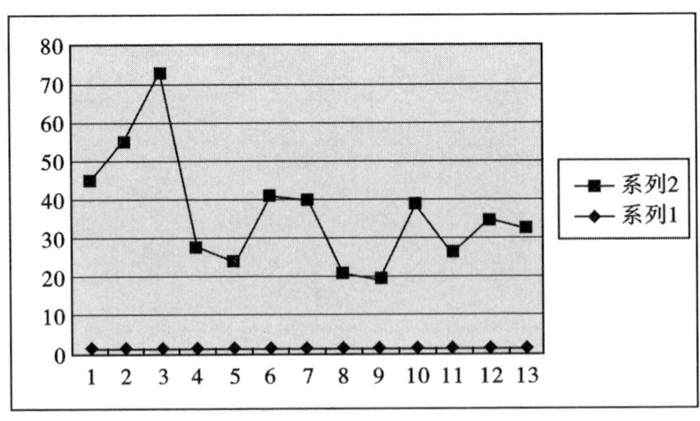

图 2-1 大学生产出的人倍比曲线

说明：1. 系列 1 为一个大学生；系列 2 为各村 1 个大学生对应的人口数；2. 横坐标的序号为表 1 的代号，对应相应的村。

尽管对上述现象可以借用一些已有研究成果来解释，如经济发展水平的差异、地理交通状况的差异等。但通过我们的实地访谈和观察发现，各村大学生产出率差异的解释，决不是与经济、地理环境的优劣所直接对应的，各村之间实际上各有各的特点，同样的环境甚至产生截然不同的结果。

地理情况相似的村大学生产出差异很大。我们调查的万江村是一个典型的小山村，全村只有 800 多人。由于自然屏障的原因，这里家族聚居现象相对比较明显，在某种意义上还带有一定的自然家族村落的味道。人少地多，交通不够发达，经济状况相对落后，是这个村可以观察到的典型特征。但就是在这个环境条件相对较差的小山村，在新中国成立前和新中国成立后都能够产出较多的大学生。这与其他的量化研究结论和人们的常识并不相符。从我们的调查数据来看，该村大学生产出的人倍比几乎处于该镇的最高水平，这个小山村积累的文化传播和地理上的劣势，没有成为他们教育成功的阻力，倒是起到了更加激发学生冲出穷山沟的动力作用。而同样是山村的月明、华明村，情况就不一样。这里大学生产出人倍比比较低，交通相对更加不便，学生上中学都得走近 20 里路，一年中在两头摸黑的情况下坚持上学（即上学时天还没有亮，放学回家时已经天黑了）的时间几乎占了全年的一半。由于该镇交通状况从总体上还算发达，所以中小学的寄宿制没有得到发展，也没有匹配的教育措施来解决这些村就学不便的问题。地理瓶颈对学生的学习产生了一定的消极影响，同时这些村的经济文化相对落后，历史上就较少出现文化人，缺乏文化的积累，也缺乏邻里间的现实参照和文化资本的区域累积，这些原因造成了本来在资源上处于劣势的村，也缺乏足够的内在教育渴望，这些因素共同成为这些村大学生产出不高的原因。

经济、地理因素对大学生产出存在着显著差异。白水村和双凫村位于双凫镇的核心地带，具有地理上的区位优势和经济上、文化传播上的比较优势。这些地理的、经济的和文化的比较优势可能成为这里大学生产出率比较高的客观原因，这一实际情况支持了其他人的相关研究。余家村和农艺村的交通位置也相对方便，并且是当地比较早富裕起来的村，经济和文化也一直相对发达，大学生的产出率也较高。但我们也发现了典型的反例。双河村距离镇中心只有10余里地，一条省道穿过该村，交通比较方便，经济也相当发达，这里的烟花制造业和造纸业都比较发达，但大学生产出率却是全镇最低的，这似乎就有点不符合常理。我们在双河村的调查中发现，由于这里的产业都是劳动密集型的，也是家庭作坊式的，该村的孩子较早就参与了家庭的经济活动（早期的烟花鞭炮主要是手工制作的），家庭对孩子的劳动存在着需要。这种比较收益直接而明显的经济活动，冲淡了教育氛围，降低了人们对教育的期望水平，这是该村在全镇大学生产出率中处于最低水平的一个重要原因。而处于中间层次的五龙村，其交通状况和经济水平都不亚于余家村，明显优于新源村，但其大学生的产出率也比较低。这些问题的出现都让我们感到十分困惑。

2. 各村大学生性别构成的比较

我们对各村大学内部的构成情况进行了相关的统计，我们对大学生的性别构成以及不同村之间的男女大学生的性别比进行了统计。从统计数据的比较中，我们也发现了一些有趣的现象（表2-2）。

表2-2　各村大学生数及性别分布

代号	村名	大学生数（人）	男大学生数（人）	女大学生数（人）	男女大学生比
1	华明	30	19	11	1.7/1
2	月明	24	18	6	3/1
3	双河	24	15	9	1.7/1
4	农艺	40	26	14	1.9/1
5	双凫	84	54	30	1.8/1
6	双桅	34	20	14	1.4/1

续表

代号	村名	大学生数（人）	男大学生数（人）	女大学生数（人）	男女大学生比
7	河塘	48	28	20	1.4/1
8	万江	43	29	14	2.1/1
9	白水	75	42	33	1.3/1
10	五龙	33	22	11	2/1
11	余家	58	36	22	1.6/1
12	新华	46	34	12	2.8/1
13	新源	39	22	17	1.3/1
14	镇上	67	34	33	1.0/1
	合计	645	399	246	1.6/1

说明：镇上的数据，剔除了外来大学生（如在机关、学校等单位工作的外来大学生）。

从表2-2我们可以看出，男女大学生在数量上存在明显差异，该镇产出的男大学生是女大学生的1.6倍，这一比例高于全国大学生的男女性别比例，并且越是大学生产出率低的村或者越是经济地理等环境相对落后的村，男女大学生的性别比例差异就越大。由此我们可以推测，男女大学生产出的差异与一个村的发展程度和村庄的生存状态存在着明显的相关性。具体而言，越是山区和大学生产出偏低的村，男女大学生的比就越大，如男女大学生比值在2以上的4个村中，月明村和万江村属于典型的山村，新华村和五龙村则都是大学生产出率偏低的村。而经济、文化和交通都比较发达的镇上、双凫村和白水村，男女大学生数量都比较接近甚至出现男女大学生数量基本持平的现象。加上我们实际调查和观察所收集到的一些资料，我们可以形成如下认识：首先，在农村中，家庭和社会对男孩的教育期望比对女孩的教育期望更高，造成了男女教育机会上的显著差异；其次，脱离乡土实现向上社会流动的渠道，男性更加单一，甚至缺少像婚姻这样的渠道，男性面临的生存和发展的压力更大；其三，经济社会发展水平越高，农村中男女接受教育的机会就越平等。经济社会发展水平高的村，如镇上（镇上人口基本上是本地其他村通过行政方式划入或其他人口流动形式形成的），男女大学生数量最为接近，这显然与镇上家庭的经济、文化水平相对较高，对男女教育的重视程度和期望更加平等，以及镇上独生子女家庭占主导地位等因素有关。

为了比较明显地反映各村男女大学生的产出差异，我们绘制了如下折线图（图 2-2）。在以下的折线图中，我们把女大学生设定为 1，用水平线条来表示；根据各村男大学生与该村女大学生的比，绘制成曲线，用折线来表示，并把该折线向上位移了一个基本单位。从图 2-2 中，我们可以明显看出各村男女大学生比的显著差异。

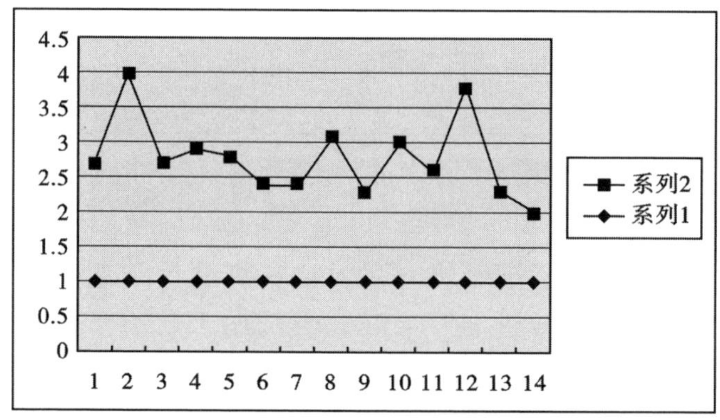

图 2-2　各村男女大学生产出的比较曲线

说明：1. 系列 1 代表女性，用 1 表示；2. 系列 2 代表男女性别比；3. 男女性别比曲线上移了 1 个单位；4. 横坐标为表 3 的代号，对应相应的村。

3．接受优质高等教育状况的分析

我们把接受优质高等教育从操作意义上界定为进入重点大学和接受研究生教育。当然，也有必要指出，由于在不同时期划分重点大学的标准存在一定差异，我们以 2003 年国家划定的进入“211 工程”建设的大学作为重点大学的统计依据，并且对出现异动的高校进行人数比较，以减少误差。我们根据以上的标准，对各村进入重点大学的人数进行了统计（表 2-3）。

表 2-3　各村接受优质高等教育的人数比较

代号	村名	重点大学人数（人）
1	华明	4
2	月明	7
3	双河	6
4	农艺	11
5	双凫	19
6	双桅	5
7	河塘	10
8	万江	15
9	白水	11
10	五龙	3
11	余家	18
12	新华	12
13	新源	7
14	镇上	20
	合计	148

说明：1. 这里的重点大学指进入“211 工程”建设的院校；2. 重点大学以 2003 年的校名为准，可能放大或提升了个别学校的级别。

从表 2-3 我们可以看出，出身该镇的大学生接受优质高等教育的比率，还是比较高的，占了大学生人数的（148/645）22.9%，这一方面可以归因于农村有天赋的孩子，也是十分努力的，所以能够脱颖而出。但我们也不能否认，由于各个时期，进入重点大学行列的大学存在差异，仅把进入“211 工程”建设的大学作为优质高等教育的标准不一定能够准确反映变化的高等教育情况，加上近几年高校合并使原来层次不够高的某些学校也被划入了重点行列。这样可能造成高估农村出身的大学生分享优质高等教育的实际情况。当然，我们对这些数据也进行过一些必要的处理，如把进入湘潭大学（原来是重点大学）和湖南师大（原来是非重点大学）的录取人数进行了比较，发现进入两校的人数基本相等，但我们没有仔细地对各个时期的录取分数线进行分析比较（主要是无法找到当时的有关数据和相关材料），所以调查分析材料高估接受优质高等教育的人数是完全可能的。此外，我们没有区分各个时期进入重点大学的情况，主要原因是我们缺乏这方面的精确数据。

我们对研究生产出的数据统计结果感到十分意外，我们的调查没有验证许多早期研究得出的农村出身的研究生比例比较高的结论。比如赵德昌对科技人才家庭的调查，发现来自工农家庭的占 40.3%①。1992 年中国人民大学的同类调查也得出农村出身的知识分子和高学历者比例比较高的结论。但在我们所调查的范围中，研究生产出率并不高(28/645),只占大学生总数的 4.3%。为此，我们对自己的研究认真作了检讨。我们认为造成这种情况的主要原因有：第一，尽管高等教育大众化增加了农村人口进入大学的总人数，但他们在大学生中所占的比率却下降了。以 2001 年为例，我国普通高等学校在校学生的规模增加到 719.07 万人，其中农村生源增至 244.48 万人，在校学生中城镇生源与农村生源比例为 66∶34②，而同期城镇人口和农村人口的比率大约为 40∶60，城市生源进入大学的机会是农村生源的 2.9 倍以上。第二，因为研究生的总量主要是在大众化以后实现快速增长的，但研究生增长的主体并不是来自农村或者原来意义上的农村子弟（因为我们没有全国性的数据，这一点还带有假设性，其是否成立还需要以后验证）；第三，我们的调查方法可能造成对研究生数量方面的遗漏。一方面由于早期的大学生接受研究生教育大都是以在职形式完成的，由于社会流动等方面

① 赵德昌．知识分子问题研究［M］．太原：山西人民出版社，1989：101.

② 盛宏洲，等．论高等教育收费制度改革与农村居民贫困［J］．高等农业教育，2003（6）：14-16.

的客观原因，加上我们所采取的间接调查方式容易造成对大学生职后信息的遗漏。另一方面也可能说明，农村接受高等教育主要出于生存性需要的驱动，农村出身的大学生一次性的高等教育已经解决了生存性需要的问题而使他们对接受进一步的高等教育动力不足。但不管怎样，我们都不宜把研究生的有关数据作为接受优质高等教育的证据。我们在这里也把这个问题提出来，只不过为今后的研究提供某种视角而已。

此外，在调查中也出现一些让我们感到十分遗憾的事情。尽管我们在调查设计时想了解大学生产出与家长文化程度的关系，但我们无法准确地核实大学生家长的文化程度。因为在调查过程中，我们发现家长们所提供的本人文化程度资料都存在明显拔高现象，在分析中无法使用亲手调查所得到的数据。国家的有关统计数据可能更能说明农村人口在文化方面的总体情况。据统计，2002 年我国大概有农村剩余劳动力 2 亿，其中，文盲半文盲占 7.59%，小学文化程度的占 30.63%，初中文化程度的占 49.33%，受过职业教育和培训的仅占 2.09%①。但可以肯定的是，我们调查对象中的老三届和新三届，由于人数较少，也比较容易核实，我们从他们自身或他们后代的成长史中还是可以看出父母的教育经历对孩子教育成败的显著影响。

总而言之，从上面数据分析中，我们不难形成以下认识：第一，在农村的社会环境中，性别造成的教育机会不平等仍然十分明显。在我们的调查中发现，男性大学生占了全部大学生数的将近 62%，女性大学生所占比率不到 40%，男性在教育成功方面的机会明显优于女性；第二，地域的地理状况并不是影响教育成功的首要因素，有时候恰恰可以成为推动教育成功的力量，但要保障提供必要的信息资源和一定的文化资源，并需要良好的教育传统和可观察到的参照群体来支撑；第三，教育的发展具有一定的积累效应。文化教育一直比较发达的地方，能在较长时间内保持较高的大学生产出率，如白水村在村办初中的时候，在当地就是比较有影响的，几十年来该村一直在大学生产出方面保持着领先

① 国家统计局农村社会调查总队．中国农村住户调查年鉴［M］．北京：中国统计出版社，2003：13.

地位。

二、农村大学生产出的特点

认识复杂的社会现象和自然现象，我们越来越需要经验研究，经验研究越来越成为人们认识世界的重要工具和途径。正如德国物理学家普朗克说过的："科学是内在的整体。它被分解为单独的部分不是取决于事物的本质，而是取决于人类认识能力的局限性。"尽管单纯分析的方法把事物分解为一个个切片来进行深入解剖可以增进人们认识事物局部的深度，但也容易把事物弄得支离破碎。在我们的研究中，我们一方面用数理统计的方法对研究对象进行描述，另一方面通过对部分对象的访谈来反映不同时期的政治制度、经济制度和国家政策对个人教育机会的影响。我们通过调查发现，农村产出的大学生具有以下特点。

1. 具有家族、血缘集中性①

我们在摸底过程中发现，大学生中同宗同姓，或者具有血缘联系的人数特别多，本来想就这一问题作更加深入的探究，但由于农村择偶半径相对狭小，血亲和姻亲关系十分复杂，我们无法在短期内完成这项工作，在这里也就拿不出全部数据和材料来说明这个问题。但在调查中，我们和许多被调查者都不约而同地指出了这种现象。

我们首先以万江村为例来说明这一特点。据该镇当年的人口统计资料，该村人口只有 863 人，但该村恢复高考后一共考取大学生 43 人，其中 15 人考取重点大学。大学生产出的人倍比为 20 比 1，这种产出比是相当高的。我们在调查中发现：该村是一个比较偏僻的山村，家族村落现象相对明显。该村以王、黄等姓最多，在全村人口中约占 40%，但同姓之间主要是远房的同宗，远房之间只具有近邻的意义，不具有传统家族的意义。该村的大学生主要集中在王、黄、严、谢几大姓中，并且大

① 笔者的后期调查发现，高等教育大众化后的新一代大学生产出数据不再有力地支持本观点。经过审慎分析形成如下认识：一是农村独生子女占比过高使目标人群数量骤减，一个家庭一般只能产出一名大学生。农村的一孩或 1.5 孩人口政策已经彻底改变了家庭子女的结构，从而使家族血缘力量难以充分渗透到大学生产出中；二是大学生人数剧增产生强烈的稀释效应，也就是说，有更多家庭或家族产出了大学生，从而使大学生相对集中现象不再明显。

多出现在同姓的近亲家族中（占了全部43名大学生中的30名，占70%）；此外，在一些小姓中也同样出现大学生集中在少数家庭的现象。我们认为，大学生的这种家族集中现象的出现，反映了家族文化的相通性和共享性，反映了家族文化和文化的代际影响对教育成功的重要影响。

从大量个案中，我们明显地发现家族血缘集中的现象：该镇的第一批大学生（1978年），即杨校长郎舅三人同时考上“大学”（当时杨的大舅子实际上考上的是中专）成为恢复高考后该镇最早的大学生（这批大学生一共有4人，其中一个是下乡知识青年，因为她缺乏乡土社会的根，我们在调查中无法找到），他们具有明显的血缘上的亲密联系；另外，多子女家庭，只要长子女是大学生，该家庭的大学生就比较多（甚至全部都是）；此外，同姓同宗中大学生也特别集中。这些现象都支持了农村中大学生血缘、家族集中的假定。当然，高等教育大众化后，农村家庭子女独生化趋势十分明显，这种大学生血缘家族的集中现象逐渐变得不明朗。

可以肯定地说，在自然村落中和多子女家庭中，大学生集中现象都是比较明显的。我们从发现这种现象后，就一直试图寻找有关答案，并试图探讨在地缘和血缘方面亲近的人们是怎样培育和共享共同的价值观念的。我们发现，家族和姻亲除了血缘和亲缘上的纽带关系外，还有很多的仪式文化加强了相互的联系，红白喜事和重要节庆都成了维护这种关系的制度性方式，聚餐和农闲时的聚会都反映了交往中的亲疏。中国人的聚餐绝不是美国式的AA制，因为在美国社会中社会流动十分显著，社会关系带有较强的临时性，而中国式的聚餐，尤其是亲朋的相聚具有许多特殊的功能。它是判别人际亲疏和血缘距离的尺度。在乡土社会的语境中，人们常说的“可以一个锅灶吃饭”表达的是“他们是一家人”。而中国人的聚会，在某种意义上，是在培植“社会网络”和积累“社会资本”。聚餐和聚会不是一种休闲，而是一种重要的交往活动，是一种生意或者明辨“我们”的活动。从教育的角度讲，即使是亲友之间在聚餐空余时间的闲聊往往也包含着重要的教育交流，并产生重要教育性影响。子女的成功往往成为对父母的奖赏和父母炫耀的资本，并对其他亲朋产生压力。我们在调查中发现，在大学生高产群体中，炫耀和分享子女的教育成功几乎变成了一种文化；而在教育不成功的血亲、姻亲群体中，这类话题就相对较少。所以，血亲、姻亲只有出现一种文化性的共享，才可能产生或形成共同的价值观念和行为，而家族的共同文化和价值观以及较多的交流，往往就是一种特殊而有效的教育影响源。此外，亲情关系和家族观念，以及互惠合作等规则在乡土观念中，甚至可能比市场关系更加经常而有效地影响人们的思维方式和行为习惯。乡土社会的这种社会关系网络，使处在同一关系网中的人群往往更加容易形成共同的价值观念和行为习惯。

2．具有代际传承性

在调查中，我们也发现，在乡土社会中，教育具有较高的代际传承性。首先让我们做出这种假定的是当地的“老一中”。尽管由于历史原因，农村中读大学的人很少，但该镇1960年代的高中毕业生（宁乡一中的毕业生）子女中上大学的极多，并且这些大学生大都在当地比较有影响。尽管出身农村的这些“老一中”们，由于政策性原因，能够有幸获得就读大学机会的人是十分少有的，尽管这些人中的大多数最终经过了许多曲折走出了“农门”并接受了在职的成人高等教育，但他们的子女几乎没有例外，都获得了教育成功。在我们的调查范围内，除了1人外，这些“老一中”的子女都有大学教育的经历，并且大多数就读或毕业于重点大学，接受研究生以上教育的比率也明显偏高。

在进一步的调查中，我们发现，父母（一方或者双方）是大学生的家庭，其子女也基本上就读或毕业于某所大学，这一比率同样远远高于其他人群。可以这样说，老三届新三届的大学生，他们的子女基本上都就读或毕业于较好的大学。我们所调查的杨校长郎舅三人中，杨自己的一个女儿大学毕业后在中国的一所重点大学工作后已经赴美留学，另一个女儿大学毕业后在北京开办自己的经济实体。新三届大学生（这里不包括老三届在恢复高考以后考取的新三届）的子女，只有少部分已经长大成人，这些已经成年的一代，则几乎没有例外都就读或毕业于大学。由于新三届大学生的子女大多数还没有成年，其代际影响如何还很难确定，但他们的子女也几乎人人都在教育方面表现出色。如杨的小舅子在美国新墨西哥州立大学任终身教授，因为其儿子在读中学，尚不是我们的研究对象，但他已经获得过该州州长颁发的多种奖励并在美国国家级竞赛中获得重要荣誉。如果不出意外，肯定会就读于比较好的高校。杨大舅子的子女尚在读高中，成绩也不错。如果今后有机会作追踪调查，我们可能仍然可以印证从老三届和“老一中”研究中所形成的假设。

我们在调查中发现，在农村社会中，占有明显教育优势的父母对孩子的教育期望、教育要求和教育方式也优于其他家庭。“老一中”们甚至在“其人生艰苦的日子里”（他们的话语），都没有放弃对子女教育的重视。这至少部分地解释了他们两代人之间教育成功的高相关性。

3．与家庭文化价值观具有相关性

在调查中，我们也发现，成功者家庭往往有相同或相似的教育价值观和教育期望。凡是成功地培养了大学生的家庭，基本上都把教育作为家庭活动的重要内容，甚至都有着具有传奇色彩的故事。如余家村彭姓家族、白水村的廖家和杨家等，他们尽管在祖辈上都是典型的农民，但在父辈一代基本上受到了当地最好的教育，他们的父辈都是“老一中”。这些“老一中”的子女辈都能够成功地接受高等教育，都就读于重点大学甚至考上了重点大学的硕士研究生或博士研究生。

我们在调查中同样发现，价值观念差异很明显的家庭，即使其他条件相差不大，其子女教育成功的差异却很大。我们发现，有兄弟俩人，长兄是医生，弟弟是教师。由于行业的差异，长兄家境一直比较富裕，但他看到知识不能够给人带来财富，因此对教育不太重视。他认为，弟弟尽管比他读的书多，但就是拿国家那么一点死工资，还经常被地方教育行政部门克扣，生活总是那么清贫，家境从来没有自己的好，并且历次政治运动都是读书人受到冲击，所以他认为有一技之长比读书重要得多。尽管他的几个孩子都比较聪明，但儿孙辈至今仍然没有一个上大学（不过，我们在调查中发现，这种现状现在已经让邻里甚至他们自己觉得没有面子）。但确实如他所期望的，其子女都有一技之长，其成家的子女也仍然是当地比较殷实的家庭。而当教师的弟弟家，已经成为真正的书香门第，他的两个子女都上了大学，并且有一个在读博士，尽管其家庭在很长一段时间内都比较清贫，但其家庭在邻里眼中的声望已经慢慢超过了其长兄，他们家里还成为培养邻居家大学生的一个发祥地，邻居家的好几个孩子都是在他们家学习并考上大学的。

此外，社会现实的变迁会影响家庭的价值观念。那些在自己青年时期由于政策性原因没有机会接受高等教育的人，还有那些到外面打过工已经隐约感觉到自己处在制度边沿的人，都能够更深刻地感受到自己教育缺失带来的困苦，他们看到城市人口的种种好处自己却无法享受，他们更加愿意牺牲自己乃至家庭当前的基本享受来支撑子女读书并强烈希望自己的子女能够接受高等教育，以便真正过上城里人一样的生活。出生在这种家庭的孩子，在学习上也往往是十分努力的，考上大学的人也很多。

4．具有地域集中性

我们在调查中发现，处于文化发达区域的村，在教育上具有优势，并且这种优势在一定时期存在着积累效应，并能够吸引具有相对优越条件的移民。所以，即使在小范围的农村区域内，马太效应也是存在的。如双凫村与白水村的现有村民中，那些从其他村移民过来的家庭，其后代在教育上成功的比例或产生的影响都远远高于“当地人”（这有点像“孟母三迁”），这种状况也造成了大学生地域集中性特征的出现，但这不是主流。我们不妨用桂花组作为例子来说明这种地域集中现象。这里人口很少，但大学生产出率甚高，该组毕业于或就读于重点大学或获得研究生以上学历者十分集中。该组只有村民 70 多人（不包括大学生本人），却出了 10 多名大学生和研究生。我们在开始调查之前，就听人提到过这里。因为这里并不是一个在地理和文化方面处于优势的区域，这引起了我们莫大的兴趣。因为这个地方名叫桂花树，但我们在调查中没有发现亭亭如盖的桂花树。所以，我们的调查几乎都是从这话题开始的，使我们感到意外的是，被调查的每一个家庭几乎都谈到要为桂花树正名的问题。我们也发现，几乎每一个种了花木的家庭都栽种了桂花树。原来，一个地名包含着丰富的文化内容，包含着人们对地域的文化认同和情感认同，在后来的进一步调查发现这些认同的背后竟然还蕴涵着教育价值的认同。

当然，我们也收集到了典型的反例。距桂花组不到 2 里之遥、同属余家村的同心组则是完全相反的景象。这个组自 1977 年恢复高考到

2003年这20多年来仅产出一名大学生（还是专科层次），这让我们感到十分意外。因为该村的大学生产出率从总体上看还是比较高的。相隔咫尺的两个村民小组存在这么显著的差异不能不让我们产生进一步调查的愿望。在进一步的调查中，我们发现，桂花组有比较好的社会风气和社会正义感，邻里关系十分和谐友好。但同心组就不是这样，邻里关系十分紧张，邻里中行为不端的人也有不少。在调查中有人谈到这样一件事情：在开始实行土地承包的时候，他们生产队中的几个人是作为该队唯一的一台动力（即柴油机代替人力的打稻机）或一条最好的耕牛的配搭物搭配到不同的承包小组。即使到现在，这里的社会风气仍然不佳，邻里间常常为了一点小事情，争吵不断，吵闹之声在几里外都能够听到，持续的时间有时居然能够长达1天甚至数天。更富有戏剧性的是，同心组的这名大学生在大学毕业3年后嫁到了桂花组，在新的环境下很快就考取了研究生。她在接受我们的调查中谈到，她以前一直是邻里和家庭的骄傲，从来就没有思考过以后应该怎么发展这类问题，出嫁后换了生活环境，也看到了身边的现实榜样，自然就融入了新的家庭和新的社区文化之中，也自然而然地考虑自己的发展问题。由此可见，生活环境影响了教育抱负和教育预期，导致了不同的教育结果。从后来的诸多调查中，我们发现，在农村中，只有真正的近邻才可能较好地分享共同的价值和形成共同的文化，良好的邻里关系对年轻一代的成长确实会产生难以言喻的重要作用，并且邻里间的榜样对同龄人的参照作用十分明显。如果教育成功在时间和空间上都是十分遥远的，农民的教育需求就难以激发，他们就更容易选择放弃接受教育。我们认为，这种状况决不能简单地归结为小农意识在作怪。我们倒是比较赞成舒尔茨的观点，“全世界的农村人口在处理成本、报酬和风险时是进行计算的经济人。在他们的小的、个人的、分配资源的领域中，他们是微调企业家，调谐做得如此微妙，以致许多专家未能看出他们如何有效率”①。但不管怎么样，乡土社会中良好的邻里环境和乡邻间价值的积极分享，以及邻里间存在可

① 王宏昌，编译．诺贝尔经济学奖金获得者讲演集：1969—1981［M］．北京：中国社会科学出版社，1986：428．

以直接仿效的榜样都对大学生地域集中现象具有解释力。

总而言之，出身农村社会的大学生，不但成功地实现了个人向上社会流动，而且推动了邻里对高等教育的积极认同。在乡土社会的语境中，大学生往往会成为先进文化和技术向农村传递的中介，也是文化反哺的实现者和家庭、家族乃至社区荣誉的一种来源。地域文化、共同价值以及榜样作用对农村中大学生的产出影响很大。因为在农村社会中，邻里是真正意义的熟人社会，和谐的邻里关系有利于形成和分享共同的文化和价值，影响孩子们的成长。在和谐的邻里关系中，一个大学生往往会成为邻里中“弟弟妹妹”的参照，对后来者的成功具有积极的拉动作用。事实上，农村社会中教育的落后往往并不是智力落后的结果，而是教育需求没有得到真正激发和满足的产物。

第三章　互惠：高等教育与农村发展互动的显性联结

高等教育与农村发展互动的方式和结果根植于农村的复杂性和农村发展的复杂性当中。从传统意义上说，乡土社会的基本结构单元是村落。村落作为一种生活制度和社会关系网络，对人们的生存和生活都起着重要作用。它可能比人们的职业身份改变和居住地变化有着更多深刻性。而在城市就不同，因为它是社会现代化发展的产物。尽管城市社会仍然存在血缘基础，但地缘基础极度弱化。尽管城市人在地理空间上可能十分接近，但在社会空间上却十分疏远，城市是一种陌生人社会。正由于以城市为主要特征的现代社会是陌生人社会，陌生人社会的特征不但影响社会实质结构的形成，而且影响人们的文化心理；它不但影响社会流动方式，而且对各种影响社会流动因素的排序产生重要作用。改革开放后，随着城乡社会流动的增加，城乡二元结构逐步松动、边界逐渐模糊，这一方面对社会流动产生积极影响，唤醒人们的差别意识和利益观念并使人们产生改变这种状况的强烈愿望；另一方面影响着社会流动在现实生活中的理性化水平。因为在这种既定社会框架下，个人才智一时无法成为影响个人各种地位的决定力量，而个人的生命历程的有限性容易增加人们的茫然无措感。与此同时，职业既无法成为经济分层的最佳指标，又无法很好地体现政治分层和声望分层。各种分层指标的相关性降低①，容易使人们的主客观评价不一致。

---

① 有必要指出的是，不同的地位指标相关性过高，会造成多元地位实质性的单一化，会造成严重的社会后果。比如“胜者通吃”、“权力通吃”、“财富与权力的互通”等社会现象大量存在，就是多元地位指标实质上单一化的后果。地位指标具有合理相关性就比较重要。

第一节　农村输出性智力流动与农村发展

中国乡村关系变迁过程包含了宏观层面的社会结构变动与微观层面的个体选择以及二者之间的互动。我国大规模农村智力流动原本就是多元经济和二元社会框架等力量共同作用后所导引出来的一种特殊社会景观。在计划经济体制下出台的一系列政策法律制度，人为限制甚至剥夺农民作为共和国公民应当平等享有的某些基本权利，并人为地要求其承担不平等的义务。而作为现代社会的形象和政治、经济和文化等方面中心的城市，当然也有其政治、经济和文化的需要。基于政治需要，大多数野心勃勃的政治家都倾向于在城市尤其是在首都发挥其政治能量；出于文化考虑，人们更倾向于将城市作为现代化成果的纪念丰碑和民族骄傲的象征；从经济角度思考，人们总乐意把工业化和城市化直接关联起来，从而很自然地把城市作为文明发展的象征。

在二元经济背景下，作为现代部门的城市通过提供就业机会，分享物质设施，传播现代思想和制度，以及进行城乡间的贸易往来获得具有比较优势的利益。城乡间的不均衡互动给农村向城市大规模社会流动几乎天然地埋下了发展伏笔。因为乡村人口向城市的流动和集中会促进城市不断扩张，并增强城市作为区域中心的聚集效应；农村智力流动会拓通城市文化、科技、物资以及城市生活方式向周围以及腹地农村不断扩散的渠道，从而增强城市文明的辐射效应。有必要指出的是，在农村智力流动过程中，传统文化遗产迅速被削弱而让位于基本不确定的规范和价值。我们不难发现，农村孩子成长的环境、培育他们的规范都已经受到都市化力量的影响，农村熟人社会弱化甚至可能走向解体，越来越多的农民丢弃乡村而奔向城市。

在这种乡村走向现代化的路途中，高等教育之所以能够促进个人向上社会流动，首先在于知识技能更新大大加快，高等教育接受者能够更好地接受新事物而适应社会发展形势；同时，知识技能的收益期大大缩短，新型知识技能的收益期比传统知识技能的收益期更短，高等教育对人的地位尤其是经济地位的提升比较显著。此外，高等教育是一种身份标签，高等教育可以使人获得声望，并使权力和财富的取得显得更加具有合理性。正是由于社会发展对高等教育的这种特殊需求，学历社会就逐步形成了。从理论的角度看，20 世纪 60 年代的人力资本理论和历史上所谓“富不过三代”的“规律”都驱使社会（包括乡土社会）中有远见的人关注本人和自己下一代的教育问题。而从生活角度看，高等教育可以开阔人们的眼界，扩大生活圈子和交往圈子，并更好地体验和享受生活。所以，在理想的状态下，在现代社会中，高等教育可以促进合理社会流动并使社会流动具有更多的智力流动意味。具体而言，高等教育对智力流动的影响表现在以下几个方面：

一、高等教育与社会资本集聚

（一）高等教育影响地位获得

首先，高等教育是一种非常重要的潜在地位因素。许多知识密集型行业的工作，只向接受过系统的高级专门知识与技能培训的人开放。这就是劳动力市场分割理论①所论及的主要劳动力市场向知识与技能开放并使其拥有较高社会地位和升迁机会。在现代社会中，学历不仅容易成为人们获得社会地位的象征，而且也是大多数人进入职业社会最重要的依据与凭证之一，甚至是个人未来职业地位和收入最重要的决定性因素之一。人们之所以千方百计地考大学，甚至贫困农村的农民家庭也不惜重金甚至倾其所有来支持子女上大学，说到底是希望通过教育改变其后辈的社会地位，改变子女与家庭日后的社会声望与经济收入状况。良好的教育经历不但标志着一个人当前的知识、能力状况，也预示着将来获取知识和发展能力的潜力，还影响个人将来的职业和社会地位。正是教育与社会白领行业的高度相关性，在很多国家都曾出现过“学历社会”这样的阶段。实际上，与其说是学历社会，还不如说是高度专业化和技能化的社会更恰当，只是因为学历充当了走向社会的敲门砖，从而容易

---

①　劳动力市场分割理论（labor market segmentation theory）把劳动力市场划分为一级市场和二级市场（或主要劳动力市场与次要劳动力市场）。一级市场具有工资高、工作条件好、就业稳定、安全性好、管理过程规范、升迁机会多等特征；二级市场工资低、工作条件较差、就业不稳定、管理粗暴、没有升迁机会。

成为人们观察社会事实的符号标识，从而使“学历社会”可被用来表征一定社会的特征，并使学历社会这一概念具有较好的认同度和解释力。20 世纪 80 年代中期发生在中华大地的“文凭热”，实质上就是文凭演变成潜在社会地位的一个带有中国意味的例证；而 20 世纪 80 年代初期的脑体倒挂和现在的知识行业缺乏符合自身特征的报酬给付机制则又说明教育其实在我国尚未成为真正的地位标准，它只不过是一种潜在的分层标准。

其次，高等教育可以产生伴随性社会流动。通过高等教育实现的社会流动，客观上不但使“大学生”本人得到相应的社会地位和职业地位的升迁，并且使其后代纳入了社会的福利框架而近乎先天地提升了自己的地位（这在户籍制、身份制盛行的年代尤为明显），使其子女实现了伴随性社会流动。与此同时，在乡土社会中，曾经大量出现这种情况：如果一个家庭成功地培养了大学生，整个家庭的声望、经济地位和社会地位也会得到相应提高，教育的成功在乡土文化中仍然具有传统社会所谓的光耀门楣的意义。此外，高等教育成功者（这里主要指大众化以前的大学生，因为大众化后的大学生的实际社会生活状况比较复杂，但发展的总体趋势仍然相同或相似）通过文化反哺和经济反哺等活动，往往使其父母产生伴随性社会流动（这种社会流动既可能是地位意义的，也可能是生活空间意义的），甚至由此引发具有血缘和地缘关系的人们以这些先行流动者生活的城市为据点，大量进入城市的伴随性社会流动①。这种伴随性社会流动折射出乡土社会中存在的心理地理连续体关系和乡土社会特有的人情关系。

其三，高等教育引起的社会流动有利于重构权力体系，形成合理地位空间。在任何社会里，个体都可能受到极其严厉的权力控制，那些权力强加给他们各种压力、限制或义务。在不同社会空间②中，控制的范

① 王春光．社会流动与社会重构——京城“浙江村”研究［M］．杭州：浙江人民出版社，1995.

② 福柯认为，社会空间有表示知识或能力的等级的“理念”空间，有表示价值或成绩的空间、物质的空间、大学或教室空间等。福柯．规训与惩罚［M］．北京：生活·读书·新知三联书店，1999：166.

围、控制的对象和控制的技术或手段则是变化的。新中国成立后，任用干部的实际标准造成了政治制度对文凭生产的特殊作用。国外学者对此类现象也多有论述，如英国社会学家迈克尔·扬就曾指出，未来社会中“成就原则战胜归属原则（归属原则指通过社会继承或分配取得个人地位）……社会发展的速度取决于权力和知识的结合程度……每个人在社会上的地位是按照他的‘智商和努力程度’来决定的”①。新中国知识与权力的结合程度最好用录用干部的标准来反映。在毛泽东时代，毛泽东曾经提出过“任人唯贤”的路线，即“共产党的干部政策，应是以能否坚决地执行党的路线，服从党的纪律，和群众有密切的联系，有独立的工作能力，积极肯干，不谋私利为标准，这就是‘任人唯贤’的路线”②。此后在1964年，毛泽东还提出过选拔接班人的5个条件：必须是真正的马克思列宁主义者；必须全心全意为中国和世界的绝大多数人服务；必须能够团结绝大多数人一道工作；必须遵守民主集中制；必须谦虚谨慎、自我批评、勇于改正错误③。这些标准没有触及技术的、业务的和文化教育方面的具体要求，任用干部更多的是考查干部的出身和对事业的信念，甚至是否听话。这给凭借知识技能选拔任用人才留下巨大的可能空间。当然，这种用人观对工农出身的人走向领导岗位有积极推动作用，但也客观上造成了新中国的官员在较长一段时间内，文化水准不高，官员群体对知识分子的吸纳能力十分有限，知识分子在官员中的比例不高（到1987年，官员中大学毕业程度者也仅为13.5%），这类社会现实产生了一定的作用。邓小平复出后，提出了“尊重知识，尊重人才”的口号，并提出了干部“四化”的要求，1982年中组部提出了干部培训要点，掀起了中华大地的文凭热。随着干部文化层次的大幅度提高，文凭实际上已经越来越成为（尽管不是决定性的）通向权力的基本条件之一。学历优先慢慢地向政治优先靠近，未来的权力将掌握在知识

① 张人杰. 国外教育社会学基本文选［M］. 上海：华东师范大学出版社，1989：242.

② 毛泽东. 毛泽东选集：第二卷［M］. 北京：人民出版社，1969：515.

③ 李强. 当代中国社会分层与流动［M］. 北京：中国经济出版社，1993：285.

精英手中，这种趋势越来越明显。

（二）高等教育影响社会关系网络

人是一种社会性动物，而社会通常需要建立各种关系和形成各种秩序来维护其良性运行，社会良性运行需要相应社会管理方法来维持其秩序，对解决人类自身集聚秩序问题的探索导致了政治起飞。正如有学者所指出的，人员集聚和资本积累（这里的资本超出了物质资本的含义）密不可分①。由于人类社会秩序的维护，逐渐由依靠武力演变为依赖智慧，我国古代通过教育选拔国家管理人才的文官制度造成了我国古代政治的起飞，使我国在世界范围内处于制度优越地位。可以肯定，在一定政治格局下，人类社会秩序的建立和维护都需要对人某种形式的规训②。在现代社会中，高等教育其实也是一种规训，这种规训会使人融入不同社会圈子。

1. 交际圈子

高等教育既是社会识别符号，又是个人获得关系资本和文化资本的手段。同学关系、师生关系从中国传统社会到当代，既是一种工作关系、心理关系或情感关系，又是一种具有资源意义的特殊社会关系。我们不妨用一个简单例子来做进一步说明：在亲友关系中，吃饭次数和吃饭圈子往往反映亲友间实际的亲疏距离，能否一起吃饭或经常一起吃饭起着辨识社会交往中“我们”和“他们”的作用。所以，一起吃饭这种最日常的活动实际上隐含着解读中国社会关系的特殊线索。同样的，高等教育机会的获得尽管从外在形式上主要是个人奋斗的结果，但这种结果一旦凝固下来就会成为一种特殊身份，由此必然会区分出圈内人和圈外人这样一对关系。在中国农村特殊乡土背景下，固有的亲情关系和地缘关系，也会以此形成圈内人与圈外人关系，这种交叉重叠的圈子关系，一起构造更加复杂的社会关系网络。

笔者曾对湖南中部某镇大学生产出情况进行调查，通过对数据分析

---

① 福柯．规训与惩罚［M］．北京：生活·读书·新知三联书店，1999：247.

② 所谓规训“造就”个人。福柯．规训与惩罚［M］．北京：生活·读书·新知三联书店，1999：193.

后发现，大学生的产出存在家族、血缘和村落集中的现象[①]，这种现象实际上说明了农村社会中，人们交往圈子的大小和交往距离的远近存在着一定内在联系，并对世代更替产生明显影响。这种联系在一定程度上预测甚至牵引了他们的教育行为，影响他们在高等教育或优质高等教育机会争夺中的成败。

2. 通婚圈子

婚姻从本质上既是一种生物性或生理性结合，更是一种社会性结合。“洞房花烛夜，金榜题名时”的传统话语则生动传神地概括了古代中国社会婚姻的社会二重性，阐明了个人生活与社会政治生活的统一性甚至同一性。同样，在中国乡土社会语境中，婚姻不但是两个当事人的结合，也是两个家庭（家族）文化间的交流与整合。正由于婚姻的社会二重性，我们在 2003 年和 2007 年对湘中某镇的调查中发现，具有血亲和姻亲关系的人群中，成功者相对集中的现象十分明显，这说明血缘圈子可以有效地分享和扩大教育成功。成功者血缘相对集中现象的出现，与其说是受遗传因素的影响，不如说血缘和亲缘群体拥有共同价值观念和行为方式更有解释力，这也说明血亲圈子内存在更加积极的榜样示范性和参照意义。

3. 文化圈子

在传统社会里，一个人要提高自己的社会地位，一切言行都要符合上流社会的准则和迎合上流人士的心理，而且要广泛交际和结交有地位的朋友。这种行为和价值的变化往往会凝结成一种文化。我们在调查中看到，有一个家庭的大门口张贴着这样一副对联，“德厚传家久，诗书继世长”[②]。这副对联作为一种文化现象或者传递文化的方式，反映着传统社会所积淀的对“道德文章”方面的文化性肯定以及乡土社会对这种传统文化的认同。在现代，高等教育能够帮助高等教育接受者获得更多文化资本和社会资本，帮助他们进入新的交往圈子和生活圈子，甚至由

① 彭拥军. 教育对农村人口社会流动能力的影响——基于阶层背景实证材料的分析高等教育研究 [J]. 2007 (8)：47-53.

② 我参观湖南岳阳的张谷英村和其他一些同样保存相对完好的传统村落，都发现了这种或这类对联，由此看来传统文化渗入乡村曾经是广泛而深入的。

此形成新的生活方式。尽管我国传统社会的官僚体系与教育系统不是直接关联起来的，但考试制度形成了教育培养文官的制度基础，使古代中国人把“读书、应试、做官”变成三位一体的东西。而在现代政治制度中，能人政治始终是一种重要的政治形态，通过高等教育培养和识别能人是社会和政治活动难以避免的基本过程。高等教育必然使“大学生”进入一种新的文化圈子中。

概而言之，高等教育对农村社会流动以智力提升或智力确证的方式曾经产生过强大的拉动作用，这与当时倡导的文化具有内在相关性；但高等教育大众化后，教育对农村社会流动作用在某种意义上甚至引发智力流动的意义上似乎有明显弱化的可能，尤其是与农村社会生活的直接需求以及社会主流文化间容易产生新的距离。这种现象的出现，可以从以下几方面得到部分的解释：一方面，农村获取生存资源的渠道已经不再单纯凭借成为非农人口而进入国家福利体系；另一方面，高等教育的高投入使农民不得不考虑长时段的教育过程所无法逃避的成本行为，这一点，舒尔茨在《穷人经济学》中已经做了比较精辟的论述。

总而言之，高等教育的社会含义，首先应该包含对知识的认同和尊重，也必然包含对知识分子的尊重。高等教育在社会中地位越高，学校教育活动对个人社会流动影响范围越大，高等教育对社会价值引导的影响范围和程度就越显著，高等教育对农村社会流动及其向智力流动转向所能引起的关注、预期与作用也就随之增大，与农村发展的互动也越明显。

二、高等教育与城乡关系连通

高等教育影响农村社会流动，不但会产生身份改变、地位变化、生活空间重构和价值观念变迁等诸多方面的影响，而且对城乡关系、农村社会流动形式等诸多方面也会产生复杂影响。

1.“大学生”是城乡生活方式交接和融合的一种力量

首先，“大学生”由于职业和教育方面的原因，原来乡土社会中形成的伙伴关系受到业缘和血缘关系的侵蚀而弱化甚至消解，从而十分容易被血缘和业缘关系所取代（至少部分地被取代），这可以从交往对象、交往方式、交往语言和交往频次等诸多方面的变化上呈现出来。由于能够比较顺利地纳入国家的既定制度化框架中，他们一般不会被简单视为“城里人眼中的乡下人”和“乡下人眼里的城里人”（这一点与农民自发进城而实质性被边缘化有重要区别）。概而言之，他们容易被城市和乡村同时认同而成为沟通城乡的桥梁。这些出身农村的大学生，一方面仍然是农村永远的骄傲，是他们的弟弟妹妹们（这种弟弟妹妹关系更多的是超血缘意义的、包含地理意义的乡邻关系上的弟弟妹妹）学习的榜样和父老乡亲们教育未成年孩子的真实可用的活教材，又是乡邻们进城的依托之一；另一方面，他们因为受过高等教育，能够更好地适应社会发展，可以较好地融入城市和城市文化中。正由于这些来自乡下的大学生在心理和文化上具有两栖性，他们更容易发挥城乡生活方式碰撞、交流乃至融合的纽带作用。

2．“大学生”是生活方式多样化和价值多元化冲突的纽结

出身农村的“大学生”实现社会流动后，由于与原来的生活圈子形成交往上的空间距离和心理距离，同时新工作环境和生活环境又要求他们学习和适应新环境和新文化，这必然冲击原来在乡土社会结成的亲密关系，并且他们在乡土社会中的榜样示范作用也由于时间和空间的距离呈逐步减弱趋势。与此同时，社会上存在其他力量引发的社会流动方式所产生的影响也会直接作用于人们的生活方式和价值认同模式，并使乡土社会中人们可以选择的参照群体呈现多元性和复杂性。在这样的背景下，出身乡土的大学生与原来的生活方式更容易断裂，而在乡土社会中积累的一些行为和习惯在城市生活中没有优势，甚至反而成为累赘。由于这些大学生缺乏城市的“根”，不但无法拥有土生土长的城市人唾手可得的许多资本，并且需要对城市人司空见惯的东西当作全新的东西来学习。在急速的城乡社会变动中，他们难免常常处在城乡两种不同文化的夹缝中。事实上，随着社会流动加剧，其他社会流动途径（如经商）对人社会地位的提升作用存在快速性和不确定性（或者说风险性）并存格局，而社会舆论所宣传和倡导的人格范本（如新中国成立后先后出现过军人、工人、干部，改革开放后出现过知识分子、大款和官员、名流的交替）也在快速变化，人们在社会行动中可以参照的群体样本也随之发生急剧变化。在制度性建设还远未能够进入良性水平时，一旦人们看

到了教育提升个人地位的有效性与其中裹挟的艰苦性和竞争性，再加上读书无用思潮经常以不同面目出现而影响人们的观念与行动，这些因素的叠加容易造成知识分子命运的起伏，造成知识分子内心的多重冲突和生活中的多重冲突，也容易使知识分子不再被不假思索地当作年轻人学习和效仿的榜样。

3．教育的伴随性社会流动作用使亲缘、血缘、地缘和业缘联系复杂化

从现代社会的发展趋势看，社会地位的获得与拥有将越来越呈现业缘色彩。但出身于农村社会的大学生，其教育成功在某种程度上是家庭合力的产物。他们成功后，大都有报答亲友的自我期望，这必然会强化乡土社会本来就明显存在的人情关系。而在既存城乡隔离制度中，由于这些人的非农化，对其子女而言，他们的制度性地位几乎近乎天然地得到提升；对其父母而言，在知识技能回报周期缩短的背景下，成功的大学生往往可以通过经济反哺和教育反哺，加上生活上新的相互依赖（如希望父母到城市照顾自己的孩子，父母希望在城市以得到情感上更多的抚慰），居住在农村的父母也就顺理成章地流动到城市；此外，与他们存在亲缘、血缘、地缘关系的人们往往也以此为据点，实现社会流动。因为这些社会流动都与这些大学生的社会流动有着紧密联系。与此同时，随着这种伴随性社会流动的增加，这些人容易形成关系更为密切的亚群体，他们与原有熟人社会的联系容易弱化甚至中断，从而使原有地缘关系弱化或窄化。

伴随性社会流动产生一些亚群体，这些亚群体也会逐渐归属于新的社区并演化成新的利益群体，出身农村的“大学生”（甚至相关的伴随性社会流动者）与自己出身的乡土社会的联系逐渐弱化甚至断裂。我们在调查中，发现了大量的这类事例。那些两代人举家流动的“大学生”家庭，已经与自己家乡少有联系，家乡只是暂时还保留着他们的故事或传说，但我们已经无法拿到他们的详细材料了。这种未曾预见的情况，使我们曾经想对这些大学生职后接受研究生教育等新的生存和发展样态通过调查来弄清楚的想法无法实现。高等教育引起农村智力流动在深度和广度上的拓展，使原本植根于乡土社会的诸多关系变得前所未有的复

杂化了。

4. 智力流动与农村智力缺失和农村凋敝相伴随

高等教育促进人们跨地域和跨行业的智力流动，一方面使出身农村的部分人借助教育得以进入主流社会，实现自身地位提升和身份改变；另一方面又使农村中尤其是农民中缺乏教育精英，产生农村智力被剥夺现象，甚至造成农村政治权力难以有效继替的问题（现在在很多农村地区选举村干部和村民小组长都已经缺乏受过一定教育的合格人选）。与此同时，经济的结构性变化产生农村人口的结构性流动，从而弱化农村智力流动后劲。此外，农村中恶化的社区教育环境（这是一个很值得担忧的问题），容易使会宁效应①愈演愈烈，导致农村教育的成功不是促进农村自身发展，而是与农村日益凋敝相伴随，其后果可能十分可怕。事实上，经济不均衡发展和农村智力精英缺失，在允许自由的社会流动背景下，广大农村已经出现了一定程度的“撂荒”现象和凋敝现象。

总而言之，在现代社会，高等教育是智力流动的动力。就农村社会而言，由于农村社会与主流社会相比，一直处于地位不高、各种资源和资本也相对缺失的境地。因此，高等教育要对农村产生的强大动员力量，从农村群体角度看，需要高等教育引发乡村人对地位资源和权利、经济、文化和关系等新型资本的渴望，并且这种期待有转变为现实的可看见的可能性。所以，政策环境和经济社会环境的变化，直接影响高等教育对农村人口社会地位提升作用的发挥。恢复高考后文凭的多次冷热变化，对农村人追求高等教育的现实动机产生了复杂影响。可以肯定地说，社会政治经济制度的结构性变迁必然使教育发生相应变化，进而影响高等教育对农村智力流动的实现方式和实现程度。高等教育对农村智力流动的积极影响，从根本上来说，其原初动力来自社会政治经济结构的重大变革，其对农村智力流动作用的增强或作用方式的改变只不过是对社会积极或消极回应的不同表现而已。

① 甘肃省会宁县是有名的贫困县，在高等教育大众化之前也是有名的高考成功县，但该县的经济社会状况并没有随着教育的成功而走向发达，而是越来越陷于贫困之中，人们发奋读书的直接目标就是离开这个贫困的地方。

第二节　农村智力回流与农村发展

费孝通认为，中国乡村社会是在传统礼俗制约下的生于斯、长于斯、死于斯的熟人社会，传统中国的社会结构呈现出差序结构。也就是，中国传统的社会关系是按照亲疏远近的差序格局原则来确立的，“以‘己’为中心，像石子一般投入水中，和别人所联系成的社会关系，不像团体中的分子一般大家立在一个平面上的，而是像水的波纹一般，一圈圈推出去，愈推愈远，也愈推愈薄”。“中国乡土社会的基层结构是一种我所谓‘差序格局’，是一个‘一根根私人联系所构成的网络’。”[①] 在改革开放、市场经济发展、社会结构转型的大背景下，乡村社会关系出现了重大转折：集体认同感和合作基础明显减弱，农村居民间的熟人关系被利益关系侵蚀，人际信任也出现某些阻碍，乡村的社会资本明显下降，乡民在某种意义上有成为一盘散沙般孤立个体的可能，但农村人口处于法律控制、伦理控制、政治控制和资源控制的多重网络之中，这种网络维护着乡村的形式结构。所谓法律控制是指通过制度化的社会规范强制性地整合人们的社会行为、维护既定社会秩序的社会过程。所谓伦理控制主要是通过包括传统、习俗、习惯等一些非制度化的社会规范制造一种无形压力，非强制性地迫使人们无可奈何地顺从既定社会秩序，进而实现整合社会行为的社会过程。所谓政治控制主要是指政党、国家和（或）政府通过运用各种制度化的权力、行政手段以及舆论宣传方式，在社会成员中贯彻自身的意志和意识形态，强制性地要求其社会成员接受政治行为规范的社会过程。所谓资源控制主要是指特定的社会组织和个人通过占有和分配各种短缺的政治、经济、文化和社会资源、利益和机会的方式，造成一种依赖的社会环境，迫使社会成员不得不以服从为代价换取短缺的资源、机会和利益，从而实现约束人们社会行为、实现社会整合目的的社会过程。

---

① 费孝通．乡土中国　生育制度［M］．北京：北京大学出版社，1998：27，31．

一、农村智力回流是农村发展的现实向标

首先，与政府努力消除各种制度性障碍（比如改革户籍制度、就业制度、社会保障制度和福利制度）的行动相伴随，农民身份和地位的改变在加速，制度性歧视在一定程度上降低了；各种非制度性的社会歧视在各种政策性控制、舆论批判和研究引导下逐步淡化。这些将有利于农村社会流动向智力流动的转向以及农村人口对新身份的积极认同。其次，社会流动向智力流动转向的良性推拉机制正在形成之中。依靠科学技术促进社会生产力的整体协调发展已经逐步深入人心并在社会发展中起到了积极作用，城市的诱惑和农村自身对出路的追寻分别成为农村社会流动的外在拉动力和内在推动力。值得注意的是，在我国，城市对劳动力的需求及其升级、农村自身发展以及对劳动力的自我吸纳水平和层次的提升都需要引起重视。因为中国农村劳动力数量依然庞大，如果简单地转入城市容易导致城市人口机械增长而诱发城市病，这一点与西方发达国家有很大不同（因为西方发达国家基本上没有这样的人口压力），我们也要尽量避免重蹈一些第三世界国家城市化的覆辙。因此，在引导和推动农村社会流动及其向智力流动转向的过程中，如何发展农村二、三产业和加快小城镇建设，缓解城市化和工业化过程中可能产生的发展压力，真正实现我国农村社会流动或智力流动与社会现代化间的良性互动，意义十分重大。其三，建立覆盖全体社会成员的福利保障体系是促进社会流动良性运行以及社会流动向智力流动转向的保障性措施。城乡平等的失业救济、养老保险、劳动技能培训和医疗服务等一系列的社会保障体系，有利于淡化城乡壁垒，促进农村的稳定和繁荣，促进城乡之间双向社会流动，并有利于农村智力资源的开发和富集。其四，积极推进新农村建设工作，提高农村自身的服务能力以及对知识和人才的吸纳能力。农业科技投入和农村制度创新，比如土地合理流转、农民技能培训等等，都将有利于使农村成为一个与城市相媲美的工作和生活场所。

我们不能否认，各类成功实现社会流动的乡村能人，他们作为乡村精英，是书写和续写乡村社会传奇的现实样本，具有很强的示范效应。作为一种参照群体，他们具有乡村人学习的可接近性。他们的成功，更

容易引起邻里和乡亲的仿效，也容易得到仿效。正如孙立平的研究所得出的，差序格局实际上也是一种对社会资源进行配置的模式，比如，中国传统社会中血缘和地缘关系占有相当重要的地位，就是因为社会中的那些最重要的资源是以血缘和地缘为基础分配的①。乡村能人，与广大农民具有文化上的同根性、生活上的相似性，发展道路的可接近性和可模仿性。乡村能人的成功表达了农村人对成长成才的积极诉求，容易促发其他人产生敬仰并仿效。

二、乡村能人是农村智力回流需要的现实样本

人情、面子是理解中国乡土文化的重要概念，人缘、人情和人伦②是解读中国人交往的重要工具。人情表达的是义务和信任，这种关系越强，办事的成功率越高。然而，与过去相比，乡村人之间的联系在大大减少，邻里进行面对面交往的草根群体被新兴的、想代表小部分人利益的群体（最典型的是乡村能人）至少部分地取代。乡村能人何以成为农村和乡村上升性流动的现实样本，需要从三个层面来探讨：一个是角色层面，一个是组织层面，一个是制度层面。

乡村能人扮演着乡村社会中间层的角色。类似中国古代社会乡村士绅的角色，乡村能人实际上在某种意义上已经成为一种社会中间层。从角色层面看，乡村能人或乡村名人是乡村精英的真实存在形式，他们用自己的生命历程书写了乡村社会所需要的社会传奇，他们是乡村中的风云人物。在同乡眼里，他们高大又真实。他们既成功实现了乡村人出人头地的愿望，又成为乡村对外推销的人物品牌，实际上也就重塑了乡村的光荣。从组织层次看，乡村能人，往往借助政治资源、经济资源和（或）文化资源来获得或保持其能人地位。在政治权力全面下沉的制度框架内，乡村中的政治人物一度成为乡村能人的典型代表，他们在知名度和美誉度方面都比较统一，尽管还有一些乡村名人，如政治运动中的各种“运动员”，他们也是“名人”，但不是人们认同和效仿的能人。高

① 孙立平．“关系”社会关系与社会结构［J］．社会学研究，1996（5）：20-30．

② 翟学伟．中国人际关系的特质——本土的概念及其模式［J］．社会学研究，1993（4）：74-83．

考制度恢复后，文化能人开始崛起而成为乡村中耀眼的名人，但这种名人具有示范性而不具有普遍的接近性，因为他们已经跨越了城乡壁垒，不再是原初意义上的乡下人；随着市场机制的全面推进，在经济大潮中致富的部分乡村人成为了人们仿效的榜样，尽管他们可能有这样或那样的不足，但他们的经济能量使他们在乡村事务中产生越来越重要的影响。这些经济能人逐步相互吸引而成为联系更为密切的人群，其中有一部分人已经成为当地的公众人物。从制度层面看，乡村能人，从某种意义上说，他们是制度更迭的产物，是制度变迁中的宠儿。但不管怎样，政治能人、文化能人还是经济能人实际上都与社会制度调整息息相关。

乡村能人是乡下人走向成功的现实样板。乡村能人具有明显的引导功能：乡村能人的存在，一是可以转移人们的不满情绪，二是可以提高人们的抱负水平。乡村能人大量涌现会使农村社会具有更多政治、经济和文化能量，这种能量的集聚对提高农村对外的影响力，甚至拓通与高层的对话渠道成为可能。我在调查中发现的魏政协，尽管他一直是一个地地道道的农民，但由于他在经济上曾经有过的成功，使他栖身于当地政治人物行列。这种特殊身份的获得就是因为他曾经是远近知名的经济能人，进而变成了政治能人。

在我所调查的区域，实际上由经济能人走向政治能人的例证有很多。当时担任村支书一职的干部中，至少有 3 位是经济能人出身。在全国范围内，出身基层的政治能人中，很多有经济能人的基础。这是因为，一方面，家庭联产承包以来，正式的政治组织在基层出现功能弱化，使人们对先赋身份关系的依赖明显增强，并导致这些关系的重建及其功能的释放。另一方面，乡村能人不是政治力量直接推动的产物，而是在乡土社会中自发成长起来的，因而更具有接近性和仿效性。加上传统的亲缘关系在近代的改革中经历了来自外部的冲击力量和自身变异的过程后①，乡村能人的社会动员力量就显得更加强大。

与此同时，随着农村社会流动成为一种常见的社会现象后，由于流

① 郭于华．农村现代化过程中的传统亲缘关系［J］．社会学研究，1994（6）：49-58．

动者脱离了行政力量的束缚与保护，他们必须学会独立地面对外来力量，并逐步主动地建立并利用普遍主义（也就是超出了圈内人或者熟人之间的交往准则）的“弱关系”。法律等规范性要素由此也开始全面进入乡村社会结构，并在社会关系的调节、维系中发挥作用，利用法律维护自身权益的观念和行为呈现逐步增强趋势。比如“文字契约”开始在乡村关系的维系中发挥作用（如发生在邻里间数额较大的借钱等经济性往来普遍需要写借条并约定支付利息）。有必要指出的是，随着乡村结构的多元化演变，乡村社会关系也呈现出多元化特征。年轻人不再眷恋土地，他们更加渴望对外界进行探索，逐步形成了以血缘、地缘特别是业缘为基础的层层相叠、环环相交的人际关系网①。

但不管怎样，乡村的信任结构仍以特殊信任为主，普遍信任的发育仍显不足，制度信任尚未真正建立，人们的社会信任感有所下降，社会合作和信任程度也在下降（比如杀熟、杀生在经济交往中比较常见，甚至在社会交往中也出现）。因此，乡村能人在这一特殊阶段就具有特殊意义。他们既是乡村可观可感的现实样本，具有可接近性和可信任性；也能够增强自我能量，从而避免在信任度不够的社会中成为被欺负者。

三、乡村能人是传统文化与现代政权融通的可能纽结

在传统乡土社会中，血缘联系和亲属关系构成解释人们行为的重要变量；中华人民共和国成立后，政治权力开始下沉而成为社会最强大的支配力量；随着市场机制的全面引入，经济因素构成了新的独立变量。本人通过研究发现，在衡量社会流动状况的诸多指标中，经济指标越来越具有可观察性。

1. 家庭作用的变化使乡村能人有了走出传统的可能

在现代社会中，家庭这种重要的传统力量，由于其本身在发生重大变化，其功能也会出现变化或转移。它原来具有的生产、保护、教育、娱乐以及信仰维持等功能已经或者部分地转移到其他制度和组织中，现代家庭成员亲密相处的时间大大减少，家庭成员的利益关系和地位格局

① 林聚任．社会信任和社会资本重建——当前社会关系研究［M］．济南：山东人民出版社，2007：104-105.

发生了一些明显的变化：首先，由于政治和经济关系的变化，父亲和（或）丈夫的权威被大大削弱，工作妇女要求地位的声音日益强烈，她们的地位也在日益提高；其次，老年人在家庭中的重要性明显降低，而缺钱、身体不好、孤独和对前景的忧虑成为老年人普遍担心的四个主要问题。与此形成鲜明对比的是，孩子在家庭中的地位显著提高。家庭结构的小型化使孩子成为家庭的关注核心。在改革开放前，一个家庭（包括城市）有3个左右的孩子是比较常见的，但现在城市里面有两个以上孩子的家庭就比较罕见，农村家庭有两个孩子的大约占一半。这一方面得益于计划生育政策的强制性推行，另一个方面则由于生育成本和抚养成本快速上升产生对人口增长的抑制作用，孩子太多对家庭经济的负面影响降低了农村家庭的生育愿望。而在农村，大量老年人的存在，则必然对农村智力流动和社会发展产生深刻影响。与此同时，在发展目标选择上，大家庭整体发展的重要性呈现下降趋势，追求家庭成员个人或小家庭自我发展的欲望大大超过对原有家庭的依附，传统社会中的家庭主义遭受个人主义的强烈冲击。这种格局，有力地卸除了原有家庭对青年人社会流动的束缚，这是年轻人能够大规模流动的社会心理动因。此外，农村家庭收入结构也发生了很大变化，很多家庭的非农业收入在家庭收入中的分量越来越重，农业收入（尤其是粮食种植收入）在家庭收入中的比重越来越低。家庭原有产业的不经济导致其所需长期性劳动力呈现急剧减少趋势，这也为青壮年人口寻找有更好经济回报的工作提供了契机甚至压力。

2. 乡村能人的存在激发了人们走出传统的愿望

维持和获得有价值资源是行动的两个主要动机，前者比后者更重要。无论是个体还是群体，首先是努力维持他们拥有的或者能够得到的有价值资源。只有当现有的有价值资源得到保证时，行动者才会有足够的实力去寻找和获得另外的有价值资源。但从总体上说，乡村社会中的大多人是没有关系或者人缘不够的，在中国目前的社会架构中，大多数农村人注定容易成为边缘人，因为农民是各种资本最为缺乏的一个群体。但在农村，因为传统力量在这里生根，无论是为了自保还是抗拒，乡土社会凝结的地缘和亲缘关系乃至业缘关系，会加强他们彼此之间的联系，有可能强化其心理地理连续体关系。即使在社会流动过程中，他们也会努力把这种关系用自己的方式移植过去，形成嵌入性和伴随性社会流动，以此实现自我保护，对抗其他的制度性侵蚀，甚至由此形成一种力量①。

乡村能人对乡村成员的社会保障有利于维护和促进心理地理连续体关系。它主要通过三种方式来实现：一是通过强化家庭成员相互间的权力、责任和义务，维持农村社会秩序的再生产，保障家庭成员基本生产和生活，实现家庭成员之间的相互保障功能，特别是养老保障和健康保障功能；二是在家庭无法履行基本社会保障功能条件下，通过扩大的家庭组织——宗族或者宗教组织，为遇到困难的家庭提供社会性救助；三是在整个乡村共同体遭遇重大灾难无法自救时，乡村精英人物充当村民与国家的中介，成为向国家或地方政府争取获得各种社会性资源的重要角色。

乡土中国中，乡村能人能够产生重要影响的力量来自两个方面：一个是社会政治的需要，一个是资源、机会和利益的影响。乡村能人的出现，实际上意味着农村中的技术组织和专业化组织已经处于从自发向自觉转变的阶段。乡村中的许多行业协会，如木匠协会或泥工大会之类的组织都是在行业佼佼者引领下形成的，尽管它们没有上升到制度化认可程度，还不能像美国的技术推广合作社和美国未来农场主组织那样，不断为农业职业输送新的职业成员，并为自身利益向国家提出磋商的要求，但这种组织孕育着这种胚芽。

尽管农民的公共形象总体上仍然是粗鲁的，但乡村能人在各行各业的大量出现，必然会产生农村新的整合方式。如果国家加以合理引导，有可能全面孕育出专门化或专业性的组织力量。可以肯定，现有乡村能人不但在乡村经济事务中发挥了前所未有的能量，而且也在政治事务和其他社会事务中成为重要他人。如果能够合理利用其社会能量，形成相

① 这种类型的研究已经有人做过。王春光认为，在外地形成村落的这类社会流动，是流动者用于保护自己的一种方式，但它们体现的是社会结构变迁的不协调性和不同步性。

应的农村社会组织，将有利于农村的现代转化。也许，这类组织将会像美国的格兰其、全国农场主组织、农场局和农民联合会等农民组织那样，作为农民压力集团，在有关立法、教育和经济服务方面产生重要作用。

第三节　农村智力流动与乡村政治重塑

政治参与是现代民主政治的核心，能不能通过参与和表达以实现政府的行动和公民的意愿间的平衡，这是农村智力流动得以顺畅推进的重要条件。现在，农村人和农村智力流动者，总体而言还基本上只算是政治的冷漠者和旁观者。但在乡村社会中，政治能人实际上是现有的政治制度框架投射下的产物。因为党政两种政治机构的存在，使乡村政治能人实际上基本出现在党支部和村民委员会两个不同的正式组织中。这些人，虽然人数不多，但由于他们是现有政权格局的基层代言人，他们对一个村庄的政治生活和经济社会领域产生的影响不容忽视。尽管由于经济体制变化，村干部和小组长不可能采取传统的行政命令方式，他们的行政意图往往需要借助制度以外的资源，如亲情、友谊、一定的物质刺激。这是经济能人走向政治能人的经济社会条件。而乡村是一个缺乏明确表达乡村自身政治利益的组织这样一个特殊社会。换句话说，在我国，工人有工会，商人有商会，学生有学联，青年有青联，妇女有妇联，而人口最多的农民没有农会这样的自我组织。因而乡村政治能人往往承载着许多特殊社会内容，乡村政治能人的嬗变具有比较深刻的社会意蕴。

一、政治能人的现状和特点

自1953年通过的《选举法》一直到1980年前后实施的中国农民第一次直选县级人大代表，我国在选举权和被选举权上实际上在较长时间内存在各级人大代表中农民代表的比例与农民人口占绝大多数的现状不相符合的情况。1953年的选举法对农村与城市每一个人大代表所代表的人口数作了不同规定，即自治州、县为4∶1，省、自治区为5∶1，全国为8∶1。1995年《选举法》修改后，农村与城市每个代表所代表的人数改为4∶1。然而，从全国人大代表的实际构成看，真正属于农民身份的人大代表不足5%，而在十届全国政协2238名委员中，真正的农民委员只有1名（现在，如果从纵向的比例上升角度看，改观十分显著，但如果从绝对数量或在代表或委员中的占比看，需要提升的空间依然很大）。

1．乡村政治能人的现状

自从20世纪50年代城乡二元户籍制度建立以来，从中央到地方，各级国家机关录用工作人员，首要条件就是具备城镇户口，这就使广大农民完全排除了担任公职的可能性，国家教育考试几乎成为农民跻身国家公务员的唯一道路。与此同时，新中国改变了我国封建社会自秦始皇以来2000多年“皇权不下县”的传统，第一次把国家政权下沉到乡镇一级，形成了“强国家、弱社会”的政治结构，并挤压了带有乡绅意味的农村自产政治能人发挥能量的制度空间和权力空间。

为了使研究显得更加细致传神，笔者对湖南中部某镇作了比较深入的调查。该镇从2005年开始全面推进撤区并乡和并村工作，原来的区被撤销并重新组建成2个乡和1个镇，新组建的镇则把原有的2个或3个行政村合并成为新的行政村。根据合并重组的行政村人口多少和地理范围大小，设置党支部和村民委员会两套班子一共5—7人。这些人是村民心中的村干部。在村干部中，若按照其权力结构层次划分，则可以分为3个层次，第一个层次是党政的真正核心，他的真正代言人是村支部书记；第二个层次是村长，也有地方称为村委会主任①；第三个层次是其他干部，这一层次中最重要的是会计和妇女主任，因为这两个人掌握了反映该村基本情况的一些真实材料，他们是村里各项活动的知情人。由于拥有特殊知情权，他们获得了比其他一般村干部更大的实际权能。在普遍意义上，一般村干部还是比普通村民在社会影响方面要大得多。而真正称得上政治能人的，一个村也就一两个，甚至一个也没有。真正被群众认可的政治能人，在不同时期，标准则不太一样。

我通过调查和思考发现村庄中的政治能人普遍具有以下几个方面的明显特征：第一，他是村干部中的核心成员。因为在一元化的领导模式

① 为行文方便，本书中多沿用旧称“村长”。——编者注

下，一般村干部能够利用制度产生社会动员的力量十分有限，其实际发挥的能量自然也比较有限。基于这样的制度安排，村干部中的核心或核心成员就拥有了真正的政治权能。第二，他在任职过程中取得过特殊业绩。通过调查发现的乡村政治能人，实际上主要出现在相对富裕的村和比较落后的村。至于出身中等水平的村的政治能人，我们的调查材料没能找到支持证据。

我在调查中发现的几个政治能人都先后担任过村长、村支部书记，都是村的党政一把手。影响最大的现任干部中，如五龙村的张书记、双凫村的欧书记和华明村的黄书记，他们不但是其所在村的风云人物，也是当地政坛上最活跃、最有特点的人物。欧书记所在村是全镇经济实力最强、也是大学生产出最多的村；张所任书记的五龙村则是在 1995 年全县村级单位综合评比名列倒数第一的落后村，黄书记所在的华明村则是该镇两大偏僻村（华明村和月明村）之一。也许正是这样处于两极状态的村更具有发展的紧迫性，更能催生政治能人登台表演。

张书记、欧书记和黄书记有以下几个共同特点：第一，他们在担任书记之前，都是当地致富能手，他们实际上都是由经济能人转变成为政治能人的。第二，他们都出生在有政治渊源的家庭中。比如，欧书记父亲一直在双凫村村委会任职，直到年老退休；张书记父亲担任过五龙村村干部，后来调任到镇农机厂工作。第三，他们都有雷厉风行的办事作风，也敢于负责，善于运用权力的铁手腕。欧书记在乡村道路硬化过程中处理的很多事情，都表现得十分大胆和强硬，在该村群众中具有很高威信，甚至很多群众比较害怕他。张书记办事也十分强势，在该村小学的改造、水利建设等方面都表现出快刀斩乱麻的办事作风。黄书记在该村道路硬化过程中，不但完成了主干道的硬化任务，还带头筹资硬化了每个组的干道。第四，都具有较强筹款能力和其他资源筹集或动员能力。他们都善于利用现行政策，从上级各部门以及当地的企事业单位等部门获得资金或其他资源，促进当地经济社会发展。欧书记在乡村道路硬化过程中筹措了大量资金，提前超额完成了该村全部道路的硬化工作。张书记在乡村道路硬化、标准化池塘水坝建设以及生猪养殖基地落户该村、烤烟种植基地挂牌该村等方面都显示了他的经济协调能力和社会交往能力，这些举措为五龙村的发展获得了许多经济资源，并打下了进一步发展的基础。黄书记为了改变华明村贫困落后、交通不便的状况，多方筹集资金，使该村成为山清水秀、出行方便的村。该村的经济、社会和文化状况也有明显改观。

二、政治能人成长的主客观条件

新乡村政治能人的崛起或者说政治能人生产方式的转向，实际上可以追溯到20世纪80年代家庭联产承包责任制的全面推行。这一典型的农村经济体制变革实际上经历了从包工到组、包产到组、再到包产到户三个连续而递进的阶段。这种经济变革实际上与思想解放有着很强的关联性。当时的旧式政治能人对联产责任制政策的理解和执行存在着一个戏剧性转变过程。1980年10月，有个别村的个别小组，在家乡一些读书人的支持下，加上当时大家对吃不饱饭意见很大，开始尝试小包干(即分组包干)，但很快就出现了实际上的分户包干。当时乡镇干部对这种做法的合法性持怀疑态度，甚至还专门到某些生产队开现场会，要求坚决制止这种行为，但第二年开春，这些干部开始由上级有组织地下放到各个村队进行联产承包责任制的动员。这类事件，实际上反映了旧式乡村政治精英已经走向没落（后来这些老式政治精英纷纷退居二线），也标志着社会呼唤新型政治能人的产生。到底怎样的人才能成为新的政治能人呢？

1. 政治资本是新式政治能人诞生的重要条件

从调查中，我们发现，新旧乡村政治能人并非完全断裂。实际上，家庭社会资本和文化资本（这里的文化资本不单纯指正规教育，在乡村背景下更多地倾向于家庭自身的文化背景和文化传统）仍然发生重要作用。那些出生在当地政治能人家庭的新生代，以及在当地有较大社会影响的家庭子女，由于更适应社会发展的新需要，加上他们个人比较大胆、有魄力，容易成为乡村社会中引人注目的人物。

与此同时，制度化的张力也是这些人走向政治能人的一个必要力量。由于在新的经济形态下，旧式政治能人开始出现前所未有的不适应，故需要在制度上采取必要的新陈代谢。这是老式政治能人走向幕后或者被淘汰的社会原因，也是新式政治能人崛起的制度性基础。

此外，新生政治能人大多出身于有“政治基因”的家庭，其亲密的家庭成员等往往有担任地方政治角色的经历，其本人在年轻时往往比较热衷于政治。

2. 经济资本是新式政治能人获得社会感召力和发挥号召力的必要条件

随着国家的战略重心由政治斗争向经济发展转移，旧式政治能人逐步丧失了原来拥有的那些合理性和合法性。这些旧式政治能人，由于思想偏于保守，大多数不善于在新形势下组织家庭和村队的经济经营活动，已经明显不适应社会发展需要。他们经济能力的羸弱已经使他们的制度权威受到现实威胁，人们甚至开始怀疑他们的个人能力。新生的经济能人由于其自身的经济实力和经营能力而获得人们的敬佩，并逐步扩大了他们的社会影响，提高了他们的知名度甚至美誉度。

事实上，乡村中的60后政治能人基本上都在经济上有一定能力，如果他们的这种能力出现了问题，群众对他们的信任度和满意度也会出现问题。现在，人们对经济发展上的一些擦边球行为甚至轻度违法行为表现出较大容忍度，这种容忍度远远高于对经济发展不利的容忍度。这是乡村社会中经济能人走向政治能人的重要社会心理基础。

3. 丰富的社会资本有利于乡村公众人物走向政治能人行列

农村中崛起的政治能人，大都有比较丰富的社会资本。比如五龙村的张书记和双凫村的欧书记，都出身于地方基层干部家庭，父辈为他们积累了相对丰富的社会资本。与此同时，张是地方经济能人，有7位结拜兄弟，他们在当地的经济领域都有一定影响，并且有很多朋友。欧家则有3兄弟，每个兄弟都有一门特长，加上他们家住在镇上交通十分重要的十字路口，对做生意来说十分有利，他们利用了这些资源，成为了当地比较有影响的富裕户。他们三兄弟尽管书读得不是很多，但个个长得体格健壮，为人也比较仗义。在当地有比较好的人脉。由于在人力资源、财富资源等方面都具有一定优势，进入政治领域也容易产生更大的影响。

在访谈过程中也发现，他们在做生意和做村干部过程中都喜欢结交朋友。在我们的交谈过程中，他们都提到过，“吃朋友饭，穿朋友衣”，这句话进一步印证了他们都乐于和善于经营社会关系，注重积累社会资本。

4. 个人魅力是成为政治能人不可或缺的条件

新生政治能人都具有某些江湖义气色彩的个人魅力或魄力。他们敢于负责。这种品质可能是经济转型时期所需要的。并且，他们在担任干部之前，都在发家致富方面是一把好手，因而在地方上有较大影响。

新一代乡村政治能人与早期乡村政治能人相比，他们大部分是因为在经济上有突出的表现而被选举进入基层政权领域的。与旧式政治能人相比，他们在文化素质和办事的开创能力等方面有明显提高。他们都是在地方上很有影响的人物，他们赢得人们的尊敬一方面来源于他们经营家庭的能力，一方面来自他们在村庄治理（尤其是经济发展）方面给老百姓带来的切切实实的好处。

三、存在的问题

毋庸讳言，至少就我从调查中获得的材料情况来看，目前出现的新生乡村政治能人作为一个整体，在政治、思想、文化素质和自我管理、自我教育、自我服务等能力或素养方面，对当前和长远的农村社会发展需要的满足而言还有一段较长的路要走，他们还只能成为推动乡村社会发展的过渡人物。他们在以下几方面仍然存在着先天、后天甚至先天与后天交织的不足。

1. 乡村政治能人自身素质与农村发展要求存在差距

乡村政治能人在素质方面存在的问题主要表现在三个方面：文化素质、职业素养和依法办事能力。

第一，文化素质偏低。在笔者调查的地域范围内，现有村干部学历最高的是高中，大部分是初中文化（毕业或肄业），甚至还有个别人只有小学文化。这种文化基础，对他们准确或正确理解国家政策必然带来一定困难。有人指出，大量培养和输入较高文化程度的村干部，力争经过若干年努力争取做到每个村有 3 个以上大专文化程度村干部①。笔者认为，这是一个值得好好考虑的政策性建议。

① 胡顺延，王先洪．古泽云梦的城边村［M］．北京：社会科学文献出版社，2007：9.

第二，职业素养不够。首先，村干部的职业意识相对淡薄。尽管在现行制度上已经确立了村干部养老退休等制度，但村干部普遍没有把村干部岗位作为一种职业来经营，这种认识不利于他们投身乡村治理和充分发挥才华。其次，有必要加强对村干部的在职培训、教育和管理，使多数人真正成为遵守法律和政策，办事公道，廉洁奉公，热心服务的好干部。

第三，依法办事能力较弱。乡村政治能人办事能力显得很强，但依法办事能力较弱。首先，从访谈中，这些政治能人自己觉得现行法律对他们办好事情不利，村民总是利用某些法律来对抗，增加了他们工作的难度等等。这实际上就暗示着他们处理村级事务，很多都不是依法办事的。从我调查中获得的事例也可以发现，他们的某些行为确实带有土匪行径的痕迹①，如张书记抬水泵（强行闯入私宅把水泵抬到抗旱地）的事件，欧书记在道路硬化过程中强行划出硬化边界的事件（毁坏一些家庭门前的花坛来修路，且既无赔偿，也无解释），都具有恶霸行径意味，让老百姓敢怒而不敢言。这还容易导致以暴易暴等不良风气蔓延。其次，他们普遍怀念以前的行政化办事手段，认为这种方式办事效率高，管理方便。而这种认识的直接后果之一就是农民对村民自治的积极性不高。其实，村民自治积极性不高除了村民自身文化素质、政治觉悟、传统习惯、落后意识等确实仍然存在的较大局限性外，村级事务透明度不高，村干部作风过于强硬，村民选举权与村民个人利益的关联很弱等等，都是重要原因。

2. 乡村政治能人对社会的理解存在某些偏差

毋庸讳言，乡村政治能人毕竟脱胎于乡土社会，他们身上确实还存在一些小农意识。在认识层面上，用他们自己的话说，只要水进了田，怎么干都是可以的（这话的意思就是说，获得经济利益是最高目的，手段的选择是次要的）。在实施层面上，由于国家扶贫政策和新农村建设的相关政策在操作层面上还存在不够细化等不足，这给一些介于合法和违法之间的擦边球行为提供了可能空间。我在调查中发现，几乎每个村

① 彭拥军．走出边缘：农村社会流动的教育张力［M］．武汉：华中科技大学出版社，2011.

都制定了土政策，给那些给能够到上面（指各级政府）弄到钱的人提成（有的高达50%），这势必滋生为了得到政府拨款而出现送礼甚至行贿等不良行为。如果这种行为广泛存在将既影响社会的良性运行，又白白浪费公共财富，甚至使大量公共财产落入私人腰包。

我在访谈中也发现，乡下很多有头脑的人都已经发现了这类问题，但这种做法甚至成为驱动部分经济能人向政治能人转化的一个现实动因。这种情况的出现，在一定阶段有其合理性，但长期如此，必然会使好的公共政策走向与政策设计初衷相反的方向，导致我们不想要的政策后果。这种消极后果主要会体现在以下三个方面：一是影响公共资源的使用和配置效率，二是影响政府的社会形象，三是影响社会风气的良性发展。

3．乡村干部保障力度不够影响乡村政治能人对公共事务的投入

从经济上看，除了那些自身很有经济头脑的政治能人外，在村干部现有报酬体制（他们每年可获得的正当收入只有不到10000元，这与到各类工厂兼职打工人员的正常收入相比，毫无优势可言）下，一般村干部不太可能尽心尽力地经营村干部这个职位，更不可能把它作为自己一生的职业来追求。从工作性质看，村干部的工作实际上受到很多“干扰”，如形式主义的东西仍然比较多，各种条块之间命令的不一致也使他们容易成为条块之间矛盾的纽结。从发展的出路看，村干部的政治、经济待遇不高，养老保障不力。尽管已经退休的老干部可以享受一定养老金，这种养老金还带有一定的荣誉性。这种制度使已经退休的村干部有较高的满意度，但年轻人对这种制度安排不很满意。由于村干部正常待遇太低，他们为了获得自认为合理的回报，一种方法就是想方设法获得各种经济利益，比如在各种提留中做手脚，甚至在直补金等涉农补贴上做手脚，或者在农村五保户口粮、水费收取等方面搭车收费或截留。一种方法就是遇事推诿，这必然影响村镇事务的顺利推进。

对于经济能人出身的政治能人，情况要比上文提及的情况更为复杂。他们本身具有很强的经营能力，成为政治能人之后，往往既促进了所在村的经济发展，也促进了自己家庭财富的增长。但他们容易陷入新的困境中，就是人们尽管容忍甚至钦佩他们的经济运筹能力，但也普遍怀疑

他们运用政治能量获得自身的经济利益。这对政治能人的长久发展极为不利。

第四节　农村智力流动与乡村经济再造

农村经济的崛起过程中出现了许多经济能人，经济能人可以视为反映经济发展的一种晴雨表。所谓经济能人是指在某地区的经济领域对家庭经济或集体经济发展起到一定影响并富裕起来的个体或个体群，具体而言，使该地区经济面貌发生重要变化的私营企业家或者集体企业创办者、管理者一般可以视为经济能人。出身乡土社会的经济能人的大量出现，既反映了传统生产方式向现代经济的转变，又预示着重塑传统小农经济的力量正在创生，并可能隐含着农村经济、社会、政治、文化等方面的深刻变化。农村经济能人对推进当地经济发展起着十分重要的作用。

一、经济能人的现状和特点

本人调查发现的乡村经济能人，其分布相当广泛，但能够成为当地几乎家喻户晓的经济名人的经济能人基本集中在物质生产和商业经营领域。从事管理或者通过在外打工（所谓打工皇帝）等其他方式而成为经济能人的虽然也有，但成为当地经济名人的没有发现，这就意味着，在我调查的范围内，他们还没有达到完全的智力流动水平。但几乎没有例外，这些能人都希望下一代能够接受高等教育，而事实上，他们后代中接受高等教育（大多数家庭都有新生代的高等教育接受者）的比重，比其他仍然生活在乡村的人群（这一人群不包括老一中和早期的高等教育接受者的后代）要高得多。

1. 经济能人集中的领域

因为该镇的私营企业和其他个体经济比较多，这是产生经济能人的客观基础。与发达省市乡镇企业异军突起的情况很不相同的是，这里的乡镇企业发展路不平坦，到现在乡镇主办的企业基本上不复存在。该镇乡镇企业的创办对当地经济社会发展产生的最大贡献应该是孵化出了众多私营企业。比如，该镇大大小小的私营鞋厂和纸厂的创办者，几乎没有例外，都曾经是该镇镇办企业的员工。当镇办企业的经营难以为继时，他们纷纷回家创业，终于形成了私营企业百花竞放的局面。就私营企业的类型而言，主要是加工制造业，其中以皮鞋厂、造纸厂、塑料制品厂、涵管生产厂、饲料厂、饮料厂、板箱厂、鞭炮厂比较有影响，当地经济能人和经济名人主要产生于这些行业。而与农业生产存在较高关联度的是各种专养户或专业户，其中以养猪专养户最为普遍，另外也有养鸡、养鸭、养羊、养兔、养野鸡和饲养其他野生动物的。此外，专门从事农业生产的种田大户和采收大户也开始出现，投身这一领域的人也不少，但在各行各业横向比较中仍然显得突出的领军人物则尚未产生。从事服务业的主要有创办运输队、建筑队、或从事废旧物品收购以及食品、建材、服装批发等等。服务行业也是经济能人和经济名人出产较多的行业。

2. 经济能人产出的类型特点

综观调查区域产生的经济能人，由于出身乡土社会，没有多少可供利用的丰厚社会资本，他们大都是白手起家。他们尽管早年的经历不一，然而在经过时代磨炼后，都通过摸索找到了自己的成功道。

第一类是借助家庭手艺或家传秘方致富的经济能人。具体而言，这种走向致富路的人主要集中在以下几个行当：第一，医药行业。比如该镇新华村的邹家，世代行医，家有祖传的治疗烧伤的秘方。在计划经济年代，邹家的父辈在乡镇卫生院工作。改革开放后，经济形势发生了重要变化。国家对个体和私营经济实施“扶上马，送一程”的发展战略。在这种政策的支持下，邹先生开始在家乡筹办民营诊所，并在横穿该镇的省级公路旁修建了家医两便的宽大住宅，并开始试行营业。经过一段时间的试行，发现效益很好，于是邹办理了提前退休手续，全身心在家行医。几年后，他家成了当地有名的富裕户。本地从事药材批发的成功商人基本上都与邹家的发展类似。从事药品批零的商人，基本上是祖辈开药铺或行医，或者从国药店退休或辞职的。因为医药行业有一定的技术含量，所以外行进入有难度。第二，生产性行业，尤其是某一产业在某地自然集中的行业，基本上都是代代相传的。比如该镇的烟花鞭炮生产主要集中在双河村一带，这里一直有家庭作坊式生产鞭炮的传统。当然，现代生产技术和设备都有了长足进步，加上资本的介入，具有一定规模的大型烟花鞭炮厂开始出现，一批在该镇有影响的烟花鞭炮生产商应运而生。

第二类是凭借早年积累的经验致富的经济能人。在我调查的范围内，最典型的是天天乐超市的老板。他在成功之前在很多行当做过较长时间的尝试。从青少年时期贩卖水果，到成年后从事木匠，再到在镇上租房从事南货批发，到现在成为该镇最大的超市老板，他走向成功的每一步都与农村生活息息相关。在该镇从事建筑装修材料批零、水暖批零的商人，主要由两类人组成，一类是祖辈从事过相关行当，这种人占一定比例；另一类是经营者本人曾经是泥水匠或者木匠，现在改行做与泥木工行业相关的装修建材方面的生意，他们的生意与原来的手艺行关联度比较高。比如从事家具制作或批零的商人，基本上是木工出身。

第三类是从盲目摸索到独立创立的成功致富者。在乡下起步的经济能人，在摸索阶段往往走过与乡邻类似的道路，比如有很多人做过塑料废品的加工或者收购废品等行当。这些行当的兴衰与经济发展所处的特定阶段直接相关。比如宁乡猪在 1985 年的广交会一举成名后，围绕生猪产业形成了一条相关的产业链，比如从事生猪贩运的人多起来了，散养户和专养户都在快速发展，并逐步形成了现在的专养户集中养殖的新模式。现在有规模的专养户，基本实现了从仔猪到成猪一条龙的养殖，并且实现了饲料购置和加工的一条龙运作，这样既提高了养殖规模并降低养殖成本，又提高了经济效益。

第四类是乡镇企业孵化出的成功民企创办者。该镇民营鞋厂和纸厂创办者，基本上是镇办造纸厂、制鞋厂的前几批技术人员和工人。这些民营厂的创办，带动了相关产业的发展，比如纸厂和鞋厂的兴起促发了纸箱厂的兴办，进而使纸厂的产品种类增加（比如开始专门生产用来做纸箱的黄板纸），而纸箱厂规模化后，又把服务逐步拓展到为当地烟草、烟花鞭炮等需要进行包装的行当提供各种形式的包装箱。

第五类是经济发展催生的经济能人。镇上的工人多了，购买的需求总量增大、需求品种大大增加，镇上的需求市场迅速扩大，使之快速壮大为附近几个乡的生活物资集散地。比如，这里供应的水果品种最多，价格最便宜，销量最大。其余的日常生活消费品，比如凉拌菜，冰鲜食品，副食品加工等等，都是这里最有名。此外，各种产业的发展也催生了专门从事盒饭加工的饭店等新业态。

二、经济能人产生的条件

乡村经济能人是市场经济的产物或副产品，也是市场经济中的幸存者或幸运者，乡村经济能人的产生与国家宏观政策变动分不开。但在同样的制度背景下，一部分人能够脱颖而出，肯定与他们自身特殊能力和对机会把握的水平等因素密切相关。

1. 经济能人产生的主观条件

一个人能否成为当地经济能人，需要一定的主观条件。我们这里的主观条件指个人的一些基本品质以及家庭能够提供的一些基本资源。

出身乡土社会的经济能人是农村中有声望的人。由于农村是一个资源相对缺乏的地方，这些经济能人基本上靠自己白手起家，能够从大众中崛起，确实离不开他们自身的一些特殊品质。在教育程度上，他们尽管普遍没有受过较多教育，但大都接受过不低于当地平均水平的教育。在个人的生存能力方面，因为没有多少现成资源可供直接利用，他们都必须具备很强的吃苦耐劳的精神；在机会把握方面，他们都是通过自己打拼而走向成功的，都有很强的把握机会的能力。

而家庭资源方面（这里不是指父母的勤劳朴实和言传身教等，尽管这些因素对一个人的成长具有十分重要的作用），我们主要侧重于考察对子女成长和成功具有直接关联的家庭资源。比如医生家庭的子女，更容易进入医药行业并取得经济上的成功。而父母具有某种特殊的手艺，比如张志明家的白铁制作，不但使他掌握了一门手艺，而且使他较早地熟悉了生意这个行当。

从调查获得的材料中，我没有找到明显证据来表明教育是经济能人产生的直接动因。这一发现与我开展调查研究事先所做的研究假设有较大的不一致性。但通过定量分析①，我发现教育也是一个必要条件，也就是说，教育程度太低对经济能人的成长肯定不利，但较高教育水准似乎对经济能人成长的作用也不明显。笔者认为，对农村大多数行业来

① 彭拥军. 走出边缘——农村社会流动的教育张力［M］. 武汉：华中科技大学出版社，2011.

说，它们还只是低端行业，对文化教育的需要还不高。

2．经济能人产生的客观条件

第一，市场经济的逐步引入给经济能人发挥才华提供了一个社会大环境。在计划经济条件下，如果农民都在原有生产队体制下集体劳动，经济能人就没有发挥才能的空间和舞台。事实上，在生产队管理模式下，有经济头脑的人常常被视为不爱劳动的人而遭受批评。市场经济的自由竞争给经济能人发挥才能提供了动力和舞台。第二，农村土地制度改革，使农民能够自由安排自己的生产和劳动，不但提高了劳动效率，提高了粮食产量，而且制造了大量自由而富余的劳动力。第三，社会发展和社会经济结构优化产生了大量新的社会职位，这些职位的空缺给予了他们填补的可能。

三、经济能人的愿望

从调查获得的信息看，经济能人对现行政策的满意度比较高，对自己将来的发展也比较有信心。但他们对未来的发展也有几点共同的愿望。

第一，希望现行政策不变，希望政策越来越好。经济能人都是在政策引导下成长和走向成功的。他们对现行政策的满意度高，但担心政策变动而使他们成为整顿对象。另外，基层对国家政策执行常常出现一定程度的走样，他们希望国家政策能够越来越好，并且能够贯彻到底。

第二，希望对农副业保护措施能够更加到位。这主要是从事自然条件影响较大的农业行业界经济能人最迫切希望解决的问题。比如，他们认为对农业直补金的发放，应该进行合理分类，至少有一类是对承包户的补助，另一类是对实际种田户的补助。而生猪养殖方面的经济能人希望在专养户的空间分布，在禽畜疾病防疫等方面能够引入政府干预机制，并创设政府和养殖户合理分担的保险制度等等。这些意见和建议有一定启示、借鉴甚至前瞻意义。

第三，希望进一步规范管理。经济能人普遍对中央政策满意度高，但对基层执行政策的实际水平和效果意见较大。甚至有人形象地说，中央的好政策都是对电视机说的，到下面就走样了。可喜的是，国家政策的透明度越来越高，人们也越来越能够利用这些好政策保护自己的正当合法利益，但真正贯彻实施到位还相当困难。比如很多人认为告状是民与官斗，告状的人基本上没好下场。

四、经济能人产生过程中存在的问题

农村社会中自发成长的经济能人，目前很难说已经成为了中产阶级的一部分。他们从总体上看，还有某些“土鳖气”，他们难以充当地方的经济领袖，也没有多少共同的价值观念或者行为共性，对地方社会事务的影响力也比较有限。具体而言，表现在以下几方面。

第一，对社会事务参与不够。经济能人应该是乡村社会的中坚。经济能人在个人事务上普遍表现出较强的能力，但对公共事务则参与不够，甚至存在逃避现象。

第二，致富过程中存在偷税漏税等问题。经济能人尽管都经历了从白手起家到比较富裕的奋斗历程，但对国家财税贡献上有名的经济能人比较少。尽管造成这种状况的原因很多，但有部分经济名人致富的速度确实比较快，他们在社会上的低调既受“人怕出名猪怕壮”的处世格言的影响，也存在着他们致富过程中有些不便言说的东西。

第三，慈善精神不够。我所调查的对象中，尽管具有慈善心的人确实很多，但因义举而出名的比较少。逐步发展的社会，财富应该走向何处，确实是一个值得好好思考的问题。正如资中筠在《20世纪的美国》一书中所说的，今天回头来看美国走过的百年中，充满了经济危机、社会危机、种族冲突，还有对外的热战和冷战。但是它避免了暴力革命、军事政变和其他方式的无序的政权更替，在思想信仰上也没有经历过“和传统决裂”的过程，基本上在原有的思想和政体的框架内不断更新、变化，较之于任何一个主要国家都稳定。正是在这种稳定的局势中发展成全方位的超级大国，一个世纪独领风骚，其秘诀在于渐进主义的改良①。

第五节　农村智力流动与乡村文化调适

恢复高考后的相当一段时间，大学生被誉为天之骄子。农村出身的大学生被视为农村的骄傲，是父老乡亲用来教育孩子们发奋努力的现实

① 资中筠. 20世纪的美国 [M]. 北京：生活·读书·新知三联书店，2007：11.

题材或具有可接近性的互动性重要他人①。高等教育大众化后，人们接受高等教育的机会大大增加，但个人要付出的经济成本也大大增加。个人教育成本的筹措与支付成为影响教育机会实质性获得的重要因素，尽管从理论上说，父母和亲戚的赠予、社会和政府的赞助，甚至金融机构借贷都是个人教育支出的重要来源。但教育资本市场的不完全和社会资助渠道的不畅通，使我国的受教育者对教育投资有主要依赖父母财富的偏好，由此培植了高等教育不平等的经济社会土壤。此外，大学生数量的急剧增加很快使大学生就业市场由卖方市场逆转为买方市场，大学生形象也随之由昔日的“天之骄子”整饰②为有些弱势意味的群体形象甚至部分人真正滑落到弱势群体中，他们的社会声望和职业机会都面临着新挑战。这些问题如果得不到解决，不仅影响高等教育与社会发展间正常互动关系的维持，而且影响人们的价值选择。在农村社会，仅仅因为是大学生已经不再是人们仿效的充足理由，在偏远农村甚至引发了新一轮读书无用论（值得庆幸的是，在我调查的区域，还有相当多的人对接受高等教育满怀期待）。

一、大学生社会境遇变化影响人们对文化教育的期待

在通常意义上讲，在学校受教育会使个体受益，也就是说，具有更高教育水平的人容易得到更高地位的工作，因而也可以获得更好的经济回报。国外的相关研究表明：上大学的年数比上中学的年数更有价值，尤其如果一个人待在大学的时间长到足以使他得到一个学位的话，四年制大学毕业生的收入要比高中毕业生高出将近50%③。

---

① 互动性重要他人是在日常交往过程中认同的重要他人。父母，老师或同辈群体中的知心朋友是常见的互动性重要他人。

② 印象整饰（impression management），也叫自我呈现（self presentation），是指一个人通过一定的方式影响别人形成对自己的印象的过程。它为人们提供了社会表现的礼仪样式和规则，恰当的印象整饰是人际交往的辅助手段，是个人适应性的量尺。

③ 吉尔伯特，卡尔．美国阶级结构［M］．北京：中国社会科学出版社，1992：218.

1. 大学生天之骄子的形象鼓励了农村人学习文化的热情

高考恢复后的相当一段时间，农村人读书获得直接的收益就是改变自己的身份和地位，乃至改变自己的职业和下一代生存和发展的机会①。正是在这样社会背景下，如果读书不成功，对一个农村出身的人来说，在相当长一段时间内，教育经历是没有积极意义的，甚至可能只有消极影响。尽管处于当时那种生存状态的人，这种认识很不明确甚至相当模糊，但随着农村受教育的人数大增，这种意识逐步在很多家庭、在很多个体身上出现并且生根。客观说，这一时期，在某种意义上，大多数工作的报酬只能鼓励最低限度的、敷衍了事的努力。社会生产效率总体上比较低，排队购买供给不足的商品甚至劣质品是生活的一种常态。

高考恢复后的一段时期，由于脑体差别真正得到了最大限度的消灭，工程师和高级技工的工资仅比非技术工人高出5%②。正因为如此，城市里大量有才能的年轻人觉得不值得为继续读书而付出努力。当然，城里人这种消极行为的积极后果是农村人口获得了更多接受大中专教育的机会，大量研究材料证实了这一点。1992年，硕士生、博士生出身农村家庭的占49.4%，出身工人家庭的占12%，出身干部与知识分子家庭的占36.6%。并且随着学历层次的提高，出生在工人和农村家庭的比率越大，博士生出身农村家庭的占60%，出身工人家庭的占14%，而出身干部和知识分子家庭的只占20%③。

无论是脑体倒挂还是读书回报低，人们一旦形成了这种认识，这种认识就会像幽灵一样悄然改变人们对读书意义和价值的确认，甚至在现实社会中引发读书无用论的不同变种。但在高考制度恢复后的最初10年，人们的这种认识会被一部分人的成功所掩盖。毕竟，在乡村缺乏制度化社会流动机制的有力支持时，高考确实是一条虽然充满荆棘但同

---

① 最典型的要算湖南常德的曹湘凡，曹从1987年到2006年断断续续参加高考12年。他认为参加高考是一个痛苦的过程，同时也是一个化蛹为蝶的过程，也是一个化腐朽为神奇的过程。参见“一个农民的高考人生”。

② 格伦斯基. 社会分层［M］. 北京：华夏出版社，2006：59.

③ 以上数据参见李强的《当代社会分层和流动》以及赵德昌的《知识分子问题研究》。

样充满诱惑的“康庄”大道。高考成功者，在这种社会期待中，自然成为了大家梦想实现的替身，他们用自己的人生经历创造着乡村社会所需要的现实传奇。

他们作为乡村中文化能人的现实样本，为出身在乡间的地位低微者，成功开辟了一条看似光明的通天大道。他们给乡村人树立了现实榜样，并给人们一种信念：只要努力，就有可能获得成功。智慧和努力是走向上流社会的敲门砖。正是基于这种社会现实，那些早期圆梦者的故事，在这样一个相互熟悉的乡村社会中，每当高考前后的几个月，都会被人们当作传奇一样的到处讲述。人们在讲述中表达和分享着快乐，仿佛这些成功、这些快乐就是他们自己的。

2. 高等教育大众化使农村人接受教育成为需要审慎思考的问题

当上大学和从大学毕业的青年在数量上有了巨大增长时，某些更大范围的社会后果必然伴随而来。这些社会后果有的可能是教育政策制定者预料之中但不是每个学生个体能预见的。某些大范围、长时段的社会后果容易损害位于社会底层的人们达到他们目标的欲望并阻碍他们获得相应能力的种种努力。如人们看到的，随着大学毕业的青年人越来越多，大学学位的社会价值、经济价值可能降低：取得大学学位不再像早先那样具有很高声誉，也不再确保能够获得有声誉的、好的收入和稳定上升的职业。正如有学者所指出的那样，成千上万的人决定通过上大学改进他们的生活境遇，实际上得到恰恰相反的后果，即作为通向上等生活的途径被破坏了①。

在这种背景下，家长既可能为了减少孩子失败的风险而支付教育费用，也可能为了孩子进入合适的劳动力市场而进行教育选择，公共选择、教育和市场之间存在着更为复杂的关系。“在就业现象的背后，起作用的正是一代人向另一代人传递社会身份的现象”②。而柯林斯在《文凭社会》（The Credential Society）一书里引用韦伯的观点对当代社会教

① 约翰逊. 社会学理论［M］. 南开大学社会学系，译. 北京：国际文化出版社，1988：555-558.

② 杜里-柏拉. 学校社会学［M］. 上海：华东师范大学出版社，2001：51.

育制度进行分析，认为教育的资格正被用来“限制角逐社会和经济有利地位的候选人的一种稀缺资源”，并且将这些有利的社会地位卖给“教育证书的持有者”①。

从理论上说，当一个社会提供的教育扩大、精英选拔占据支配性地位时，个体出身和他们最终职业间的关系会稳步地趋向减弱，社会容易呈现出更多开放性。并且精英会演化成为一种利益群体，在社会事务中将成为更加重要的力量，高等教育（或教育年限的增长）与经济社会回报之间的正相关情况就会更加明朗。

然而事实上，至少在目前，越年轻的人，教育越有可能给他们带来向上流动的机会。这在非教育直接引发社会流动的人群中已经得到了某些证实。农村中的那些年老而没有目前所需要的教育水平或某项专门技能的人，都难以成为经济能人，教育的缺失影响了他们的成功。但笔者从调查中获得的证据尚不能推广到高等教育层次，也许这是因为我们社会的发展尚未达到西方学者得出上面的研究结论所需要的发展程度。在我的调查范围内，高等教育接受者无一例外地实现了社会流动，这是一个千真万确的事实。尽管他们流动后的生活状态也许并非都那么尽如人意（但笔者调查乡镇出身的、大众化实施前的高等教育接受者，则鲜有反例），但还是远远高于农村中未能实现社会流动的人群的平均水平。这可以从流动自由度、经济水平、生活方式乃至交往圈子等方面呈现出的优越性来得到验证。

与此同时，大学生在实际就业过程中，既要受到文化资本、社会资本、经济资本和权力资本等的复合影响，又要受到经济社会发展波动性和公共政策变化等因素的影响，这些因素共同造成来自不同家庭背景、不同专业、不同学校、不同学历层次的大学生在实际就业过程中的机遇和状况千差万别。

具体而言，从经济学角度看，大学生就业问题是供求关系变化的结果。首先，高等教育抑制效应产生选择性失业。随着高等教育不断扩

① 杭特．教育社会学理论［M］．李锦旭，译．台北：桂冠图书公司，1993：417-420.

展，高等教育接受者与未接受者间的收入差距会缩小（通俗说，就是大学生收入民工化）。它主要是通过两条途径实现：第一条途径是竞争效应。不同教育层次劳动者的相对工资收入是由劳动力市场的竞争状况决定的。因高等教育接受者在其择业的劳动力市场竞争不断加剧，他们的相对工资收入就会下降，他们与较少教育的劳动者的收入差距会缩小。另一条途径就是渗漏效应，即有部分受过高等教育的人被渗漏下来干那些无须接受高等教育就能胜任的工作①。造成这种局面的原因有两个：一是由于非竞争集团的存在抑制了劳动力市场的充分竞争；二是好职业的相对稀缺性造成了高级岗位根本无法完全吸纳越来越多的高等教育接受者，那些没有被吸纳的高等教育接受者只能被渗漏下来。其次，高等教育扩张与经济社会发展不够协调，造成社会对大学生的吸纳力增速低于大学生的增长速度，导致人才培养与社会吸纳间的不匹配现象加剧，造成大学生供应相对过剩。

二、影响乡村文化重塑的两种力量

在我所调查的区域，没有发现在乡村本土成就文化能人角色的例证，这让我感到困惑甚至失望，因为该调查区域是盛产读书人的地方。经过进一步的观察和分析后发现，文化传递的影响还是很深厚的。该地的文化传承主要通过两种方式实现。

1. 成功实现智力流动的大中专生是乡村文化的影子能人

通过接受教育的大中专生（这是一种便利而不严谨的说法，这里的大中专生实际上包括统分统配时期的中专生以及各个阶段的大学生、研究生）作为乡土社会中制度化流动的流出者，他们在生活地域和交往空间上都与原来的乡土社会产生了一定隔膜，但他们的成功故事仍然是乡土社会中的传奇，他们的故事代代相传，鼓励出身农村的孩子们发奋读书。该镇第一批大学生的故事曾经成为每年 7 月份大家都要拿出来重温的当然材料，笔者也是在他们的榜样作用下长大的，也曾扮演过类似的角色。

尽管乡土社会中的教育成功者，在读书人矮小化的今天，其影响在

① 彭拥军．多学科视角下的大学生就业问题［J］．江苏高教，2009（5）：95-98.

一定程度上似乎有所弱化。但中国传承几千年的重教心理，仍然在不断修复和抚平这些负面影响，读书仍然是乡土社会认可的走向成功的重要路途。尽管在经济至上的思潮影响下，人们的看法有些波动，但读书人作为一个整体，仍然拥有很高声望和地位。

2．期待崛起的文化能人

在我所调查的区域，文化能人没有能够成长的原因有以下几方面：第一，制度化的文化能人已经在生活空间和作用空间都已经远离了乡土，他们在某种意义上断裂了与乡土社会的根，他们只能成为乡土文化中的影子能人。第二，在经济发展的特定时期，生存性需求优先于发展性需求，经济能人在一定程度上掩盖、制约甚至干扰了本土化文化能人的生产。第三，我调查研究的范围相对狭小，调查结果只能说明所在调查区域内，本土化文化能人确实还没有得到人们公认，但并不意味着更大范围内，也没有乡土文化能人。第四，由于该镇人口出生率低，经济又相对发达，他们对教育的选择能力较强，加上现在交通发达，没有处于先发位置的民办教育事业被其他处于先发位置的教育事业挤压和取代，这也是本土化的文化能人难以诞生的重要原因。但如何使经济发展与文化成长相协调，确实需要有文化能人来引领。

第四章　变迁：高等教育与农村发展互动的结构嬗变

1977年恢复高考后的一段时间，高等教育（当时的大中专教育）已经成功地促进了部分农村出身的年轻人得以制度性地进入社会中上层，并对其他农村人口的教育行为产生导向作用。改革开放后，大批农民进城工作或生活与中国僵硬的城乡二元结构逐步出现结构性松动趋势，二者成为改革过程中一体两面的事实。农民实际职业形态的非农化是农村社会流动带来的可观可感的社会事实。制度化教育引发的农村智力流动和受体制性变动牵引而形成的农民工进城务工，两者都具有农村智力向城市和非农行业流动的性质。如何从社会学视野看待高等教育在农村社会流动中的智力含义，这是本研究关注的中心问题①。

可以肯定，大规模农村社会流动是时代巨变的产物和反映。一个时代的巨变是一个时代在社会结构、组织制度、生活方式、知识安排乃至价值取向等方面所发生的重大变化。在这样的一个时代里，社会领域中的各种张力往往会以诸多样式反映和显露出来，而且会直接深入整个社会的基础结构，进而由规范意义上的合法化危机引发全面的社会危机。农村智力流动实际上受到四个方面因素的影响：一是宏观环境和外部压力。二是政府推动，政府在外在宏观环境和外部压力不断变大的情况下会推动组织和制度的变革和创新。三是组织自身结构变化的要求。农村生产率的提高解放

---

① 帕森斯在其《社会行为的结构》中也指出，社会学既是理解性的，又是解释性的。说它是理解性的，那是因为它指出个人或集体的行为所暗含的逻辑性或合理性；说它是解释性的，那是因为它确定行动的规律性并把部分行为纳入使其具有一定的意义整体之中。

了大量劳动力，形成了强大的劳动力蓄水池。四是社会整合方式的变化。社会由机械团结向有机团结的转向在农村中逐步展现出来。

第一节　结构变迁影响高等教育与农村发展互动的达成

在城乡结构性变迁过程中，绝不是执政者、专家学者和普通老百姓对农村轻视或漠视进而阻碍了农村发展，而是在上上下下高度一致的重视这种共识中，农村发展事实上仍然被置于名不副实的尴尬境地，由此致使城乡不平等等积弊难以及时有效解除，进而引发一系列社会问题。事实上，当前城市贫民与乡村贫民的生存境况得不到更好地解决与他们受教育程度较低存在内在关联。此外，在农村人口通过各种形式的社会流动走出农业和农村的同时，如何让他们避免沦为城市贫民，也是一个十分值得重视的问题。与此同时，实现水平或垂直流动的农民，大多数是受教育程度相对较高和有技术的年轻人，而留在农村中不再准备流动的往往是缺乏流动能力的人，这必然给农村自身发展带来新问题。毋庸讳言，农业技术改造缓慢，农村经济活力不够以及农村孤寡老人增长等等，都与此相关。这种局面的存在既影响农村自身的稳定和发展，也给社会整体发展带埋下隐患。

一、农村智力流动需要的人口条件

目前，影响智力流动的力量或者机制实际上包括政治筛选、财富竞争和文凭筛选等，而权力支撑的再分配体系和市场力量维持的自由竞争是实现资源配置的重要手段。这些筛选力量既有开放的一面，也有形成新封闭的另一面；既有积极影响，也可能产生消极后果。事实上，工业化会强化城市的价值与习俗、制造出城市英雄，同时也可能弱化农村中的这些成分。这两种看似向度相反的社会后果其实完全是现代化过程中必然出现的一种过程甚至结果。笔者认为，农村人口下降和优化是在经济起飞过程中的伴随性现象和必然过程。

1. 农村人口优化是实现农村智力流动良性运行的重要条件

从发展的国际视野看，日本经济起飞时期（1950 年—1980 年）的农业人口下降了 65%，而美国在经济起飞时期农业人口下降了 72%。而在中国大陆由于种种限制移民的政策和制度（如户籍制度等），1985 年至1990年只有1.5%的农村人口转移出去①。从发达国家的经验来看，农村人口流动的历史其实也是一部人口优化的历史。有些国家（如美国），除了农村人口向上社会流动和适应性提高外，还采取了广泛吸纳世界科技移民等方式来实现人口优化。

我国农村智力流动的历史也必然是一部优化人口的历史。事实上，工业化和城市化不仅意味着大量农村劳动力涌入城市，也意味着农业和农民自身的转变。在当今的美国，农民不但使用着自动化程度很高的工具来耕种土地，并且在互联网上分享农副产品价格和供求情况等方面的信息。大规模农业生产以及政府对农业的补贴保证了农民在工业化或后工业化时代仍然能够通过农业经营获得一份与从事其他产业的人们大体相当的收入。可以肯定，从事农业的人越来越少这种已经在发达国家广泛存在的事实，必将成为我国的未来图景。农业的规模经营和集约化生产、把集约化的农业生产和整个工业经济融为一体将是现代农业的新图景。

就乡村人口优化而言，它实际上包括农业人口优化和农业人口非农化两个方面。农业人口优化就是能够适应和促进现代农业发展的人口合理增长，进而推动传统农业向现代农业转变；农村人口非农化一方面体现为农村出现大量的非农产业，非农产业成为吸引和吸附农村劳动力的重要力量，并提升农村人口的现代性②，另一方面就是农村人口向城镇的永久性流动（流出）。

2. 教育权的实现水平影响农村智力流动的可持续性

1977年高考的恢复实际上是一项制度性安排，它给农村人口跨越人为的城乡二元壁垒拓通了制度化路径。恢复高考后，高考分数成为进入高等学校的首要标准。高等教育机会竞争的公平和平等，无论从制度意义还是操作意义上，都体现了能力主义取向。“学好数理化，走遍天下都不怕”成为当时响彻大江南北、最能鼓舞人心的口号。受资源的国家

---

① 孙立平. 断裂——20世纪90年代以来的中国社会［M］. 北京：社会科学文献出版社，2003：4.

② 英克尔斯认为，学校、城市生活、同大众传媒的接触和在工厂工作等可以提高人的现代性，而教育是个人现代型的一个有力预报器。英克尔斯. 从传统人到现代人——六个发展中国家的个人变化［M］. 北京：中国人民大学出版社，1992：7.

垄断和城市人口被国家包起来了的福利制度等制度安排影响，城市人口的高等教育需求并没有农村人口那么强烈，城市工人（当时的工人被称为工人老大哥，在政治和经济上都具有较高地位）同样表现出对高等教育需求动力的不足，而权力和财富在竞争高等教育机会上发挥的作用也相对微弱（至少没有引起人们的普遍关注和不满），高等教育实际上充当着选拔和培养行政官员和技术人员的制度化手段（当然，这种作用在当时并没有马上显现出来，在后来的尊重知识尊重人才和“干部四化”[①]的口号下以及中组部干部培训的相关政策出台后就产生了深刻影响）。但不管怎样，高等教育的精英化取向和户籍等制度所造成的城乡工作机会的显著差异使高等教育对农村人口具有强大吸引力，跳出农门是农村人口接受高等教育最强烈的现实愿望。尤为可喜的是，恢复高考与社会相应的政治经济制度改革几乎同步进行。市场因素的作用也在一步步加大，出现了单位以外的经济、社会力量并产生很多职业岗位，单位对国家的依附和个人对单位的依附逐步有所减弱（当然，单位人对单位的依附不可能在短期内从根本上弱化或消失），人们有可能从单位以外获得经济收入等一系列社会资源。并且在一定阶段内，由于市场中的权力真空，处于社会底层的人容易获得市场力量带来的种种好处而成为先富阶层，并由此大大改善他们的生活水平和经济支付能力，他们经济地位的提高对原来体制内的人员产生一定震动。户籍制度和身份制度也逐步呈现松动甚至淡化趋势，知识分子在政治上也得到了前所未有的重视。在80年代初期，许多领导人都谈到了知识分子的问题[②]。当然，二元社会的基本格局仍然没有改变，农民不仅是一种职业，更是一种身份，是一种由于户籍制度而不能平等地享受就业、教育、住房、医疗等一系列社会保障制度的身份，一种会被下一代所继承的带有先赋色彩的身份。因此，高等教育对农村人跨越二元社会的制度边界的吸引力很大，农村人口通过接受高等教育跳农门这一事实就具有了历史深刻性。

---

① 邓小平．邓小平文选：第三卷［M］．北京：人民出版社，2001．

② 中共中央组织部，等．知识分子问题文献选编［M］．北京：人民出版社，1983．

改革开放后，市场机制在决定社会资源分配和个人社会地位中的作用越来越明显。在农村，经济体制改革减少了经济活动中的监督成本和外部性，使边际收益都归农民所有。这客观上为农村教育发展提供更好物质基础有了可能，尤其在城乡经济差距缩小的阶段，这种作用还比较明显。与此同时，与市场经济相适应的社会分层标准——职业地位越来越成为社会资源分配的重要依据。不同职业代表着多种社会资源获得和占有上的差异，职业地位的竞争既依靠个人先赋的天资、智力，更依靠自致的教育程度和人力资本。尽管社会仍然存在着不公平现象，但文凭和学历在一定意义和很大范围内不仅是人们获得社会地位的象征，也是大多数人获得不同职业的重要依据与凭证。当然，这一时期，经济地位在地位因素中的影响力越来越大，甚至影响着人们的实质地位状况和人们对自身地位的心理认同。由于市场和再分配两种分配机制同时产生作用，1980 年代甚至出现了严重的脑体倒挂现象。这对教育促进农村智力流动积极作用的发挥，在一定时期产生过消极影响，它容易诱发读书无用论思潮蔓延。

3. 农村教育相对落后的现实不利于农村智力流动的良性运行

当代中国对教育的重视实际上突出了教育的工具性功能。从各个时期的教育目的和教育方针或者从中共中央各次大会的政治报告来看，无论是要求教育超前发展还是要把教育摆在优先发展的战略地位，都没有脱离把教育当成工具这一基本思维路向。尤其可悲的是，农村教育相对落后的状况始终没有能够从根本上改变。

从教育经费的总体投入来看，从 1985 年到 2000 年，国家财政性教育经费支出占国民生产总值的比例，除了 1990 年为 3.03%外，其余各年都在 3%以下。进入 21 世纪后的 2001 年为 3.19%，2002 年为 3.37%，但都没有达到 4%，而此时世界平均水平已达到 6%。学者张玉林通过计算后得出以下认识：如果中国政府从 1985 年起就一直按照 4%的比例标准，那么从 1985 年到 2002 年，“18 年间的总短缺额为 10100 亿元，其中 1996—2000 年间——正是普及九年义务教育的冲刺阶段——每年的缺额都在 1000 亿左右”①。对于农村而言，1985 年以前，

① 张玉林．目前中国农村的教育危机［J］．战略与管理，2004（4）：38-48.

国家财政每年还有对农村每个中学生 31.5 元、小学生 22.5 元的教育拨款。1985 年后，在乡学乡办、村学村办的口号声中，农村教育主要由基层包下来，而国家财政出资都采用“钓鱼”方式，希望基层政府和当地村民配套，结果相互钓鱼，农民教育负担显著增加。

城乡教育投入的差别①更是令人震惊。据《中国教育经费统计年鉴》(2000) 的数据，全国各省市区普通小学生均教育经费很不平衡，生均教育经费 1000 元以上的有上海（3106.81 元），北京（2253.39 元），浙江（1359.96 元），天津（1357.78 元），广东（1208.81 元）和西藏(1077.63 元)，而生均经费低于 500 元的有河北（493.86 元），河南(408.82 元)、陕西（402.27 元）、贵州（363.38 元）②。

中国城乡分割的二元体制使国家有重城市教育而轻视农村教育的政策偏好，各级政府又产生了重视重点学校而轻视非重点学校的行为偏好。这种中国特色的双重偏好，大大挤压了农民实现受教育权的现实空间。根据国家统计局公布的数据，在《中华人民共和国义务教育法》公布之前的 1985 年，中国城镇已经普及了小学和初中教育，而当年农村的学龄儿童入学率不到 95%，农村小学学校毕业生升入初中的比例有 65%，而低于这一平均数的省区有 13 个，其中贵州、广西和西藏不到 50%。到 1999 年，农村小学学校毕业生的升学率上升到 91%，但低于 90%的省区仍然有 15 个，其中贵州和内蒙古分别为 72.4%和 75.7%，西藏只有 38.1%，全国则有 130 万的少年小学毕业后即走向社会。2001 年中国政府宣布在 2000 年“完成了基本普及九年义务教育和基本扫除青壮年文盲的历史性任务”，但国务院总理温家宝 2003 年 9 月 19 日在全国农村教育工作会议上承认“全国还有 431 个县没有‘普九’。已经‘普九’的地区水平很低、基础不稳，不少地方存在学生因贫辍学、拖欠教

---

① 有必要指出的是，近年来，国家对弱势群体的教育支持有了前所未有的加大。比如，免除义务教育阶段学费、实施免费餐饮和寄宿等新举措，都是从农村开始实施的。但农村学校师资力量偏弱，农村学校数量减少、就学人数减少等现象仍然大面积发生。城乡教育差距仍然明显存在。

② 秦玉友．教育均衡化与中国城镇化的健康发展 [J]．东北师大学报（哲学社会科学版），2003 (1)：117-122.

师工资、学校危房年久失修、公用经费短缺等突出问题”①。

自1986年义务教育法颁布实施到2000年政府宣布两基完成，15年间，中国大陆大约累计有1.5亿的农民子女没能完成初中教育，它包括未入小学的近3200万人，以及初中阶段失学的3000多万人。近年来每年大约有500万适龄儿童未完成初中教育，其中近200万适龄儿童未完成小学教育，这些未接受义务教育的主要是农村人口②。

在农村社会流动已经比较普遍的今天，农民工已经成为工人阶级队伍的重要组成部分，但现在仍然存在大约300万农民工子女面临上学困难的问题。其中一个重要方面就是不同程度地存在着对农民工及其子女的就学歧视。农民工子女在各大中城市不能正常接受义务教育的问题十分突出③。在农村，留守儿童的教育也是一个突出的问题（流动儿童和留守儿童问题，已经得到了人们的普遍关注，也在逐步向好的方面转变，这是值得肯定和欣慰的）。在高等教育领域，城乡教育机会的差异同样明显④，不同省市之间存在不合理的倾斜分数线，实际录取也存在

① 温家宝．在全国农村教育工作会议上的讲话［J］．求是，2003（20）：3-7．

② 张玉林．中国城乡教育差距［J］．战略与管理，2002（6）：55-63．

③ 梅向明．保障打工子弟接受义务教育的权利［M］//贺春兰．义务教育谁买单．苏州：苏州大学出版社，2003：221-226；黎晓英．打工子弟义务教育：问题与建议［M］//贺春兰．义务教育谁买单．苏州：苏州大学出版社，2003：227-237．

④ 郑若玲在《高等教育与社会分层的关系》（《现代大学教育》2003年第2期）通过实证研究得出以下观点：经济阶层差异不仅是影响高等教育入学机会的重要因素，也是影响不同阶层子女接受不同类型、不同层次高等教育的重要因素之一；而且，经济因素远不止具有这种显性和直接的影响，它通过不同经济阶层教育资源、学习条件、学习时间等方面的差异，在更深广的层面上对高等教育入学机会产生间接影响。在高等教育产业化和收费越来越高的趋势下，经济阶层差异对高等教育入学机会的影响将越来越大；由于学校教育的语言编码与中上文化阶层生活经验的吻合性，以及文化资本较强的代际传递性，文化阶层对高等教育的入学机会和教育类型及层次均有重要影响。随着社会整体文化程度的提升，学校教育及其文化类型的日益多样化，以及社会流动机制的日益灵活，文化阶层差异对高等教育入学机会的影响将日渐式微。谢作栩的实证研究表明：高层次的社会阶层在接受高等教育和进入重点大学都方面都具有明显的优势。谢作栩．高等教育大众化与缩小社会阶层高等教育差异的研究［J］．大学研究与评价，2008（4）．

乡村学生录取分数总体偏高的现象。

从某种意义上看，1949 年中华人民共和国成立以来，教育尽管一直处于不断变革之中，但教育始终处于服务当时政治需要的工具性地位，而没有找到自己的安身立命之所。教育自身的目的价值和受教育者的教育享用价值得不到应有重视，也难以很好实现。令人感到欣喜的是，2003 年 9 月 9 日温家宝在全国农村教育工作会议上提出的“办好农村义务教育，是各级政府义不容辞的责任”。把农村和农村教育纳入国家的保障体系、建立和健全农村的社会保障体系将有利于农村经济社会和教育的全面协调发展。2004 年 3 月 4 日十届全国人大二次会议通过的宪法修正案明确规定“国家尊重和保障人权”①，以及“国家建立健全同经济发展水平相适应的社会保障制度”②。

二、文化资本羸弱影响农村智力流动良性运行

资本这个概念已经包含了多重意义，它可以指物质资本、社会资本和文化资本等一种资本或者资本组合。但不管是哪种意义上的资本，它的社会价值或流通价值都取决于特定的社会游戏及其规则，或者说，它取决于某种使资本发挥作用的场域的存在：一种资本总是在既定的某种具体场域中灵验有效。这样，特定资本既是斗争的武器，又是争夺的关键，资本使其所有者能够在所考察的场域中对他人施加权力或影响，从而使资本成为实实在在的力量。因此，每个场域都拥有各自特定的历史形象和特定幻象，场域创造并维持着这些历史形象和特定幻象并凝固出特定利益。对于参与游戏的每一个体来说，这一特定利益不言而喻。然而，由于不同个体（或群体）在游戏中占据的位置不同（支配与被支配、正统与异端）以及获得这一位置的轨迹不同，所以他们的利益常常千差万别。但只要制度的社会“巫术”运用得当，还是能够把各种各样的事情都建构成一种利益，而且的是一种现实可行的利益。也就是说，将它们建构成一种投入，在客观上可以由某种特定的“经济”给予回报。

① 2004 年宪法修正案决定增补为宪法 33 条第 3 款。

② 2004 年宪法修正案决定增补为宪法 23 条第 4 款。

从理论上说，公共教育是促进社会向上流动最有效的途径之一。它像筛子一样，允许某些人获得较高级别的教育，进而获得从事高收入工作的更多机会，而另一些人则被它筛掉。被筛掉的人，因为教育水平较低或者很低，一般只能从事低收入工作。不仅如此，并且由于孩子容易继承父母不同的教育价值观，从而使不同社会阶层的孩子最终会选择积极学习或者退出教育领域，进而产生不同的代际影响。

高考成功者和落第者，其充当的社会角色就好像在舞会中的不同人。那些站在舞场边的单身汉和舞场上没有人邀请的孤芳自赏的少女实际上都是局外人。落第者的境遇和舞场上的局外人实际上是一样的，不同的只是他们是开放市场取代封闭市场这一过程中的牺牲品。高考作为一种制度安排会造成人们命运的差异，它在制造成功者的同时实际上也难以避免地生产失败者。只是当高考制度产生正向激励的效果超过人们的沮丧感时，它的积极作用才是主要的，尤其是当没有找到一种更加合理的可以取代高考的新制度时，高考肯定是一种比较好的社会筛选制度。

农村教育的普及程度越来越高，但传统农业和农村自身无法对知识或者教育及时有效地吸纳，接受较多教育的经历常常会使农村年青一代感到不安。因为农业技术推广和技术信息服务尚不够①，如沼气技术、烟草生产技术、西瓜种植技术等诸多与农业和农村相关联的技术覆盖的面比较小，农村普通教育中具有农业技术取向的部分也难以在日常生活中真正派上用场。在现实性上，农村人口接受教育的重要目标在于让孩子有离开农村的能力或潜力。这意味着教育对农村社会流动的贡献主要局限于一个相对有限的范围，这种格局对农村自身发展也未必有利。为了进一步说明这个问题，我们不妨看看发达国家（以美国为例）农村发展的历程。

在美国发展历程中，农业部与赠地学院的合作导致了两个重要农业

---

① 彭拥军，尹可珍．农村智力回流的若干思考［J］．大学教育科学，2009（6）：78-83.

机构的创设：州技术推广服务局和州农业试验站。1862年的《赠地法案》① 以及以后的一系列修正法案，使联邦政府实施财政投入来支持大学进行“农业和机械技术教学”。起初，由于赠地学院的教授感到自己非常缺乏农业实际知识，这促使他们从事园艺、动物饲料、农艺学等领域的研究。后来在大多数州设立了农业试验站；1900年后，州技术推广服务局成立，作为赠地学院的另一附设机构。1914年，史密斯-利弗法通过，它明确规定由联邦政府给各州拨款用于技术推广工作，各州的技术推广工作者都是州赠地机构的在编人员。

农业试验站和技术推广合作社以及职业农业和家务署等机构都在为农业技术推广和培养新式农民做准备。当然，美国的这类实践也没有实现全面培养服务农业的新生代农民，实际上只有10%的涉农专业的学生最终从事农业方面的工作。造成这种结果的主要原因是在美国从事农业生产的机会比以前大大减少。可以预见，我国现代农业的未来发展应该也会出现这种情况。值得指出的是，我国专门为了农业技术推广和新式农民培养的大学对农村的服务还很不够，尤其是在农业技术的普及和推广方面做得很不够。没有专业知识、专业技术以及人才的支持，提高农村和农业对人才的吸引力和吸附力并促进农村自身发展的目标就不容易较好实现。

三、制度保障不力影响高等教育对农村智力流动的推进

罗尔斯认为，“正义是社会制度的首要价值，正像真理是思想体系的首要价值一样。一种理论，无论它多么精致和简洁，只要它不真实，就必须加以拒绝或修正；同样，某些法律和制度，不管它们如何有效率和有条理，只要它们不正义，就必须加以改造或废除。每个人都拥有一种基于正义的不可侵犯性，这种不可侵犯性即使以社会整体利益之名也不

① 《赠地法案》又称为《莫里尔法案》。1862年，美国参议员贾斯廷·莫里尔推动《赠地法案》实施，即由政府免费提供土地用以创办“赠地大学”。这个法案使美国59个州分别获得3万英亩土地创办大学，并且允许大学将这些土地变卖，用卖地之资作为学校经费。

能逾越。因此，正义否认为了一些人分享更大利益而剥夺另一些人的自由是正当的，不承认许多人享受的较大利益能绰绰有余地补偿强加于少数人的牺牲”①。

在教育的制度正义方面，我们真的还有所欠缺。从教育产生制度性社会流动角度看，确实还存在某些不正义的制度设计：第一，早在20世纪80年代，城市一些新创办的职业大学（甚至中职中技）只招收城市考生，导致城乡考生的录取分数线不同，从而升学机会不一样。第二，由于各种资本起作用，人们上同一类学校的分数线存在较大差距，农村人口的分数线高于城市人口②。现阶段，在教育产业化口号的误导下，大学普遍提高了大学生入学与生活费用，导致一些低收入家庭特别是贫困地区农民家庭无法承受子女上大学的经济负担（值得欣慰的是，2016年国家提出了不让一个学生因为贫困而失学的口号，相信这种局面会很快得到扭转）。第三，从教育作为一种社会流动的力量角度看，农村教育从起点、过程到终点都处于劣势地位。尽管农村教育存在“去农化”功能有一定合理性，但以城市和工业为蓝本的教育内容和向城市倾斜的教育资源供给方式实际上制度化地拉大了城乡教育差距。第四，教育回报在各阶层的实际效应存在差异，这容易透支社会中下层尤其是下层家庭的经济支付能力，从而使他们为了避免接受教育的过高代价而放弃进一步学习的机会。这是农村和贫困家庭感到读书无用的重要社会原因。

如果教育的消极影响产生了自我确证，后果将十分可怕和可悲。事实上，我国读书无用论以不同变种不时抬头就与特定时期的特定制度安排有一定关联。从20世纪80年代后期文凭不等于水平的论调背后所表现出的既得利益者对新生知识分子的排斥③，到当今人才的矮小化现象（主要表现为学历贬值并逐步向上部侵蚀，也就是说，首先是中专、专

① 罗尔斯．正义论［M］．北京：中国社会科学出版社，1988：3-4.

② 郑若玲．高等教育与社会的关系——侧重分析高等教育与社会分层之互动［J］．现代大学教育，2003（2）：21-25；余小波．当前我国社会分层与高等教育机会探析［J］．现代大学教育，2002（2）：44-47.

③ 彭拥军，等．高校扩招要防止文凭疾病［J］．湖南教育学院学报，2000（6）：86-89.

科文凭贬值，以后逐步传导到研究生教育)，都与特定的制度引导和制度安排存在内在关联。

高等教育促进积极的向上社会流动需要社会信念来引导，也需要合理的制度安排来支撑。比如教育负回报如果成为大家的信念，而社会现实也给予确证（如社会底层人员在高等教育机会和就业机会方面处于劣势)，这容易导致这些阶层对读书无用论说法的广泛接受。这是在不同时期，读书无用论变种出现的社会学依据。要解决自我确证预言的消极功能必须要有合适的制度安排和合理的行政管理来保证，比如薪酬制度的合理设计，就业的开放和公正等等。否则，自证预言就会转变成为社会事实。

第二节　农村结构变迁改变高等教育与农村发展互动的文化心理基础

农村智力流动是城乡发展不平等的结果，也是解决城乡不平等的手段，但也可能造成新的社会不平等。而教育作为增强人的现代性的一种手段，其提升人的现代性的功能发挥需要建立在教育权平等的社会基础之上。因此，教育视野下的农村智力流动问题实际上涉及以下三个方面：第一，农村人口的权利问题，也就是如何使出身农村的人在权益保障、充分就业乃至体面就业等方面由不平等走向平等的问题，这是农村智力流动合理性和有序性得以确立的必要条件；第二，农村人口的教育问题，这一问题直接指向教育如何提高农村人口的社会流动能力和形成合理的社会价值观；第三，农村人口的人格转换问题，也就是如何通过农村智力流动使农村人口成为合格的城市市民或新式农民的问题。

值得指出的是，随着经济结构的变化和家庭小型化、家庭血缘联系发生新变化，家庭内部的交往关系甚至地位关系也会发生悄然而深刻的变化，家庭原有的一些功能也得以恢复或重新演进。尤其是当人们处于社会边缘、无力找到合适社会表达途径时，体制和理性在他们身上产生的力量就会削弱，家庭血缘与社区习俗对人的影响就会增大。因为乡土文化很少单独演进成政治社会，它长期游离于已经形成的政治体制之外。所以，传统文化心理在乡土化的情境中实际上难以消失殆尽，不时会以自身的方式表现出来，并呈现出新的特点。

一、熟人社会向半熟人社会转变

由于经济运行和交往造成乡土性质的变化和乡土结构的变化，乡土社会不再是“捆绑在土地上的社会”①，但乡土社会的特性仍然存在，在社会结构变迁中呈现出新的活力并对政治经济文化乃至生活产生影响。在政治方面，基层政权的动员力量呈现弱化趋势，乡土社会的影响清晰可见。生活在农村的人们由于相互地位的接近而产生相容性，乡村人之间交往或交往中的情感联系仍然十分明显，交往中带有明显的熟人社会特性。但随着物质生活水平的提高和农民群体中的职业分化，农村社会日益职业化（这里的职业化主要是指非农职业化），人们在经济活动和日常交往等方面的相互依赖性有所降低，交往时间和空间减少，交往对象出现由地缘向业缘关系转向。邻里交往关系主要依靠节日喜庆等活动的参与来保持“人情”关系，或者依靠工作之余的文娱活动和具有共同兴趣的活动来形成亲疏远近不同的人情关系或交往关系。

在这种背景下，乡邻之间的交往关系由单纯的邻里间的社会心理地理连续体关系转变为邻里心理地理关系和职业交往关系并存的新格局，邻里和同事之中具有共同爱好和兴趣的人们往往具有更高交往频次。而交往形式和交往频次差异又带来不同交往关系，使原来邻里之间的心理地理连续体关系弱化甚至重组。上述诸多因素共同促使乡土社会一步步由熟人社会向半熟人社会转化。这种新的邻里关系，造成了乡邻间在价值和行为方面的共享变得困难，对乡村大学生的产出会产生一定负面影响。如笔者在2003年和2007年的调查中发现被调查镇的桂花组②，在出现大量显著的伴随性社会流动后，该组仍然在乡下生活的青少年在好几年时间内没有一个考上高中的（造成这种情况的原因，一是适龄人口

① 费孝通《乡土中国》的英文原版书名就是Earthbound China，意思是“捆绑在土地上的中国”。

② 彭拥军. 高等教育与农村社会流动［M］. 北京：中国人民大学出版社，2007.

大大减少，二是随着高等教育引发的流动和伴随性流动大量出现，该组的文化心理结构发生了很大变化)，这个组也呈现出比较明显的空壳化趋势。

二、权威更替与参照群体异变

中华人民共和国成立后，一个显著特点就是行政权威借助政权力量和经济支配力量得以全面确立：行政区划代替了家族村落，与家族文化有关联的有形物被广泛清除（比如宗祠、族田、族学等)，家族权威丧失了赖以支撑的政治、经济和文化支持；现代司法规范和程序代替了家族规范和传统村规民约，家族规范和村规民约失去了运行所需要的物理条件和制度保障；与此同时，类似传统社会中的士绅阶层消失了①。随着改革开放全面推进和国家工作重心的转移，乡村原有政治能人的地位开始弱化，新生经济能人在生存和交往中的地位逐步得到强化，农村中逐步形成了以经济能人为中心的经济社会圈子和以新职业（这里的新职业，主要指非农职业）为平台的交往圈子。

高等教育对农村智力流动的现实作用点越来越表现为教育对农村个体和家庭在经济地位提升中所产生的实际影响上。尽管跨越城乡二元社会制度壁垒的作用仍然被重视，但农村人口接受高等教育的现实动力实际上已经发生了悄然而深刻的转变。因为教育经济回报相对滞后的问题更容易导致农村家庭对接受高等教育的认识偏差，进而导致接受高层次教育的动力不足，这可能是高等教育大众化后，农村人口接受高等教育的比例反而出现大幅度下降的来自农村本身的一个重要原因。对于这一点，斯科特作了比较好的解释：只有当农民的生存道德和社会公正感受到侵犯时，他们才会奋起反抗。农民的社会行为实际上植根于他们具体的生活遭遇，同他们的生存策略和生存权的维护密切相关。因此，不去仔细考察各种地方性的传统和文化特质，不去探寻那些看似琐碎的农民日常行为的丰富涵义，人们对农民问题的认识便会误入歧途，就可能将

① 传统社会中的乡村士绅虽然是一个含意宽广的群体，它包含各种人才，但这些人都有一个共同的特点，除了其自身的特殊才能外，他们往往都具有“社区意识”的能力。

农民暗中的抵抗与积极的合作混为一谈，从而做出错误的政治、经济决策，诱发社会动乱①。农民有着一种特殊的生存伦理：生存而不是发展最大化或利益最大化，组成了农民的生存逻辑；或者说，在严酷而强大的生存压力面前，农民实在无暇顾及发展或利益最大化。所以，代价最小，对他们来说，就是最经济、最理性的行为。

三、乡土社会经济社会格局的重塑

中华人民共和国成立后，农村的经济发展从服务于经济内在要求的适应性变革转变为农业作为建设工业化的基础，加上社会政治经济全面的改造性变革，动员式集体主义体制在我国农村形成了。这一体制的形成过程，也就是社会经济自组织机制成长断开的过程。改革开放后，农村开始进入向着农工商多元产业方向发展的新阶段，农民出现了明显的社会分化，阶层间合理分化促成的地位差异正在取代行政强制与血缘纽带的整合功能，以能力、财富和地位为标准的社会结构正在形成中。在新形势下，家庭（第一环境）的成功越来越倾向于更多地需要依赖家庭成员的素质；而以家庭为核心的社会关系组成的第二环境（村组之间、邻里之间和亲属之间的关系）又将家庭对社会关系的依赖放大了（这里是指，由村组、邻里和亲属等关系复合而成的乡土关系是家庭关系在某种意义上的扩大），家族甚至村落的积极作用又以新的形式呈现出来。

农村经济体制的演变过程，实际上影响了农村对教育的支持能力。在计划经济模式下，由于教育甚至高等教育对非农人口社会地位没有明显提升作用，所以农村在没有强烈的城乡教育竞争的背景下可以获得较多的高等教育机会。当经济资本、社会资本等多元资本开始在高等教育机会竞争中产生复合影响时，乡土社会在经济社会等多方面的劣势在教育竞争中就会日益充分表现出来，从而影响农村人口对公平教育机会的获取以及通过教育中介作用来促进农村智力流动作用的发挥。

① 斯科特．农民的道义经济学：东南亚的反叛与生存［M］．南京：译林出版社，2001：322.

第三节　农村智力流动变化左右高等教育与农村发展的功能呈现

新中国成立后，上层权力开始向基层渗透，由此改写了历代皇权不下县①的历史。在农村人口大规模流向城市和发达地区的背景下，如何让权力以全新面貌进入农村，探寻实现权力或者准权力下沉的新方式，是一个值得思考的问题②。

一、智力流动的社会功用

农村智力流动是社会现代转型过程中常常会伴随发生的普遍社会现象，也是在现代化过程中不可避免的社会过程。流量、流速与流向都合理的农村智力流动在一定程度上会起到促进社会公平或平等的作用，即使以流失性为显著特征的农村智力流动，如果流失速度和规模能够控制在合理限度内，也不会仅仅放大农村智力剥夺的消极影响，仍然有可能给农村发展和进步带来积极影响。

1. 农村智力流动过程中的抗拒与变迁将催生新的社会关系

农村人口在智力流动过程中实际上也在发生身份和地位的变化，并引起社会秩序与权威的变化，乃至社会精英的偏向变化。尽管农村智力流动过程会伴随抗拒与变迁，但抗拒与变迁过程也是寻求平等与自由、正义与自主、团结与认同的过程。农村智力流动过程中，会出现中心对边缘的引领和边缘向中心的渗透这样的双向过程，并可能导致中心和边缘格局的变化，进而可能形成新的中心与边缘以及产生中心与边缘的新型关系③。

---

① 中国古代需要接受任命的最小官吏是县级，县以下主要采用乡、里和保甲制度，这些管理层级的管理人员不属于政府官员。

② 为什么本章不讨论政治权力的输出呢，主要是在我国的政治结构中，农村处于边缘地位，实现政治权力的输出极为罕见，村支书陈永贵进入国家领导层是特殊年代的特殊产物。

③ 彭拥军．走出边缘——农村社会流动的教育张力［M］．武汉：华中科技大学出版社，2011：15.

农村智力流动客观上会使农村社区的居民接近和走进现代文明，享受到和城市中相仿的丰富多彩的生活内容；也促使城市中人与人的交往更为广泛、眼界更为拓展、生活更为自主、流动更为自由、个性潜力发挥空间更为广阔。这种力量对现代人格的塑造产生同构性影响，将使农村人格类型在变革中转向都市人格类型，并促使城市居民的角色行为、思维方式和社会心态趋于现代整合，在城乡二元冲突的消解中走出边际性怪圈，走进新的文明境界。

与此同时，农村智力流动会产生社会与国家的新关系。通过农村智力流动，人们日益参与到更加广泛的社会、政治秩序的建构当中。一方面，原有的基于城乡关系而形成的不平等等级关系开始在边界上变得模糊；另一方面，农村智力流动又逐步沉淀出新的城乡边界以及城市内和农村内的新边界并逐步形成边界清晰的新阶层。在这种智力流动过程中，以前相对固定的、相当僵硬、单调同一的有关生活方式或生活模式的概念开始弱化，原有的家庭、共同体的边界容易遭到侵蚀，原有的空间和社会组织也变得日益弱化。人们具有的五花八门的角色和角色关系导致人们容易被嵌入到越来越多的持续变化的人群或群体中。

值得指出的是，农村智力流动既是社会合作和资源合理配置的需要，也容易诱发出与权力和特权等力量相关联的社会冲突。农村智力流动因社会分化与整合的对立性力量间的此消彼长而产生，也因权力、特权和财富等因素的影响而扭曲变形。首先，农村智力流动的负面影响往往是权力和特权作用下的结果，既得利益阶层只是把农村智力流动作为精英筛选的一种点缀性手段或者社会替代的方式而已，除了竞争性的智力流动外，往往还充斥着许多旨在保护既得利益者们自身利益的赞助性流动，从而造成社会流动过程中的不公平以及腐败现象；其次，农村智力流动需要合理的竞争，但竞争规则的缺失或有失公平以及竞争过度都可能使弱势群体的利益得不到应有的维护，滋生新的问题；其三，农村智力流动的机会和流动能力的形成，因为无法摒弃财富、权力等个人能力素质以外因素的渗透，也可能使汰劣效应异化为逆向淘汰；其四，农村智力流动的结果之一，就是必然造成城乡之内和城乡之间新的社会分化和社会分层，过度的社会分化和社会分层同样可能危害社会的稳定和发展。

2. 农村智力流动将导致对人的发展问题更深刻的认识

在农村智力流动过程中，农民自身的流动支撑力量实际上在发生变化，不同个体实现社会流动所受到的推拉力量并非完全一致；与此同时，农村自身也因智力流动而出现利益群体、职业群体的不断分化，从而使农村在结构上更加复杂。从长远看，在农村智力流动不断演进过程中，人口质量比人口数量日益显得更加重要，只有提高人口质量才能更好地实现合理有序和有效的农村社会流动，这种观点越来越得到人们的认同。这给高等教育提供了潜在发力空间。也许，奈斯比特所号召的“我们必须向未来学习，正如从前我们向过去学习一样”①，将成为真实的预言。可以肯定，农村智力流动与人的发展问题将得到人们前所未有的认识上的统一，社会发展就是为一切人的发展提供可能会日益成为人们的共识②。人们对自我存在和发展价值的认识将更为理性。发展是为了一切人的发展，是大家共有和共享的发展，这是人的一切社会行为的根本轴心。人是社会的主体，也是社会现代化发展的主体；充分认识和理解人是社会进步的终极关怀；农村智力流动要与现代人格的养成和人的尊严意识的提高相辅相成。这样，农村智力流动的积极推进在实现人的个性和人的社会性有机整合、协调发展过程中，既要求实现人的自我价值、满足人的发展需要，又要求不断强化人的社会责任感，将人的个性取向和社会整体利益融为一体，使现代人的生存价值体现为自我实现取向和参与奉献取向的高度统一。

可以肯定地说，在一种流动、开放的阶级阶层结构（我们这里的阶级阶层不是马克思所定义的那种政治意义上的阶级阶层，是根据权力、财富和声望等来区分的社会学意义上的阶级阶层）下，社会中下层阶级的成员争取个人社会地位晋升的志向容易取代阶级意识和阶层团结，中下层阶层通过群体性、组织性的斗争来改变自身地位和整个分层结构的可能性就会大大减小。我国在唐朝就已经清醒地认识到了教育引起的智

① 奈斯比特. 大趋势［M］. 北京：中国社会科学出版社，1984：17.

② 佩鲁. 新发展观［M］. 北京：华夏出版社，1987：12-19.

力流动可以充当缓解社会冲突压力的减压阀。古人对唐朝开科选士的社会控制功能作过十分简洁的评述：太宗皇帝真长策，赚得英雄尽白头①。自隋唐始，教育促进人的社会地位提升作用得到了明显强化并产生了广泛的社会动员作用，以致人们对此作了精辟总结：万般皆下品，惟有读书高。虽然以上认识都主要着眼于教育的工具性功能，对教育的享用性和发展性功能认识明显不足，但在等级森严的封建社会制度构架中，人们能够认识到教育对人的提升作用已属不易，尤其是它在人类历史上开创了教育选纳精英的制度，使我国在制度文明上也曾居于世界前列。笔者认为，这种贡献一点也不亚于我们引以自豪的四大发明。

二、智力回流的社会功用

随着传统农业逐步转型而进入知识农业、科技农业、产业化农业等为特征的现代农业时代，智力资源越来越成为推动农业发展的重要生产要素。显然，如果农村智力资源基本上呈现输出状态，依靠流动能力相对不足的老人、妇女和孩子构成的所谓“993861部队”是无法承担建设现代农业和现代农村的重任的，这已经引起了部分有识之士的担忧②。如何实现农村智力回流，如何让回流智力在推动农村社会进步与经济发展等方面起到应有作用，首先有赖于我们对农村智力回流价值的正确认识。一般而言，农村智力回流具有以下几方面的重要价值。

1. 智力回流有利于农村经济发展和社会进步

智力回流有利于农村改变单纯的智力和体力输出甚至被剥夺状态，通过农村获得发展所需要的富有活力的智力和体力资源来增强农村自我发展的能力和潜力。智力回流对农村经济发展和社会进步的作用通常主要表现在以下几方面。

首先，“知识型”智力回流为农村社会的进步提供重要智力支撑。中国13亿多人口中有大约9亿农民（这是户籍意义上的农民），这9亿农

---

① 语出赵嘏的《韵府》，原文为“太宗皇帝真长策，赚得英雄尽白头。芸台四部添新库，秘殿三年学老郎”。

② 朱丽亚. 生态农业未来掌握在谁手里［N］. 中国青年报，2012-04-06(05).

民构成的农村智力状况是：隐性智力资源在数量上供大于求，表现为农村有丰富的劳动力大军，成为社会发展的庞大劳动力蓄水池；但在显性智力质量上（农村人大多没有受过良好的教育和训练，智力开发和提升严重不足）却又使智力资源供给难以满足农村当下和长远发展的需要。当前农民的综合素质难以满足农村社会基层民主化建设、农村各种组织制度创新乃至文化水平、法制意识的提升等方面的需要。农村智力回流，除了及时补充教师、县乡干部等原有智力资源外，还需要新的“知识型”智力回流，让这些新智力充当农村进步与发展方面的指导者、管理者和建设者，并承担起提高农民素质的现实引领者的作用①。

其次，“见识型”智力回流是塑造先进农民的主流群体。农村发展所期待的新一代现代农民应该是符合现代农业发展要求的高素质职业农民。要培养现代职业农民，既需要提高其学历，比如努力普及 9 年义务教育并提升其质量；也需要有效地增加农民的见识，开阔他们的视野，提高他们认识问题、分析问题和解决问题的能力。有过社会流动经验的农民在城市打工期间，往往会有意无意地接受现代城市文明的洗礼和熏陶，使他们逐步向具有城市文明素养，敢于冲破传统的现代人转化。据国家统计局《2011 年我国农民工调查监测报告》的数据，2011 年全国农民工总量达到 25278 万人，比上年增加 1055 万人，增长 4.4%。其中，外出农民工 15863 万人，增加 528 万人，增长 3.4%。住户中外出农民工 12584 万人，比上年增加 320 万人，增长 2.6%；举家外出农民工 3279 万人，增加 208 万人，增长 6.8%。本地农民工 9415 万人，增加 527 万人，增长 5.9%。在农民工中，文盲占 1.5%，小学文化程度占 14.4%，初中文化程度占 61.1%，高中文化程度占 13.2%，中专及以上文化程度占 9.8%。外出农民工和年轻农民工中初中及以上文化程度分别占 88.4%和 93.8%。外出农民工的受教育水平明显高于本地农民工，青年农民工的受教育水平最高②。可以肯定，这部分劳动力回乡

① 彭拥军，尹可珍. 农村智力回流的若干思考［J］. 大学教育科学，2009（6）：78-83.

② 国家统计局. 2011 年我国农民工调查监测报告［EB/OL］. http://www.stats.gov.cn/was40/gjtjj_nodate_detail.jsp?channelid=75004&record=192.

就业或创业所产生的智力回流，对推动农村的现代化、法制化、民主化、社会化进程具有非常重要的意义。上述报告相关研究也表明，青年农民工接受非农职业技能培训的比例要高于年长的农民工；与此相反，年长的农民工接受农业技术培训的比例要高于青年农民工，并且年龄层次越低，接受农业技术培训的比例也越低，这说明青年农民工正逐渐丧失从事农业生产的技能。这意味着新一代农民工回乡实现智力回流仍然存在诸多障碍，要靠他们发展现代农业可能困难重重，这是我们要注意的重要问题。

再次，“回乡创业型”智力回流对繁荣农村经济会起到十分重要的作用。这种智力回流的特点是回流者有一定的财富积累，并且在外闯荡过程中形成或凸显出较强胆魄和能力。客观说，改革开放后，农村劳动力外出就业规模保持了较长时间的持续扩大趋势，2002 年为 9400 万人，2003 年 1.1 亿人，2004 年 1.2 亿人，2011 年已经超过了 2.5 亿人。在农村劳动力大量流出后，也逐步出现了大量回乡创业者。据国家统计局 2011 年的相关数据，在外出农民工中，在省内务工的农民工占外出农民工总量的 52.9%，比上年上升 3.2 个百分点；在省外务工的农民工占外出农民工总量的 47.1%，比上年下降 3.2%，改变了多年来跨省外出农民工比重大于省内务工人员比重的格局①。农民工回省、回乡工作和创业的人数呈现增加趋势意味着回乡创业型智力回流从涓涓细流有可能发展成社会洪流。

2. 智力回流有利于农业劳动力合理转移与分布

农村人力资源如何合理地向第二、三产业转移，这是合理利用好农村丰富的劳动力资源的重点问题，也是难点问题。推动农村智力回流的目的之一就是促进农村的快速发展，充分发挥农村自身转移农村劳动力的功能。智力回流主要通过两种方式推动农村劳动力转移。

首先，提高农村人口转移的能力。许多调查都表明，知识、技术是

① 国家统计局. 2011 年我国农民工调查监测报告［EB/OL］. http://www.stats.gov.cn/was40/gjtjj_nodate_detail.jsp?channelid=75004&record=192，本人 2007 年的调查也印证了这一论点，这也与珠三角民工荒报道所揭示的社会事实相吻合。

农村人口向城市转移的关键所在，初高中毕业的农村青年要远比受教育较少、没有受过教育的农村青年容易流出，技术型农民的就业机会也远比没有技术的农民多[①]。通过智力回流，尤其是高层次智力回流，可以使回流智力承担农村人力资源开发任务的主力，他们不仅可以鼓励和推动一部分农村人口转移到城市（走出农村的大中专毕业生就是最明显的受益者），而且可以帮助进一步提高农村人口素质并给农村人口就地转移创造更多机会。

其次，实现伴随性社会流动。农村劳动力转移的一种主要方式是亲戚朋友的介绍、带动。据调查，2004年，33％的农民工是通过自发方式外出就业的，65％的农民工是通过亲友介绍外出就业的[②]。农村劳动力的反复回流，就如同滚雪球一样，带动了更多农村劳动力离开了农村。从某种程度上可以说，即使是钟摆式的智力回流，这些回流劳动力作为智力主体也会激活农村人力资源市场，这是造成农村社会流动由个别现象演变成社会洪流的重要中介力量。

三、智力回流的推拉力量

利益关系的觉察或者利益格局的变化、社会结构与社会环境的变动是影响智力流动的两个主要因素。在实施流动前，智力主体往往都要进行一番利益权衡，只有当他认为流动的收益大于不流动时，才有可能做出流动的决定。就智力回流这一问题而言，在社会结构和社会环境对智力流动没有明显阻碍的背景下，任何一个潜在的智力回流主体都会知道，留在城市的生存成本大大高于在农村的生活成本，这种成本的比较会构成智力回流的一种拉力；回到农村的收益低于在城市的收益则构成智力流动的主要推力，或者说，在城市的收益比较优势构成了智力回流的主要阻力。农村智力最终能否回流农村，主要在于拉力能否超过推力（或者阻力）。下面具体讨论农村智力回流的“推拉力”。

---

① 彭拥军．走出边缘——农村社会流动的教育张力［M］．武汉：华中科技大学出版社，2011．

② 国务院研究室课题组．中国农民工调研报告［M］．北京：中国言实出版社，2006：72．

1．智力回流的“推拉力”分析

中国农村智力回流的“推拉力”主要来自两方面：一方面是来自农村本身的拉力，即农村、农业发展的需要，家乡环境带来的心理归属感、认同感，家乡制度的吸引；另一方面来自城市力量产生的推力，其中城市的挤压和政府行为中对农民的某些消极性影响，会驱动农村智力回流。

第一，农村、农业发展的需要拉动农村智力回流。农村、农业的发展需要大批高素质的农民，需要众多教育人才、科技人才和管理人才。根据供需原理，只要有市场需求，就会拉动市场出现相应的产品，智力这一可以商品化的生产力要素也不例外。目前，尽管中国农村人力资源总量严重过剩，但智力资源特别是农业技术人才的缺口呈现放大趋势。据农业部门统计，农村各类专业技术人才仅占农业劳动力的0.71%，而其他各行业专业技术人员占劳动力的17.26%，比农业部门高出23倍。现在中国每7000亩土地只配有1名农业技术人员，每7000头牲畜只配有1名兽医人员，每万亩森林仅配有0.53个林业专业技术人员。中国农业科技人员在人口中的比例为万分之一，而发达国家是万分之三十到万分之四十。另外，中国农村广阔的市场、巨大的商机、丰富的自然资源所蕴含的发展优势条件、农村丰富的劳动力资源所带来的发展可能等因素对智力回流也会产生一定的积极作用。可以预见，随着农村市场经济逐步走向成熟，与之相伴随的智力回流也将持续增加。

第二，对家乡的心理归属感、认同感拉动农村智力回流。有故乡的人回到故乡的“叶落归根”式观念在中国人心中一直是挥之不去的，乡土情结更是深厚历史文化赓续的重要心理力量。春节期间不可遏制的回流“民工潮”，就是实现心理归属渴望的有力证明。我国传统节日逐步纳入法定节假日①，这是满足人们依归传统的心理需要与日常行为需要而做出的重要政策性调整。可以肯定，对中国这样一个有着悠久农耕文化的国度，要真正了解它，就要了解中国农村；要真正了解中国农村，就要从历史文化着手，而乡土情结就是对这种文化最重要的诠释或者最重要的诠释之一。

① 以前仅仅春节被列为法定节假日，除夕经过波折后最终也列入了法定节假日范畴，清明、端午和中秋都成了法定节假日。

只要农村还有流出劳动力扎根的土壤，回流的“民工潮”就会持续，智力回流也往往带有这方面的情结。当然，农村智力流动中智力输出与智力回流的合理平衡也与农村自身的状况及其发展趋势有关，但农村独特的自然生活环境总是吸引智力回流的一个具有深厚文化心理含义的重要因素。

第三，城市挤压对农村智力回流产生推动作用。城市尽管在物质生活、文化生活等方面都比农村占有优势，但对具体个人而言，城市优势要转化成个人收益和幸福感或者对幸福的积极预期才有意义。如果城市优势长时间不能在个体身上体现出来，甚至成本收益发生逆转性变化，这必然造成出身于农村的个体产生强烈的回流倾向。就中国人力资源总体形势来说，大中专毕业生所占的比例偏低，2000 年，在中国 25 岁至 64 岁的人口中，每 100 个人中受过大专及以上教育水平的人数不足 5 名，平均受教育年限为 7.97 年，仅相当于美国 100 年前国民整体教育水平；尽管高等教育大众化后，大学生毛入学率到 2012 年达到了接近 30％的水平（据 2011 年全国教育事业发展统计公报，2011 年全国高等教育毛入学率达 26.9％，毛入学率呈逐年上升趋势），但农村大学生的毛入学率还只有大约 10％。值得指出的是，尽管农村的智力资源还非常缺乏，但由于受高等教育专业设置的限制、国家用工制度的制约、大学生就业观念陈旧等多种因素的影响，很多来自农村的智力资源一时难以回流农村，但在城市下岗职工增多的挤压、受就业观念改变等因素的综合影响下，城市中相对过剩的智力资源就有更多的可能被推动而回流农村。

第四，政府行为的转向产生农村智力回流的推拉力。一方面，政府认识到农村现实智力资源严重不足给中国农村发展会带来不利影响，开始采取积极行动来尝试解决这个问题。事实上，近几年来，政府部门陆续采取了“三下乡”、“科技扶贫”、“农村志愿者服务”、“大学生村官”等多种方法推动高层次智力下乡。政府在政策、制度层面的积极变化是农村智力回流的一种制度性拉力。另一方面，政府还积极推动农村人力资源开发的市场化进程。当前，大学生毕业人数逐年增多，城市就业形势严峻，2003 年高校毕业生初次就业率从去年的 65％降为 50％，212 万名毕业生中有 100 万名左右处于非充分就业状态；到 2016 年，各种类型的大学毕业生总数已经超过 600 万，未充分就业的大学生存量和增量都比较大，这给大学生回流农村提供了智力蓄水池①。令人感到欣慰的是，农业科技人员日益走向市场，城乡尤其是乡村在交通、通信等方面日益便捷，许多地方正在积极进行户籍等制度改革，这些因素为农村引进智力提供了难得机遇。

2. 智力回流的阻力分析

由于中国城乡收入差距总体上仍然较大，城市之间、农村之间的经济发展也不平衡，再加上文化、环境和心理等因素的影响，农村智力向城市及经济发达地区的流动总体上符合社会、经济发展的规律，也符合“人往高处走”的个人愿望，这些因素也容易成为农村智力回流的阻力。具体而言，阻碍农村智力回流的因素主要有以下几个方面。

第一，中国形成了事实上的城市优势圈和农村劣势圈。在社会结构变动过程中，经济因素是影响智力流动的重要因素。换句话说，智力流动最初倾向于从经济社会不够发达的地方向经济发展情况较好的地方流动。中国在现代化建设过程中，一度出现了农村同城市的经济差别逐步拉大的现象，城市对农村的智力吸引越来越明显，而大部分农村地区对智力主体的有效吸引力一度呈现下降趋势。1998 年至 2000 年，中国城镇居民人均收入分别是农村居民的 2.52 倍、2.66 倍和 2.79 倍，如果按货币收入比较，再考虑城镇居民事实上存在的“隐性收入”因素，则城乡收入比至少在 5∶1② (即使到目前，城乡收入差别也未能得到根本性扭转)。再加上文化差别、社会保障和医疗福利方面的差异、劳动条件的差异、城乡户籍制度的人为分割等因素，导致跳出“农门”的大中专学生大都不愿回乡。调查数据表明，学历高低与外出数量成正相关，即高学历者更趋向于到城镇就业③。

第二，许多农村地区缺乏引进智力的必要拉力。从理论上讲或者发展的需要来看，比城市相对落后的农村地区，应该更急需人才促进当地

---

① 国家积极推动大学生村官制度、特岗计划等等，一方面缓解大学生就业难问题，另一方面旨在引导大学生回流农村，实现知识技能和文化的回流和反哺。

② 朱巧玲. 我国农村剩余劳动力转移的思路与对策 [J]. 农业经济问题，2003 (1)：46-50.

③ 张照新，宋洪远. 中国农村劳动力流动国际研讨会主要观点综述 [J]. 中国农村观察，2002 (1)：75-79.

经济社会发展，智力性因素在农村发展中应该有着广阔的用武之地。然而，在实际生活中，许多经济欠发达的农村地区由于吸纳人才的岗位有限，反而常常因人满为患，而不但无法吸纳新的就业者，而且使地方财政成为不堪重负的吃饭财政。这种尴尬局面常常导致这些农村地区陷入在理论上和长远发展需要上对智力回流存在绝对需求，但在可操作的现实生活中又存在相对地难于有岗位来聘用人才的尴尬境地。在这种情况下，地方政府无法真正呈现出吸引智力回流的积极性。另外，由于中国农村人多地少，农村产业主要以劳动密集型为主，它直接导致农村吸纳新技术、创新技术的内在驱动力较低，这在一定程度上会弱化农村对智力回流的吸引力和吸纳力。

第三，智力成长的适宜环境尚在生成过程中。现代人力资源开发管理理论认为，“培养人才、吸引人才、用好人才”三个环节缺一不可，有效管理、合理使用都是对人才的积极开发利用。遗憾的是，中国大部分农村地区在人才开发、使用、管理方面都跟不上社会发展的步伐。农村智力回流大多数还是自主性回流，政府部门在主动提供就业岗位，对他们实施继续教育等方面的工作方面还有很大提升空间，换句话说，农村还缺乏竞争公平、流动有序的人才市场环境。在市场经济日益成熟的今天，这种人力资源开发与管理上的落伍，会对农村智力回流产生一定的消极影响。

第四，城市的挤压力量还不足以转化成农村智力回流的强大推力。城乡比较利益的差异是智力流动的一种比较明显的诱发力量。城市的挤压是推动农村智力回流的一个重要外力，但被城市挤压回流的智力大都处于较低层次，因为一般而言，高素质人员社会生存能力总体上较强，在城市优质岗位竞争中具有明显的比较优势，城市的挤压推力驱动他们流向农村能够发挥的作用相对较弱。这部分智力向农村回流主要依靠政府行为，但政府行为常常存在着临时性、主观性、非连续性等不足，要靠城市的生存性挤压和政策性拉动而实现持续有效的高层次智力回流即使到今天也仍然存在较大困难①。

① 贺雪峰等人就多次撰文表示不看好大学生村官等举措。参见贺雪峰的《我给大学生村官泼冷水》、《论新知识下乡》等文章。

除此之外，农村智力回流的实现需要经历一个较长时期的累积过程，尽管智力输出与智力回流之间的转换有一定规律可循，但对于农村的地方主管干部来说，吸引不吸引智力回流对其个人职业成长和成功没有明显积极影响，甚至还潜存负面影响（引进的人才容易成为他们地位维护或提升的竞争对手）。因此，农村的基层领导，在吸引智力回流时，难以避免短期行为，或是出现“雷声大、雨点小”的形式主义做派。

第四节　高等教育与农村社会发展互动呼唤有序性与合理化

农村制度性解放和农业技术的提高，曾经有效地带来了农民种地积极性提高和农业生产率提升，加快了农民致富的步伐，并制造了大量可以自由支配自己劳动的农村劳动力。这种变化给本人的研究提供现实契机的同时，也注定了我的认识难以避免地带上了特定时代的历史文化印痕。客观说，即使是追求精确性、可重复性和可验证性的自然科学也同样难以摆脱模糊性和不确定性，这已经被科学自身的发展所证实。正如默顿所言，知识社会学的诞生是以即使是真理也受社会限制这个假设为标志的，它本身也是与其赖以出现的那个历史上的社会相联系着的①。一项研究要真正形成新知识（哪怕是新假设）都需要研究者对自己的研究过程和研究结论进行检讨和反思。

诚然，农村外出打工的人基本上是自发外出的。他们外出的最初方式主要是投亲靠友式，就业成本低且成功率高。流动者中夫妻、兄弟姐妹、亲戚和（或）邻里结伴而行是一种比较普遍的现象。国务院研究室课题组的相关研究也表明，农民工多以血缘、地缘、业缘关系集聚，靠亲友介绍或自找门路的占93%，有组织或通过劳务市场介绍务工的仅占7%②。值得指出的是，农村外出谋生的劳动力不是农村家庭对这些劳动

---

①　默顿．社会理论和社会结构［M］．南京：译林出版社，2006：687．

②　国务院研究室课题组．中国农民工调查报告［M］．北京：中国言实出版社，2006：112-121．

力不需要，而是因为农村缺乏必要的吸引力和农业缺乏应有的吸附力。正如孙立平他们所作调查发现的那样：无论询问农民工什么问题，都有人用“种田不赚钱”来回答①。农村的相对贫困或者说农村人试图摆脱贫困、走向富裕是大量农村社会流动发生的直接动因。城乡之间比较利益的差别几乎使农村有劳动能力的人都成为潜在流出者。而成功实现社会流动者大都是当地的精英。农村社会流动对流出地而言，农村精英的流出是一个对农村社会侵蚀的过程，对流入地而言则是获得人口红利的过程，其实也是一个财富获得过程。如何实现农村社会流动或智力流动的动力与秩序兼容，是我们这个时代必须认真面对和加以解决的问题。

一、农村智力流动的动力与秩序

社会学是面向现实的学科，它常常直面世俗性问题；社会学也具有明显的浪漫化色彩，社会秩序的和谐是社会学所拥有的一种美丽期待。社会学所憧憬的和谐秩序，一方面依赖于科学与理性的力量，另一方面又寄希望于情感、沟通等人性化的力量。在社会学视野里，农村被贴上了矛盾性标签，它或者被描述为令人向往的充满脉脉温情和诗情画意的田园，或者被视为落后愚昧、狭隘自私的地狱。一边是诗意般的栖居，一边是鬼魅般的生活。但不管怎样，农村智力流动是经济社会发展不平等的产物，起因于农村人口追求出路的自发行动。这种社会流动具有以下几个特点：第一，它是在严重信息不对称的情况下进行的。这种信息不对称既有劳动力供给的信息障碍，也有劳动力需求的信息障碍；既有求职者技能状况的信息缺失，也有招工标准的信息不畅。加上劳动力市场的不完善，造成了农村智力流动的盲目性和不稳定性。第二，它具有时间上和空间上的集中性，有很强的社会冲击力。由于文化背景差异大，农村流动者对所在城市缺乏归属感，因而社会责任感较淡漠，加上城市也没有把农村社会流动者视为自己人，从而产生社会区隔，造成城市管理难度大，社会潜藏着不稳定因素。第三，农村流动者没有被纳入城市社会保障体系，而这个群体自身又缺乏必要的组织资源、文化资

① 孙立平．断裂——20世纪90年代以来的中国社会［M］．北京：社会科学文献出版社，2003：99.

源、权力资源和制度资源，因而农村流动者合法权益往往得不到及时有效的保障，他们容易成为城市中的弱势群体。

1．农村智力流动的动力性因素

值得指出的是，农村智力流动实际上存在非常多样化的形态。除了一般农民向城市和发达地区的流动外，也存在高等教育作为制度化手段的农村智力流动，这种流动者的社会境遇与前者截然不同。除此之外，农村自身也存在着上升性社会流动。除了农村本身非农产业发展产生吸引力外，随着农业知识技术构成的提升，至少带来了两种社会流动，一种是农业现代化的提升而产生的传统农业向现代农业转变，一种是填补性社会流动，即在农业条件较差的地区向经济和地理环境较好的地区的人口流动。因为在农业条件较好的地区，一些农民进入城市专门从事非农活动，他们留下的劳动力空缺会吸引农村条件和农业条件相对较差地区劳动力的流入而得到弥补，出现农村的梯级社会流动。但不管哪种流动，其实背后都潜藏着资本的力量。

首先，文化资本是实现身份转换的潜在力量。一切知识活动本质上都可能具有逐利性，尽管它们往往借助符号来表征。知识分子通过炫耀文化与科学来获得身份，它们的合法性正好来自这样一个信仰：较之物质追求，它们代表人类各种活动中更高级、更有价值的存在形式。文化资本既是社会精英确保合法性的重要基础，它又可以与其他资本实施互换性和互惠性互动来强化身份及其合法性：文化资本可以增强权力的合法性并放大权力；权力又可以庇护文化，使其获得社会资源。文化资本可以给经济资本以智力支持，从而放大经济资本的直接和间接效应；而经济资本可以帮助实现文化资本更快更好的积累，并实现经济资本向文化资本的渗透。就这样，经济和权力的优势集团，通过不同的身份文化，把各自的利益掩盖在超功利外表下面并将自身利益合法化。

农村社会作为文化资本相对不足甚至比较缺乏的群体，在对文化资本的进一步竞争中，其家庭常常因害怕失败而出现部分人放弃进一步接受教育的机会，尽管他们可能在内心也曾高度向往大学和上大学，但这种向往抵制不住预期自己会失败的力量。他们在不是读书这块料这类社会和自我预期中丧失了获得更好的文化资本的动力。事实上，农村年青一代因为比年长一代具有更多文化资本，因而实现智力流动的机会和能力更加突出，但他们在文化资本的社会竞争上尤其是文化标签的拥有上，仍然总体上处于劣势。没有携带文化资本标签的流动者，更容易陷入这样的尴尬境地：既不能成为城市人，又难以成为归乡者。

其次，获得比较利益的行为被制度认可是农村智力流动的直接动因。社会结构分化形成了不同利益群体，在一般意义上，每个群体的利益都具有正当性。少数人的合法利益也具有同样的正当性，应该得到同样的承认和尊重。换句话说，在政治和社会层面上，我们要允许代表不同利益群体的“压力群体”存在，要允许多样化的社会方式、价值观念和文化意识的存在。农村智力流动者甚至农民既可以说是多数，又可以说是少数。说他们是多数，主要从其代表的人口数量而言，毫无疑问是人口的大多数，然而就其在政治、经济或是其他社会事务中表现出来的力量看，他们往往只能算是沉默的多数，只是能够表达和主张自身利益的少数。在少数服从多数的原则下，农民的利益一般无法自我表达，只能被动地由他人代言。

在此背景下，农村智力流动只能成为农民自发的社会行为。这种行为在一定程度和一定时期是与既得利益集团的某些利益存在冲突的，故农民的自主性智力流动被描述为盲流，是一种在制度性和政策性安排中需要抑制或阻断的行为。随着社会开放和流动全面纵深推进，原本存在矛盾的城乡社会在利益上出现了越来越多的一致性，农村智力流动逐步获得了越来越明显的合法性。事实上，农村智力流动为城市提供了大量廉价劳动力，农村自身也获得了高于传统农业劳动的比较收益。城市人口则增强了财富感和尊严感，因为城市和发达地区的失业人口不屑干的最脏、最累和最危险的工作都可以由农民工来完成。

农村智力流动就这样逐步获得制度性认可，而制度化的符号和价值所需要的态度是正视、依附和遵从。当人们对农村智力流动的制度安排由抵制到欢迎、由受害到受惠，农村智力流动自然就获得了前所未有的力量。然而，当人们的怀疑指向其不良的社会效果时，指向其他制度的基本价值准则时，冲突和失衡就会产生。农村智力流动中的不和谐往往就是人们生存境遇变化和制度安排之间不匹配的反映。一般而言，人的行为一方面受到结构性因素的制约，另一方面，人的动机和行动所具有的主观意义也会对人们相互作用的各种形式产生影响。换句话说，交换性的行为经常是和理性选择的利益比较，以及与理性选择的利益约束联系在一起的。人们对交易物的满意程度将对交换行为产生影响，特别是如果出现选择性和替代性资源时，人们对某种资源的依赖程度要受到他们对这种资源及其获取方式的满意程度的影响，这种满意程度有可能改变不同资源对交换者的相对价值，在这种情况下，个人的依赖程度“是服务的价值与可供他们考虑的第二个最好的选择方案之间差异的一个函数”①。

农村智力流动实际上是一种社会权力的交换。而社会交换中的权力受三种力量的影响：资源、依赖性和满意度。这里的资源是指那些可使人们满足必要且重要的经济、政治、社会以及与此相关的各种需要的东西。这种资源不仅包括收入等物质性资源，还包括非物质性资源，比如人们实现社会流动所需要的能力（可能性）以及通常所说的声望或荣誉。所谓依赖性是指一种特定的社会情境，在这种社会情境中，人们的社会行为由于需要获取特定资源以便实现特定期望而不得不受制于某一个特定社会群体或个人。当人们为了满足特定需要，实现特定的社会、经济和政治目标而别无选择地依赖于某一个社会集团或他人行为的时候，依赖的情境就会产生出来。所谓满意度，当人们在工作或行动时，付出与劳动能够得到社会和他人给予的、他认为应该得到的回报、补偿和奖励的时候，人们就会自然而然地在心理上产生一种相对公平和满足的感觉。付出和回报之间的差距越小，人们对这种回报的满意程度就会越高，对社会公平的积极认可度也越高。

2. 农村智力流动秩序的形成

中国式城乡二元社会形成了特殊的中心-边缘关系。中心-边缘关系是一个很有分析价值的维度。在封建社会，农村是社会的中心，城市则是农村的相对物。知识分子是社会的第一阶层，农民为第二阶层，社会各阶层依据士、农、工、商的顺序而拥有相对的社会地位等级。到了现

① 布劳. 社会生活中的交换与权力［M］. 北京：华夏出版社，1987：140.

代，中心-边缘关系出现了新变化，原初具有横向流动意义的社会流动，如农村向城市，一个地区向另一个地区的社会流动，在现代经济和政治张力影响下具有某些纵向化特征。在我国，农村向城市、经济欠发达地区向发达地区的社会流动都具有或浓或淡的向上流动色彩。与此同时，群体间收入差别存在越拉越大的趋势，这既表现在城市内的群体之间和农村的群体之间，也表现在城乡之间，从而形成了中心与边缘、中心中的中心与边缘以及边缘中的中心与边缘等复杂的中心-边缘关系。城市中的边缘化社区（姑且称其为社区，实际上还有很多属于“三不管”地带）成为城市中贫困人口聚居地和社会不稳定的重要源头。而农村则出现凋敝化、空壳化现象和农村基层政府的财政能力下降等问题。在一段时间内农村教师的工资被拖欠也与此直接相关。在“乡学乡办，村学村办，人民教育人民办”的口号声中，农村教育实际上一度被异化成为农民教育农民办，政府（主要指国家和省）实际上推卸了举办义务教育的起码责任，而基层政府又无力承担这种责任。这是农村教育开始与城市教育差距逐步拉大的重要经济社会原因。

值得指出的是，农村人口尽管从个体生理性特征来看并不是天生的弱势者，但他们在现实生活中往往处于一种相对不利境地，他们在市场（不管是资本市场还是劳动力市场）竞争中也同样处于相对甚至绝对的弱势地位。而农村向城市流动往往使流出地带有被剥夺特征。但不管怎么样，农村智力流动仍然可能蕴含着这种趋势：城市和发达地区作为中心对边缘的渗透作用、农村和欠发达地区作为边缘对中心的冲击力度都在加强。中心-边缘关系需要从经济维度、文化维度和制度维度内在地、必然地与结构维度产生相互交织的作用。农村智力流动的全面发生和展开是国家现代化的一种或多种阐释方式的成形和发展，也是一种独特的社会想象的成形与发展。它呼唤人的能动参与，而这种能动性不单单是政府或者官方的，也应该包括共享和促进国家现代化的所有人。

在现代化过程中，人的社会流动不仅仅是个人身份或地理位置的变化，而且包括人的能动性、自主性和人在流动中观念的相应变化。并且，每个人除了自己固有的和可归属的角色外，还将承担大量其他角色。这种开放和变动的角色将使个人有可能归属于更广阔的跨地域的、同时可能也是变化不定的共同体。人们从传统的政治文化权威的束缚中解放出来，并且强调不断扩大个人与制度的自由和活动的领域。社会成员将自主参与社会政治秩序及其制度的构建，强调社会所有成员自主接近这些秩序及其中心。通过社会流动的充分展现，农民不再是缺乏思想和缺少制度保护的人，他们的利益应该由自己来思考和表达。农村也不再是简单的社会边缘，而是与城市平等的存在。这时候，农村和城市，不再是城市是中心、农村是边缘的单一关系，而是形成了不同层面上不同的中心-边缘互换关系。城市和农村的人口都是居民身份，城乡人口不再是身份和等级差别的另类表达。政治领域和政治进程也将更为公开，社会的边缘和社会的所有成员至少潜在地参与到政治领域中，中心渗透边缘、边缘冲击中心的强大趋势会进一步模糊中心和边缘间的差别。城乡分割的制度安排将不复存在。城乡之间，在建构集体和集体认同边界上将出现新的变化。职业和地域一样成为集体建构的基础和身份认同的基础。

当然，农村要摆脱对城市中心的简单依赖需要四个条件。首先，农村要能够为自己提供必需的短缺资源。这种资源包括各种经济资源，以及权力和信息等资源，或者通过向城市提供城市所必需的短缺资源来换取自己所需资源，从而使城乡保持平等合理的交换关系。其次，形成多元的资源获取渠道和方式，使城市和农村成为分化的而不是整体的关系，从而使资源获取有可替代性的渠道和方式。第三，形成“迫使”对方提供资源的能力。我国原本在城市与乡村之间有相互交换的资源，但城市凭借政治、经济和文化的优势，单方面在各种资源上控制甚至剥夺农村的资源，比如在经济上利用价格剪刀差，在政治上采取城市中心主义，在文化和信息方面也是以城市为中心，甚至在人才培养和选拔上也具有城市向农村掠夺的潜在意涵。只有改变城乡的不平等关系，增强农村在资源获得和交换中的能力，才能实现城乡平等。第四，降低自身要求来摆脱依赖。通过所谓的知足常乐式自我安慰可以帮助获得心理上和行为上的平衡并由此弱化依赖关系。

毋庸置疑，二元社会的存在制约了全国统一大市场的形成，阻碍了市场半径的扩展和市场深度的拓展。加上原有城市分割体制（如户籍制度等）使城乡之间的资本、劳动力、技术等要素的流动障碍重重，进而阻碍了城乡二元经济结构的转换。在各地城市化加速时期，城市中出现了不少外来务工人员聚居的新型社区，有人称之为边缘社区。然而，长期以来，学者和主流社会对农民的参与意识误解了，认为他们不想参与，其实是社会提供的参与途径和条件不充分、不安全。农村中的诚信、和为贵、礼尚往来犹如农村社会的润滑剂，给社会成员提供公认有效的沟通交往规范，减少了摩擦，缓解了冲突；但农民也显得缺乏社会责任感，农村中“搭便车”行为比较盛行，这些充满着价值和行为矛盾的处世之道，是农民生存所需要的一种无奈的圆滑。由于群体的成分稳定，其成员又缺少社会保障，所以形成了群体内部非常高的社会相互作用率。群体结构就是这些相互作用的一种产物。从这种相互作用中，产生了一种相互义务，这也是群体内聚力的基础①。

判断我国城乡是否走出中心-边缘关系的一个观察角度就是公民社会的形成。戈登·怀特认为，公民社会是一个介于国家和家庭之间的中介性社会领域，这一领域由通过同国家相分离的组织所占据，这些组织在同国家的关系上享有自主权并由社会成员自愿地结合而形成以保护或增进他们的利益或价值②。对农民而言，他们经历了臣民化小农到政治化小农的转变，现在需要实现社会化小农的转变，通过各种形态的社会流动使传统农民走向终结。

二、如何提高农村智力流动的现实合理性

农村智力流动要合理，需要符合国家的道义和乡民间的道义，让国家主导的意识形态能够有机地融合到乡民的日常生活伦理实践中，同时又给这些伦理实践提供一些必要的回旋余地。国家和乡民之间达到某种默契的共识。乡民的交往必须无条件地遵守乡村中的伦理道德规则，使得道义在家庭、家族、宗族、邻里中有更灵活的表现形式，更好地维护

① 怀特．街角社会：一个意大利人贫民区的社会结构［M］．北京：商务印书馆，1994：338．

② 何增科．公民社会与第三部门［M］．北京：社会科学文献出版社，2000：64．

乡村秩序。

1．农村智力流动的合理性

合理具有几种含义：合乎逻辑，合乎现实，被制度认可或心理认可。马克斯·韦伯则认为合理有目标合理和价值合理两种。所谓目标的合理性是指目标和手段均从合理的选择而来，是一种理想的合理化状态。价值上的合理性是指力求达到实质性目标，这一目标本身可能并不合理，但使用的手段却是合理的①。合理性通常也用合法化来表达，这种合法化需要几种力量来支撑：第一，法律观念，法律表达了某一团体获得国家对其合理性和合法性的认识和同意；第二，组织和制度，保证合理性的组织空间和象征空间；第三，人们的信仰支持；第四，人们的习惯。

社会流动合理性的实现过程就是其目的和手段被人们接受甚至成为一种习惯的过程。如农民智力流动，其早期呈现的自发流动被称为“盲流”，它意味着其被政策和舆论所限制与指摘。而现在农民工进城已经被逐步接受和确认，只是在制度上尚缺乏平等对待。在关注弱势群体的口号声中，农民工进城已经成为在制度和心理上认可的合理合法行为。

可以肯定地说，获得合理性或者合法性是农村智力流动形成良好秩序的基础。实际上，缺乏合理性就缺乏存在的可能性。黑格尔所说的，存在的就是合理的，合理的就存在，自有其现实解释力。当然，黑格尔的合理性应该从事物存在所具有的现实生长基础角度来理解。不管是好的值得鼓励的，还是坏的有必要加以控制甚至取缔的事物，只要它存在，总有其存在的现实根源和现实基础，这就是其合理性。它可能是制度不健全的产物，也可能是人们心理和习惯力量支持下的伴生物。对此，我们不妨举例作进一步说明：美国禁酒法案无法产生实际效果而不得不被废除，是因为饮酒是人们长久以来生活方式中难以割断的部分，人为禁止它，从某种意义上就是取消了生活方式的合法性，也就是人为否认了生存的某种合理性。

2．城乡共享发展促进农村智力流动的合理性

因为城乡户籍管理的分割局面还没有从根本上打破，一般意义上的

① 科瑟．社会学思想名家［M］．合肥：安徽教育出版社，1991：240-241.

农村智力流动，既不能改变其农村户籍，又不能使其享受城市居民的各种福利和社会保障，也不将其纳入城市就业管理，这使农村劳动力的流动具有短期性和不稳定性。同时，由于城市劳动力市场的分割，大部分自发性农村智力流动者只能进入城市非正式部门，同城市下岗职工在非正式部门的劳动力市场上形成竞争，这又反过来制约了农村智力流动。因为当城市面临就业压力时，往往倾向于采取一些不利于农民工就业的政策。这些不合理的制度设计容易使农民工缺乏必要的归属感，甚至产生敌视感。

在农村日益显著的社会流动中，各种各样不断重构的社会关系网络和阶层自主形态不断出现，使乡土原有的熟人社会特征走向消解，但又具有一种强烈的包容倾向，能够把各种各样的准阶层融入其中，倾向于形成新的熟人关系网络；人们在社会流动过程中的进入和退出则带有更多的非个人主义底色。

农村智力流动，从流动者来源看，主要有外出性或输出性智力流动，这种流动既可能是暂时的，也可能是永久的；还有流入性智力流动，主要是相对落后地方的填补性流动。本来，在正常情况下，发达和不发达地区、城市与农村之间应该存在大量双向社会流动，但在目前的现实性上，主要是单向度的，逆向社会流动虽然存在，但性质有一定差别。如笔者调查过程中发现，在农村社会流动发生的早期，宁乡的经济水平总体上还比较低，宁乡人外出打工的人很多，但也有少量浙江人来宁乡收集松油，后来有研究者发现，宁乡人到外打工获得的、能够拿回家的经济回报与浙江人采集松油的经济回报相当。从城市向农村的社会流动在新中国的历史上也存在过，比较值得关注的是：一种是知识青年上山下乡，一种是极少数城市贫困人口曾经到乡下居住以节省生活成本，还有一种就是城市单位的派驻人口。概而言之，城乡之间的人口空间流动的主体是农村人口流动到城市，形成一条单向渠道或者窗口，农村中非农人口数量增长和比例提高一直十分缓慢，这是农村智力流动将要关注的地方。一旦农村自身对知识和技能的吸纳能力增强，农村现代化进程和对人才吸纳水平都会提升，农村相对城市而言的比较劣势就会缓和。

农村的这种局面之所以尚未能够形成，一个方面是由于农业生产集约化程度不高，专业化程度不够，但生产集约化和专业化一定是农村经济社会发展的一个方向。如果传统农业被改造成为现代农业，高等教育对农村智力流动的作用就可能由幕后走向台前。城乡在价值观念上的区别也将变得越来越小，整个社会将由城乡对立的二元社会走向大众社会。在大众社会中，由于大众媒体同时向社会每一个人传布同样的思想，人们的价值观念会更倾向于有更高的一致性。当然，我们也不能高估这种一致性。实际上，由于历史的、职业的和区位的差异，城乡人口的价值观念仍然会存在重要差别，存在代差或时间差。这就像斯洛克姆在描述美国城乡差异的历史变迁时所指出的那样，“如果把1900年时的乡村人和城市人相比较的话，现代的美国乡村人与后者更相像”①。

三、农村智力流动的社会后果

在研究之前，我曾有过这样的假设：高等教育是实现农村向上社会流动的积极动因。通过研究发现，实现这种向上智力流动的动力和过程都十分复杂，这种社会流动甚至不容易表达。那些没有被纳入原有制度框架的社会流动，既可以说是向上流动，也可以说是向下流动。说它向上，是因为进入了以前不能进入的城市（城乡之间的横向关系实际上带有纵向意味）；说它是向下的是因为传统产业工人、传统农业职业都是社会经济地位相对较低的职业，大多数农村智力流动者实际上只是进入了城市底层，其社会生活和社会地位与周围的人相比处于下层，其相对低位甚至低于其原初地位（当然，参照对象不同了）。在这种意义上说，他们不但没有能够实现向上社会流动反而导致相对地位下降。与此同时，农村智力流动也导致了人们对高等教育期待的变化和乡村社会的变迁。

1. 农村智力流动说明了教育不平等与社会不平等互为因果的关联

在农村，社会性资源相对缺乏。就农民获得的社会资源而言，以教育为例，我所调查的流动者大多数只有初中文化（毕业或肄业）；而且由于农村师资和教学设备的相对较差，农村中学的教育质量与城市有一定差距，在基本素养和文化素养方面的差距十分明显，这些素养往往无

① 罗吉斯．乡村社会变迁［M］．杭州：浙江人民出版社，1988：9．

法仅仅依靠学校教育来完成。从农村智力流动视角看，当高等教育作为一种实现智力流动的制度性力量时，它可以帮助农村人跨越城乡制度壁垒，实现身份和地位的根本性转变，出身于农村的大中专生智力流动的境遇与农民工不可同日而语，这种制度性跨越对乡土社会产生过强烈价值引导；在政策和制度默许下的农民自主性智力流动，教育只是一种背后的力量（缺乏起码教育基础的人在外的生存能力相对较弱），只是给流动者提供某些必要的知识、见识和交流的基本工具。这种工具不足以改变农民工的处境和命运。

城乡教育资源供给的显著差异使农村教育处于弱势地位，农村教育供给的总体性不足导致了农村中只有一部分人能够接受高等教育（我们把它理解为可以促使农村人改变身份和地位所需要的教育），而农村人口中教育程度的差别又造成了他们在社会流动中的诸多不同。

2. 农村智力流动使乡村熟人关系向正式关系转变

乡土社会是一个熟人社会，熟人社会反映的是地缘和血缘力量所形成的初级[①]（或者说首属群体［primary group］）关系，随着农村智力流动和农村社会的结构性变迁和功能性变化，次级关系[②]（或者说次属群体［secondary group］）的重要性在逐步提高，人们对共同利益、正式组织的依赖常常超过对人情和面子的依赖。乡村人的社会关系变得更加正式，更加非人化和科层化。尽管在我所调查的范围内，农村的公司化、工厂化等新事物尚未全面出现，但邻里关系开始明显弱化，甚至亲属关系和家属关系也在弱化，或者说他们的关系在发生新的变化。

农村社会关系的变迁实际上与内发变迁和关联变迁有关。所谓内发变迁是指变迁的原因和鼓动者都来自农村社会内部。农村社会流动造成

---

① 首属群体也称初级群体，是美国社会学家库利提出来的一个概念，是指个人直接生活在其中、与群体成员有充分的直接交往和亲密人际关系的群体。家庭、邻里、青少年的友伴群体等，都属于首属群体。

② 次属群体是社会根据一定的目标建立起来的，如学校、工厂、政府机构等。这类群体通常有显著不同于首属群体的较大规模，其运转也首先依赖于社会角色关系，群体成员有明确的分工。次属群体是人们介入更广泛的正式社会的途径。人们在次属群体中的社会角色起着沟通个人与社会的桥梁作用。

农村人之间交往的时间和空间发生重要改变，交往中的依赖关系变弱，从而导致熟人之间显得陌生。所谓关联变迁是指变迁的力量来自农村社会之外，通过农村人的自主选择或者外部指导而演变出变迁的力量。比如农村智力流动者有了较长时间的城市生活经历后，渐渐接受甚至习惯了城市的生活方式，甚至自觉不自觉地把它带回到了农村生活中，引发或者导致乡村生活方式的变迁。可以肯定，农村变迁的积极结果是农村走向现代化，使人改变传统生活方式，进入一种复杂的、技术先进的、不断变动的生活方式之中。

第五章　解释：高等教育与农村发展互动的理性思考

不管怎么说，各种类型的农村智力流动在本质上都内在包含知识、技能等因素，尽管在外显的动力和机制上可能不尽相同甚至差异显著，但都与社会结构变迁息息相关，甚至就是社会结构性变迁的积极动因。在这些形态各异的农村智力流动背后，高等教育既可能是一种看得见的力量，也可能隐藏在其他力量背后。农村智力流动者中，有一部分人是因为接受了高等教育（或类似的教育），从而制度性地跨越城乡壁垒，实现了自身的向上社会流动。高等教育经历成为他们向上社会流动的直接力量。但随着社会流动加速和社会流动格局变化，高等教育在农村人口智力流动中的价值引领和道德引导等方面的作用也会发生某些变化，人们的教育期待也会发生相应变化。因此，有必要对与高等教育存在或隐或显关联的农村智力流动从变迁视角重新审视。

第一节　影响高等教育与农村发展互动的动力性因素

一、影响高等教育与农村发展互动的思想动因

在专制国家里，绝无所谓调节、限制、和解、条件、等值、商谈、谏诤这些东西；完全没有相等的或更好的东西可以向人建议；人就是一个生物服从另一个发出意志的生物罢了①。在专制社会里，一切个人之

① 孟德斯鸠．论法的精神：上［M］．张雁深，译．北京：商务印书馆，2005：32.

所以都是平等的，正是因为他们都等于零。臣民除了君主的意志外，没有别的法律；君主除了他自己的欲望外，没有别的规则[①]。现代社会，显然不能容允上述现象普遍存在甚至局部存在。

1．追求平等是人类权利的自我追寻

平等是人类政治理想中既让人神往又面临困惑的重大价值理念之一。勒鲁认为，我们处于两个世界之间：处于一个即将结束的不平等世界和一个正在开始的平等世界之间[②]。平等这个词概括了人类迄今为止所取得的一切进步，也可以说它概括了人类过去的一切生活。从这个意义上说，它代表着人类已经走过的全部历程的结果、目的和最终的事业。卢梭则认为，人类社会有两类不平等：一类是自然的或生理上的不平等；一类是精神上的或政治上的不平等，这种不平等包括某一虚无飘缈由于损害别人而得以享受的各种特权[③]。

面对自身的不平等地位，人们身上主要采取三种典型表现来应对：一是消极认命，就是认定“死生有命，富贵在天”，在看不到改变不平等命运的希望也找不到改变不平等命运的途径时，人们更容易消极地接受不平等的社会现实，从而安于现状，逆来顺受。二是暴力抗命，在基本的生存权都得不到保障的情况下，有人会发出“王侯将相宁有种乎”的怒吼，进而实施暴力反抗。三是制造社会“减压阀”，缓解社会不平等可能引发的冲突。比如通过教育或其他手段形成上下沟通的渠道，教育或其他途径选纳贤良从某种意义上说是在发挥社会“减压阀”的功能；或者通过权力在下层留下适当空间，给地方留下余地。中国封建社会的权力止于县，实际上也给地方乡绅发挥社会作用提供了社会空间。

社会不平等的随处可见必然相应地催生平等观念的滋长。比如，对财富分配不平等所造就的贫富两极分化现象是中国社会孕育和扩展平均主义意识的主要因素。新制度经济学认为，一种提供适当的个人激励的有效制度是促进经济增长的决定因素。从政治学的角度看，政治现代化

---

① 卢梭．论人类不平等的起源和基础［M］．李常山，译．北京：商务印书馆，1982：146．

② 勒鲁．论平等［M］．北京：商务印书馆，1994：11，21．

③ 卢梭．论人类不平等的起源和基础［M］．北京：商务印书馆，1982：70．

涉及的三个要素是权威的合理化、结构的分化和政治参与的扩大①。在大多数处于现代化的国家里，人口的大多数——通常又是相当大的多数——居住在乡村地区，从事农业劳动，这些国家城市人口的增长远比农村人口增长来得快，这多半是由于人口从农村向城市的流动所致。农村人口占大多数和城市人口快速增长这两个条件结合在一起，就给处于走向现代化的国家营造了一种特殊的政治格局。城市和乡村之间在政治态度和政治行为方面就形成了一种差距。而政府的稳定则依赖于它能动员起农村的支持，并为农村的政治动员提供制度化框架②。而政治的核心是权力和权利。就权利而言，它其实有两种，一种是应然的权利，一种是实然的权利。所谓应然的权利是指权利主体根据法律或道德规则应该享有的权利，它既可能是一种道德权利，也可能是一种国内和国际立法加以确认的权利；实然权利是指权利主体实际享用的权利，反映的是权利实现的程度和水平。值得指出的是，人们权利的实现是参差不齐的，农民的权利实际上经常处于失落之中。

2. 乡村文化重塑是实现农村智力流动的心理文化要求

首先，各种因素所引起的智力流动，不管是地理意义或职业地位意义上的，都已经或将对人的主体地位产生某种影响，我们把这种影响称为人格转换。只有以人的居所和职业等方面的变化为特征的社会流动与人的基本生存观念和生存方式发生的相应变化相匹配，或者说只有人在社会流动的同时发生了相应的人格转换，这种社会流动才会具有真正的生命力。农村智力流动只有与农村的经济、政治、文化的新陈代谢相伴随，社会流动对流动者个人乃至他出身于其间的家庭在心态、心理定势、情感和价值偏好上才会同时发生变化，这种社会流动才具有更强烈的深刻性。因为这种心态、心理定势、情感和价值偏好等方面的变化既反映着社会宏观变化对农村文化变迁的影响，也把这种影响渗透到个人的文化心理层面，使普遍的人格转化、沉淀到个体身上。

---

① 亨廷顿. 变化社会中的政治秩序［M］. 北京：生活·读书·新知三联书店，1989：87.

② 亨廷顿. 变化社会中的政治秩序［M］. 北京：生活·读书·新知三联书店，1989：401.

其次，农村社区的仪式文化对分散的群体成员产生一定的整合作用。仪式作为一种民俗的力量发挥着重要的、介于制度性与非制度性之间的作用。仪式有利于乡村中的心理地理连续体关系的维护，特定乡村的心理地理连续体关系影响嵌入式和伴随性社会流动，使这种流动带有明显的乡土文化印痕。由于农村基层政权弱化和公共社会福利投入不足，官方结构的功能缺陷自然会催生出一种多少能够满足现存需要的替代结构或者替代力量。邻里关系，参照群体等等就会产生意想不到的强大社会动员力量。

其三，农村智力流动的必然结果是农民数量的大量减少，甚至永久脱离农业和农村。中国农村智力流动的成功者往往会有意或无意地被视为一定时代的发展向标，他们作为村落能人也就具有了重要的分析价值。因为这种村落能人不但具有本土意味，而且隐含着解读农村智力流动的某些重要线索。村落能人作为一种参考群体会产生预期社会化和再社会化的作用，但这种影响在一个相对开放、具有流动性的社会结构中对个人起着更加积极的作用。在封闭社会中，则容易产生负功能，给他人带来无力感和无助感。在本研究论域中，农村智力流动的参考群体有如下几种：第一种是通过高等教育的制度性升迁而出现的农村智力流动者；第二种是通过对社会机会的适时把握而成为某一行业的出类拔萃者；第三种是凭借职业结构性升级出现的机会而成功的智力流动者；还有一种是区域性调整（如农村社区归并到城区）而制造的智力流动者。这些参考群体都会对人们的心理和行为产生模塑作用。因为我们的研究实际上主要基于高等教育视角，故主要倾向于研究第一种和第二种。

其四，邻里文化有待重新调整。随着农村智力流动加速，社会系统中的参考群体在发生变化，非隶属群体可能取代原来的邻里等等而作为日益广泛的参考群体，这会使乡村结构出现裂痕，形成一盘散沙的局面。目前，农村家庭结构小型化、经济活动家庭化，加上邻里间的联系逐步弱化，在原有熟人社会中夹杂了陌生人社会的许多新特征，使得邻里中群体成员的资格既具有清晰性，又存在模糊性。群体成员对邻里间的情感和行为认同感呈现下降趋势。客观说，由于交往时间和空间的阻隔，邻里正在日益改变原初以户籍和交往重叠的格局，邻里本来在空间上临近和交往上集中的关系发生了变化，单纯的居住空间接近已经难以形成亲密的邻里关系。随着社会信息的大量增加而乡村社会缺乏辨别信息的能力，这些过多的信息会导致一些我们不曾预见的变化甚至混乱。许多误识也会随着社会流动增加而产生，如夸大在乡村以外谋生的劳动者或知识分子所取得收益的倾向，制造纯粹想象中的能人。这些不符合事实的猜测，除了说明真实信息传递不对称和农村人常常把自我期望通过寄托在他人身上而实现心理投射①外，它也意味着邻里间的隔膜已经不可避免地出现了。

二、影响高等教育与农村发展互动的结构动因

农村智力流动的驱动力实际上包含着对经济平等和身份平等的追求。身份平等其实是民主制度最基本的特征，也体现了民主制度的正义性质。托克维尔认为：“追求平等的激情是一个不可抗拒的力量，凡是想与它抗衡的人和权力，都必将被它摧毁和打倒。在我们这个时代，没有它的支持，就不可能实现自由，而专制制度本身没有它也难以统治下去。”② 在中国，这种平等的追求实际上被中国的单位制所阻碍。单位制之所以被称为一种制度，首先是因为它是在主流意识形态和价值观念基础上建立起来的一种特殊组织和机构形态。它能够满足人们的基本要求，并确立了一些在任何单位形态里都适用的基本社会角色和社会地位，同时也明确了一些只有在单位形态里通行的特定行为规范或行为取向。其次，单位是一种相对稳定的社会与组织团体，是传统文化和现代意识形态相结合的产物。在这里，一些传统的东西被意识形态化，一些意识形态的东西成功地被结构化。正因为人们的行为惯性融入了单位制度的结构中，它们才成为了人们的行为规范。

1．单位及其能量

单位的深层结构具有抗拒变迁的能力，其滞后性具有深刻的制度基

① 所谓“投射”是指把自己的性格、态度、动机或欲望，“投射”到别人身上。“我见青山多妩媚，料青山、见我应如是”反映的就是投射。

② 托克维尔．论美国的民主：下［M］．董果良，译．北京：商务印书馆，1997：624.

础。单位组织，既包含了国家行政机构或官僚机构，它们具有命令权力；单位也包括社会中的企业等一些经济组织。所以，单位既是国家行政机构或官僚机构，同时也是社会资源或财产的占有者。在这种意义上，单位是整个社会统治结构的一个重要组成部分，是维持国家统治或命令统治的手段或工具。单位是两种权力（命令权力和交换权力）和两种组织（行政组织和经济组织）的合一体，国家通过单位实现了统治，也形成了下级对上级的依赖和个人对单位的依赖，并由此导致国家剥夺了任何其他权力，基本上取代了社会①。

在一般情况下，单位级别越高，权力就越大，它的政治与社会地位也就越高，其占有的各种资源、利益和机会就越多。特别是在传统的经济和政治体制下，单位的所有制层次越高，其所能占有的各种资源、机会和利益就越多，其社会地位和声望就越高，与其他单位进行行为互动的交易成本就越低。所以，一个人在社会流动过程中流入的单位不同，或者在单位中所处位置不同，都会影响甚至决定他是在制度中还是在制度外生存，进而影响其角色（社会位置和社会期待的混合物）和地位（与社会位置的资源动员能力及其相应的主客观感受有关）。

因此，单位制的存在，可能使一部分人产生优越感，也可能使另一部分人产生相对剥夺感。它使人们对社会地位的第一反应是单位地位（当然，这种情况在当今有所弱化），这客观上造成中国社会的分化和分层在某种程度上既体现在单位间的社会分化或分层，又体现为人们在单位中社会地位的分化。

而中国社会向市场经济转型客观上导致了自由资源的发展和壮大，这在一定程度上为组织和个人的社会独立性提供了可能性和现实性。但单位组织生存的基本制度基础并没有从根本上改变，单位组织仍然保持着很强的政治特征或统治工具特征。第一，国家控制的社会资源和财产仍然在社会中特别是在城镇社会中占有绝对优势。第二，所有的单位组织仍然处在一种完全的行政隶属关系体系之中。各种单位组织的主要职

① 李汉林. 中国单位社会：议论、思考与研究［M］. 上海：上海人民出版社，2004：10-11.

能是以国家和政府的名义管理国家所有的资源，改革只不过是改变了它们的权力形式而已。第三，国家对单位领导人的任免权是国家在现有制度背景下、在社会转型过程中仍然保持着对单位组织实施强有力控制的基本统治手段，也是影响或决定单位组织仍然依附于国家的最重要的直接干预形式之一。因此，从一定意义上说，个人对单位组织的服从也是对国家的服从，单位组织对个人的权力在很大程度上是国家权力的体现。

人们在中国这个社会里，说话办事往往看重的和所需要的是人们在单位中的身份，人们想要表明的社会身份往往是透过单位身份折射出来的。首先，单位容易使人们的社会行为具有合法性，一个人的单位身份一旦得到了确认或被人深信不疑，在与陌生人交往中就容易得到认可或被提防的程度大大降低；与此同时，单位给予人们实施社会行动的资格。我们到外面办事，单位证明在过去相当长时间内都是十分重要的社会通行证。即使到现在，权威部门的证明同样十分重要（很多骗子仍然借助它来实施行骗，可见其社会影响力之深远）。总而言之，单位是国家实施控制的重要工具，也是单位人基本需求得到满足并成功获得或确认其社会权力和身份的重要保障。单位控制资源是国家控制资源的反映，它全面占有和控制单位成员发展的机会以及他们在社会、政治、经济及文化生活中所必需的资源。

值得指出的是，一旦市场化因素和自致性因素导致社会组织和个人相对于国家的直接统治有了一定的选择性，并且有了通过替代性资源获得独立性的可能，农村智力流动就会获得更多自由空间。

2. 单位的本质与功能

中国因为单位的广泛存在而形成了独特的单位社会，单位社会实际上是我国乡土社会中熟人社会特征在城市或工业领域的延伸和拓展。单位社会中浓郁的乡土气息巧妙地把现代中国和传统中国紧紧连在一起，把乡土中国与单位中国紧紧连在一起①。但单位组织在中国社会里已经超出了一般社会组织的意义。实质上，它不仅是一种统治或统治形式，

---

① 李汉林. 中国单位社会：议论、思考与研究［M］. 上海：上海人民出版社，2004：47.

而且更重要的是一种制度或者一种深刻地受制度环境影响、嵌入在特定制度结构之中的特殊组织形态。在目前的中国社会里，不管它是企业单位还是事业单位，都具有一系列在主流意识形态和价值观念基础上建立起来的、被认可和结构化的一些相对稳定的行为规范。

在单位社会里，人们从摇篮到坟墓，生生死死都离不开单位。在这里，单位社会的生活成了一个社会生活的常态，成了左右人们社会行为的常态。一方面，从制度上不允许人们割断与单位社会的联系，一旦离开了单位，人们就会失去相应社会身份和地位，国家和政府当然也就失去像以往那样对这些人的控制。另一方面，失去与单位社会的联系，对个人而言，在目前的这种社会及社会化环境中，也非一件轻松的事情，它不仅会给人们的行为带来失落和迷茫，而且也会使人们逐渐失去自身社会存在的基础。这一切共同构成了单位作为制度的重要政治、经济和社会条件。

可以通俗地说，单位社会是一个熟人社会或者没有陌生人的社会，它是都市中的村庄。单位社会中的人情面子成为单位中传统和习俗力量表达的社会心理力量。单位对资源的垄断性占有形成了单位左右个人行为或者说单位权力得以表达的物质基础。单位对个人档案的控制和管理决定了个人作为社会人的制度化基础。在单位社会的中国，档案是一个与单位生死相随的影子，影响人从求学、工作到结婚、生子等一系列社会行为。一份微不足道的档案，不仅沉重地负载着个人的历史，同时也承载着社会的历史。尽管它没有一个漫长的过去，也不一定会有一个遥远的未来，但它实实在在渗透进单位人生活的方方面面。

在中国的单位社会里面，实际上也存在着熟人社会中的差序格局。这种差序格局的行为方式主要体现在两个层次上：（1）个人行为层次。在个人的行动和互动过程中，每个单位人总是根据他人对自己的亲疏远近以及重要性程度来决定自身的行为方式和行为态度，并以差序格局的方式来构造自己与他人的关系。所谓的“酒逢知己千杯少”，反映的是在熟悉人群中的热忱和友好状态；所谓的“话不投机半句多”描述的则是距离较远的人在行动和互动中的谨慎感和分寸感。正由于单位社会中单位人在人际距离和人际信任中的亲疏远近，形成了交往的不同社会区隔。(2) 组织行为层次。组织行为层次的差序格局实际上是个人行为方式、行为态度的一种放大。在单位社会中，不管是正式组织还是非正式组织，在其领导行为中，都会出现亲疏远近的不同距离并保持或存在这种距离感。甚至在单位之间也会出现系统内与系统外的这种不同的交往距离，从而影响单位之间在办事和利益分割等方面的亲疏远近。人们所说的单位或部门本位主义是对这种状况的理论化表达，而“屁股决定脑袋”则是用民俗的话语阐释同样的道理。

个人层面和组织层次的差序格局往往导致“为集体，为单位和为大家”成为一种借口而使某些为圈内人谋取利益的行为合理化和合法化。与此同时，差序格局会造成在办事时，由于距离的远近而在灵活性和原则性之间取舍时会出现人为变通。距离远的，把坚持原则作为办事的基本规则，距离近的则在办事过程中灵活性地运用容易超越原则性的坚守。这种差序格局，实际上在单位内部会形成以不同维度或不同关系为区分依据的中心-边缘结构。这种中心-边缘关系造成占优势地位的社会成员具有影响、决定和控制居劣势地位的社会成员的能力和（或）机会，从而进一步强化这种中心-边缘关系，进而形成和固化社会区隔。

3. 单位制的松动与市场的介入

新型社会组织的出现使单位制有所松动，这些组织具有以下特征：首先，这种社会组织的组织功能高度分化和专业化，其社会功能主要是为了激励组织成员，提高工作效率，以更好地实现组织目标；其次，这种组织游离于中国正统的具有行政序列的社会组织之外，它们没有行政级别，在社会上具有名副其实的独立法人地位；其三，它的人员聘用、资金调配和管理、产品销售等等，都不是采用行政方式，而主要纳入市场模式。在市场中，生产商的社会网络为它们提供了必要的经营、价格信息；处于同一网络中的生产商相互传递信息，并互相暗示，从而建立和保持一种信任关系。换句话说，适应市场制度需要的新型组织只是市场网络内部相互交往产生的暗示、信任、规则的反应。值得指出的是，任何一种制度总是要嵌入到特定的社会结构和社会文化之中去，再好的制度创新如果不能成功地嵌入到那个社会的社会结构中去的话，那么，这种制度的创新与变迁不可能带来效益，也不可能造成这个社会的发展和稳定。

因为市场制度为人们逐步接受并使这种制度安排嵌入到特定的社会结构之中，就会逐步嵌入到人们自身的行动结构之中，变成社会结构的一部分，变成人们自身行为结构的一部分。与此同时，一旦制度化的市场机制真正嵌入到它赖以生存的社会结构与社会环境之中去的时候，这种制度同时也会深深地打上这种社会环境、社会结构乃至社会文化的烙印，从而形成一种互相依存，逐渐混为一体的状态。同样的道理，农村智力流动的诸多形态，实际上与单位制的松动和市场机制的介入分不开。

第二节　高等教育与农村发展互动的理论解释

高考作为社会地位的提升机确实成功实现了农村孩子的向上社会流动。大学学位既保护了那些出身上层阶层的特权，同时也为那些来自下层的许多人跃居高位创造了条件①。在中国，1999 年大规模的高校扩招后，接受高等教育的人口比例不断增加，高等教育提升人的作用在形式或制度意义上似乎有所削弱，但不管是城市还是乡村，人们对高等教育的渴望实际上从来没有从根本上停止过。只是对有些群体而言，教育成了护身的必需品，“教育成了保护个人竞争力的防卫开支”②；对另一些群体而言，如何使接受教育的代价最小成为他们不得不考虑的问题；对其他一些群体可能还有别的意味，比如对声望的考虑。有鉴于此，即使在“文革”当中，“那些被划分为不好的阶级，一部分是旧体制下的传统精英，比如地主、富农、资本家；一部分是新社会中的教育精英，比如右派分子，他们都是文化资本的拥有者，或者在旧社会饱读诗书，或者耳濡目染传统文化中几近严苛的尊师重教之规范与风气，重视教育的理念在他们的心目中砸下了极为深厚的根基”③。笔者曾看到过这样一个故事：一个有过书香条件的家庭，尽管他家中过举人的大爷已经在社会运动中被枪毙了，但这位大爷仍然是其家庭的偶像。经历了其父亲的那

① 吉尔伯特．美国阶级结构［M］．北京：中国社会科学出版社，1992：219.

② 张人杰．国外教育社会学基本文选［M］．上海：华东师范大学出版社，1989：246.

③ 李培林．中国社会分层［M］．北京：社会科学文献出版社，2004：389.

个发了小财的朋友悔婚以及他们家受到欺负后，孩子们更加坚定了要读书出人头地的念头。他们通过读书成功或经济等方面的成功来弥补一些缺陷的欲望就比常人更加强烈。柯林斯一语道出了其中的奥妙：教育既可以选择具有精英文化的英才成员，又能促使下层或中层成员对英才文化的价值观和生活方式予以尊重①。

高等教育大众化和农村新一代独生子女化现象重新燃烧起农村人对高等教育成为制度性社会流动机制的新渴望。如果说以往的多子女家庭使父母无暇顾及孩子，并且也无力同时给予孩子必要关注的话，现在更为普遍的情形是，望子成龙的愿望成了催逼子女成材的最强劲而直接的现实压力和动力，子女的学业成就已经成为大多数父母最为关注的核心问题，孩子的学业成就成了衡量孩子是否听话、是否符合好孩子标准的首要指标。尽管大学生从名义上看已经不像改革开放初期那么紧俏或者吃香，但人们已经对文化资本竞争的标准从是否接受过高等教育或是否上过大学转变为上过什么样的大学或者是否上过名牌大学。此外，高校门槛降低与求职门槛提高同时出现，这又进一步演变成为催生追求优质高等教育的新动力。尽管有家学渊源的孩子往往比那些来自文化资本有限的家庭的子女更具有学术潜力，但“即使是极端聪明和勤奋的人，如果没有机会，也不能超越灾难的影响而获得生活的成功”②。当然，文化资本不光来自继承，也来自通过自身努力而获得。此外，文化资本作为一种象征性资本，它要成为真正的社会地位符号还必须得到社会承认。教育的普及使人们受教育的机会更加均等，就职和晋升的机会更加均等，尤其对那些出自低阶层的人来说，职业流动和晋升机会也在增多。社会流动率的提高和教育作为重要社会筛选制度的建立，是形成“中产阶级”的有益机制，极大地减轻了不同阶层之间的摩擦和纠葛，也是削减社会张力、实现有效社会控制的“安全阀”③。

---

① 张人杰. 国外教育社会学基本文选［M］. 上海：华东师范大学出版社，1989：55.

② 埃尔德. 大萧条的孩子们［M］. 南京：译林出版社，2004：467.

③ 秦言. 中国中产阶层——未来社会结构的主流［M］. 北京：中国计划出版社，1999：16.

一、经济学的观点：高等教育对智力流动作用的解释

本研究关于智力流动等概念的解释实际上主要偏向于社会学视角，如果需要完整理解智力流动的确切含义，往往需要从更多视角来审视。智力流动也可以获得经济学的多种不同解释。这些解释在特定历史环境下具有一定解释力和说服力。在众多相关的经济学理论中，凯恩斯的充分就业理论及多林格等人提出的劳动力市场分割理论以及产业转移理论对农村智力流动可以做出比较好的揭示和解释。但需要注意以下几方面：首先，有必要把握好这些理论的基本精神；其次，要把握好这些理论所依存的社会条件。

1．充分就业理论

充分就业（full employment）是一个有多重含义的经济术语。这一概念最初是由英国经济学家 J. M. 凯恩斯在《就业、利息和货币通论》一书中提出的。它是指在某一特定工资水平之下，所有愿意接受工作的人，都获得了就业机会。充分就业的判断标准是，当失业率等于自然失业率时的就业水平，这种就业水平或者状态就称为充分就业。

凯恩斯的充分就业理论是在美国经济大萧条背景下提出的，这种理论认为：消费不足与投资不足，导致就业的有效需求不足。该理论进一步提出，要保证充分就业，国家就要干预经济，政府应该出台相应财政政策鼓励投资，以提高有效需求，实现整个社会的充分就业[①]。

值得指出的是，充分就业（或完全就业）只是经济学中的一个假设，指的是除了正常的暂时不就业者（比如处于工作转换等待期的人），所有的人都找到合适的职位，没有浪费现象。值得指出的是，在充分就业情况下，仍然存在摩擦性失业和结构性失业，充分就业实际上是与一定失业率并存的。为了实现充分就业，通常需要采取以下措施：刺激私人投资，为扩大个人消费创造条件；促进国家投资，通过公共工程、救济金、教育费用、军事费用等公共投资，来弥补私人投资的不足；政府通过实行累进税来提高社会消费倾向。

该理论认为，造成失业的原因主要有以下几方面：第一，总需求不

① 凯恩斯．就业、利息与货币通论［M］．北京：商务印书馆，2004：19.

足。由于社会总供给大于社会总需求，使社会的各种经济资源（包括劳动力资源）无法得到正常与充分的利用。经济周期中的经济危机与萧条阶段出现的周期性失业是需求不足所造成的失业现象；持续的普遍性失业（真正的失业）也是由一个长期的经济周期或一系列的周期所导致的劳动力需求长期不足的失业。

从表现形式看，失业主要有摩擦性失业、结构性失业和季节性失业。所谓摩擦性失业是指由于供求信息不对称，一个国家某个或某些地区从事某一类或某几类职业的工人找不到合适工作，而在另外一些地区却缺乏这种类型的工作人员，由此产生的失业现象；季节性失业是由于某些行业的工作季节性很强，而各种季节性工作所需要的技术工作又不能相互替代，从而出现部分劳动者在某些季节失业；结构性失业主要源于职业结构的变化或者人们对职业岗位要求的变化，从而使岗位供给与岗位需求之间产生不匹配，导致有人找不到合适的工作。

总之，在动态的经济社会中，总会有一些人要变换他们的工作，或者改变自己的职业，或者改换自己的雇主；也总会有人要流动到其他地区工作，或者当某项合同到期时也会出现劳动力多余。这些复杂的情况，必然一同或分别导致一部分人在未找到另一项工作之前，会出现短暂失业。

如何使岗位供给和寻找岗位的人有效对接起来，充分就业理论提供了某种理论假说。这种理论如何解释和解决与农村智力流动相关的某些问题，并促使这类问题及时有效地解决，则仍然是需要经过较长时间努力探索的重要问题。

2. 分割的劳动力市场理论

分割的劳动力市场理论是在 20 世纪 60 年代末 70 年代初，由 L. C. Thurow，P. B. Doeringer，M. J. Piore 等人提出的。这种理论认为：劳动力市场分为主要劳动力市场和次要劳动力市场两个不能相互替代的市场。主要劳动力市场收入高、工作稳定、工作条件好、培训机会多、具有良好的晋升机制；次要劳动力市场则与之相反，其收入低、工作不稳定、工作条件差、培训机会少、缺乏晋升机制。对于主要劳动力市场的劳动者而言，教育和培训能够提高其收入；而对次要劳动力市场的劳动者而言，接受教育和培训对于提高其收入没有作用。并且，主要劳动力市场和次要劳动力市场之间的流动较少。

分割的劳动力市场理论之所以把依靠技术和技能获得准入的劳动力市场称为主要劳动力市场，是因为现代社会的职业越来越"白领化"，这意味着这个市场将吸纳越来越多的劳动力进入；把不需要较多教育和培训而主要靠体力等获得准入的劳动力市场称为次要劳动力市场，是因为它在整个劳动力市场中所占据的份额呈现下降趋势，这种下降趋势包括就业人员数量减少或增长缓慢、薪金回报呈现增加缓慢甚至相对下降等方面。一般而言，进入主要劳动力市场的人往往不愿也难以进入次要劳动力市场；而进入次要劳动力市场的人员因为知识和技术门槛而无法进入主要劳动力市场。也就是说，两个劳动力市场是按照不同标准（如劳动行业、工作性质、工作地点、工资待遇水平等）分割而成，由于两者之间存在不同的收入和就业决定机制，两者之间很难自主流动①。因为在通常情况下，在次要劳动力市场就业以后便难以再返回主要劳动力市场，故大学生宁愿在主要劳动力市场待业，也不愿到次要劳动力市场就业。根据这一理论，我国存在大学生就业难和民工荒二者并存现象也就不奇怪了。因为大学生宁愿在主要劳动力市场上自愿性失业（当然，他们也难以进入次要劳动力市场），也不会轻易进入次要劳动力市场，而次要劳动力市场出现"民工荒"，主要是由于民工的供求在地域和行业上的不匹配造成的。

3. 劳动力产业转移理论

英国经济学家科林·克拉克在经济学家威廉·配第的研究基础上揭示了经济发展与劳动力变动之间的内在联系，提出了劳动力产业转移理论。他们认为，随着经济发展和国民收入的提高，劳动力会由第一产业转向第二产业再转向第三产业②。产业转移理论是一个庞大的体系，有很多分支学说。对农村智力流动研究有较强解释力的相关理论有增长极

① Cain. The challenge of segmented labor market theories to orthodox theory: A survey [J]. Journal of Economic Literature, 1976 (4).

② 纪玉山. 网络经济 [M]. 长春：长春出版社，2000：38.

理论、循环积累因果论以及二元经济论。

增长极理论最初由法国经济学家佛朗索瓦·佩鲁于1955年提出，后经一些经济学家不断完善而成为一个较为完整的体系。该理论认为，增长并不是同时出现在所有地方，而是以不同强度出现在一些点上，然后这些点通过不同渠道向外扩散，并对整个经济产生不同影响。成功向外扩散的点就变成了增长极，增长极成形后，通过其吸引力和扩散力的不断提高，它不但会壮大自身规模并会对经济的其他部分产生促进性影响，也就是产生了常说的支配效应和极化与扩散效应。所谓支配效应就是一个单位对另一个单位施加不可逆转的或部分不可逆转的影响；极化与扩散效应是指快速发展推动产业吸引和拉动其他经济要素和活动不断向增长极流动的过程。这种吸引与扩散效应表现为技术的创新和扩散、资本的集中和输出、规模经济和集聚经济效应的加强。佩鲁认为，增长极是一个具有空间集聚特点和一定规模推动能力的工业集合体，增长极通常分为两类：一类是厂商或企业；另一类是产业，其基本形成条件包括人员、实体和环境，即一批富有创新能力的企业家、具有一定规模效益的企业以及良好的投资环境和生产环境。后来法国经济学家布代威尔等西欧学者把增长极这一概念与地理空间的节点（城镇）联系起来，强调大型产业的作用，主张在落后地区建立大型现代产业，带动周边经济发展。

循环积累因果论是瑞典经济学家缪尔达尔总结出来的。该理论认为，社会经济发展过程是产出和收入、生产和生活、制度和政策等动态的各种因素相互作用、互为因果、循环积累的非均衡发展过程。其中任一因素起始的变化都会使其余因素发生相应变化，并反过来促成初始因素的第二级强化运动，如此循环往复，不断强化，使经济过程沿着初始因素发展的方向发展。比如，当一些条件较好的地区经济开始发展，通过市场经济集聚效应，实现持续、累积的加速增长；通过回流效应，吸引外围地区各种生产要素向中心地区流动，拉大区域经济的差距；通过扩散效应，实现各种生产要素由中心地区向外围地区流动。缪尔达尔同时指出，回流效应不是无限的，区域间的差距扩大也是有限的。当优先增长区域的发展到了一定阶段后，由于人口密度过大、交通拥挤、污染严重、自然资源相对不足等原因，生产成本上升，外部经济效益逐渐变小，最终弱化经济增长。于是，优先增长区域的生产规模进一步扩大将变得相对不经济，各种生产要素就会自然而然地向滞后区域扩散。但他认为，回流效应总是远大于扩散效应，主要是因为在市场经济作用下形成了“积累性因果循环”，即发达地区在发展中不断累积对自己有利的因素，而落后地区则不断积累对自己不利的因素，导致经济在空间上出现了经济发达地区和经济不发达地区的“地理二元经济”结构。为了促进落后地区发展，缪尔达尔认为，政府的角色是不可替代的，政府应积极干预，特别是通过对滞后地区权力关系、土地关系、文化教育等方面的改革，实现收入平等，增加穷人消费和储蓄，以促进资本形成和提高投资引诱，促进生产率和产出水平大幅提高，从而刺激经济发展，填补累积性因果循环造成的经济差距。

刘易斯的二元经济论则认为，经济形态存在三个基本特征①：第一，它包括“现代的”与“传统的”这两个部门。现代部门通过从传统部门吸收劳动力而得到发展，传统部门成为现代部门的劳动力蓄水池。第二，在提供同等质量和同等数量的劳动条件下，非熟练劳动者在现代部门比在传统部门得到更多的工资和收入。第三，在现行工资水平下，对现代部门提供超过这个部门的劳动力需求。也就是说，非熟练劳动者的供给往往是充裕的。但随着劳动密集型产业的扩张，传统部门的劳动力逐渐被吸纳，劳动力无限供给结束，城市现代产业部门的工人工资会快速上升，投资者就会把眼光转移到开发资本密集型产业和技术上，工业化就进入了新的阶段。现代部门工资从长期徘徊不前到快速提升的转折点被称为“刘易斯拐点”。刘易斯认为，发达国家由于人口自然增长率的下降，导致了熟练劳动力不足，引起劳动力成本上升，其劳动密集型产品的比较优势逐渐丧失，于是将劳动密集型产业转移到发展中国家，并加速调整发达国家的国内产业结构。

二、教育学的考察：高等教育对农村智力流动的影响

很多理论（比如工资竞争模式理论关于教育、就业和收入三者之间

---

① 刘易斯．二元经济论［M］．北京：北京经济学院出版社，1989：149．

关系[①]）认为，在“工资竞争模式”下，个体所接受的教育水平越高，在求职者队伍中将越处于有利的竞争位置，所获得的工资水平也就越高。事实上，在劳动力市场上，每个用人单位对劳动给予的报酬是不同的，劳动者往往需要不断地在劳动力市场进行工作找寻，直到边际收益与边际成本相等为止[②]。笔者认为，这种解释性理论，需要一定的社会条件来支撑。事实上，在市场经济条件下，当供给与需求二者处于不均衡状态时就会出现结构性失业、摩擦性失业和选择性失业。以大学生就业为例，改革开放初期，我国高校仍沿袭“文革”前由国家统一下达招生计划、统一招生、统一分配的体制，即所谓“统招统分”的制度[③]。这种统招统分制度的本质就是国家包办，它包含两层意思：一是实行统一计划招生，大学生免费上学；二是毕业包就业，大学生毕业后由国家统一分配工作。在这种模式下，失业是一个不能用来有效描述社会职业状况的用语，或者说，社会不存在失业，最多存在待业。

高等教育大众化前后，大学生包当干部的政策已经在舆论和操作层面都被否定（笔者认为，其实是用公务员招考制度替代了大学生直接进入干部队伍的制度，大学生与权力之间的连接并没有真正阻断，而是有了新的通道，大学生由人事部门进行身份管理的制度也没有改变，实际上仍然具有干部的潜在身份），这种否定对人们的心理和行为都产生了比较大的影响。它为大学生进入并不完善的人才市场定下了思想基调和政策动员，“双向选择”的就业制度很快成为了标志用人制度变革的政策口号。

特别值得指出的是，在我国高等教育快速进入大众化阶段这样的背景下，社会对大学生吸纳能力的增速远远跟不上大学生培养的增速，大学生在分割的劳动力市场中面临着日益激烈甚至惨烈的竞争，这种竞争

---

① 亨利·莱文. 高科技、效益、筹资与改革［M］. 北京：人民日报出版社，1995：23.

② Zaretsky, Coughlin. An introduction of the theory and estimation of job-search model [J]. Review (Federal Reserve Bank of Saint Louis), 1995, 77 (1).

③ 中国恢复高考迄今30周年，高考改革在阵痛中推进［N］. 中国青年报，2007-05-20 (02).

会使他们的相对工资收入下降，并有部分人会渗漏下来从事无须接受高等教育就能胜任的工作[①]。

对于农村智力流动这一问题而言，高等教育作为一种影响农村智力流动的工具，其作用的充分有效发挥需要一些内外条件。比如统一的语言市场的形成，既是教育得以很好实现的外在条件，也是教育得以发挥社会作用的必要条件。以统一标准的官话的形成为标志，它使语言的运用有了特殊价值，甚至可以像商品一样被衡量，而衡量标准是获得合法性的标准语言、文学经典语言、文雅语言。这种格局容易导致语言资本贫乏者处于不利的、被支配的地位。语言所内含的特定的语言资本和语言习性不仅是一种生活风格，而且还体现为一种身体素养。语言生产与语言习性、资本与场域，就潜藏了千丝万缕的联系。法定的精致编码[②]的教育语言实际上对农村人口是不利的。场域的逻辑与特定场域的制度形式，揭示着那些微妙、隐蔽的权力支配关系。在教育场域中，学校事实上充当传递和维护支配关系的重要生产地，学校以某些合法的语言呈现方式为标准想当然地贬低不合法的语言再现，致使许多贫民子弟由于语言资本匮乏，他们无法在场域竞争中以流畅得体的语言充分地表达、再现自己（当然也有通过后天努力的成功者）。语言作为一种符号性的软权力，在教育过程以及农村智力流动过程中，都会起作用。有家学渊源的子女，必定比来自文化资本积累有限的家庭的子女更有学习潜力，或者说更容易得到学校教育和社会的认可，从而能够积累更多的文化资本。资本占有的不平等，导致社会竞争先天存在不平等结构，这一结构反过来制约社会竞争。当然，文化资本的传承也与后代的文化能力有关。正由于这样，精英才存在再生产（继替）和循环的两条路径，当然也暗含着精英总量增加的拉动效应。

可以肯定地说，任何社会人群、阶级或阶层之间都会为了保证他们自身的再生产和追求利益最大化而发生冲突。社会空间被看作包含众多

---

① 彭拥军．大学生精英形象起伏的逻辑［J］．中国地质大学学报，2011（6）：104-109．

② 吴康宁．教育社会学［M］．北京：人民教育出版社，1998：334-335．

场域的等级组织，人类行动者依从组织并竭力获取特定资源——特定资本，以追求最大利益。不同社会阶层的人，之所以对基本社会报酬的获取和回报不一样，是因为组织中的资本容易连同声望、额外的报酬和权利一起被制度化。在教育场域中，接受教育对出身于不同阶层的人也会产生不同回报，进而影响不同的人对同样的教育产生认同感差异。“有能力者，做事；没有能力者，教书”，“优等生为差等生工作”。这样的言说则试图从社会宏观组织层面说明跨越教育场域的社会力量确实存在并导致某些不合理性的社会后果。

但不管怎么说，不平等作为一种社会建构，往往是在平等的名义下得到继续建构和维护的。同样的道理，教育中的不平等、教育回报的不平等，从某种意义上既是建构出来的不平等，也是我们实际上在努力维护着的不平等。值得指出的是，维护不平等，并不一定是保护落后，但如果社会晋升的梯子在高度和宽度上不合适，这种不平等的均衡必将被打破，社会就可能进入失范状态。因此，让更多人乐意接受更多更好的教育，制造更多的和更合理的代际流动和代内流动能够使社会流动更为通畅，都有着十分重要的社会意义。

第三节　高等教育与农村发展互动格局变化溯因

就像智力流动往往通过假道权力、融通财富或借助文化等现实力量来成功实现落地生根，农村智力从流失到回流也是历史发展的必然过程，但人们不同方式的努力可能加速或延缓其进程。就我国而言，经过制度性和非制度性力量的共同作用，农村智力回流似乎就像当年的智力流失那样，已经从涓涓细流逐步在向流量、流速更为合理的方向推进。

一、制度推动的高等教育与农村发展互动

随着政府对农业、农村和农民问题（“三农”问题）的持续关注，新农村建设已经成为具有全民共识意味的一个政策性口号和社会性行动。人们从权力渗透、权利保障，利益引导和经济活力提升等诸多方面进行了认真探索。这里仅仅从大学生“村官”这一新现象入手实施事实呈现与分析。

1. 大学生“村官”现象的政策关切

大学生“村官”政策具有积极意义。长期以来，农村社会流动是以农村智力输出为主要表现形式的。农村剩余的主要是老人、妇女、儿童和因为智力技能等缺乏的其他人口，农村这样的人口结构显然难以适应农村发展的需要，也无法承担现代农村建设的重任。在我国正在积极推进的新农村建设过程中，如何引导大学生到农村就业和创业、农村如何很好地吸收外来的大学生，都需要切实有效的政策加以积极关注并引导其顺利解决。客观地说，大学生“村官”到农村去，其最重要的使命是为农民带来更好的公共服务，让拥有城市居民身份或者说拥有城市居民潜在身份的大学生到农村服务，甚至由此创生出一种相对固定的新职业。

这种政策的出台，实际上是为了应对国家发展过程中出现的两个重要变化：一是由于高等教育大众化在我国的快速推进，大学生数量激增，大学生的政治地位或者说走向权力的路径已经明显变窄。高等教育大众化前后，尽管党管干部的原则没有变化，但大学生包当干部的政策已经在舆论和操作层面都被否定①，这种否定对人们相应的心理和行为产生了比较大的影响，至少在舆论和心理层面上直接动摇了大学生政治精英的外观形象。加上大学生进入政界的比例比以前大大减少，大学生作为一个整体，与政治精英之间的距离确实在逐步拉大。因此，总体而言，大学生无论在舆论或政策层面，还是在实际操作层面，都与政治精英有了距离②。

另一个重要变化是，农村遭受智力剥夺和青壮年劳动力剥夺的消极后果似乎正在得到改变，在农村一度出现的走向凋敝化、空壳化的现象在一定范围内（比如笔者所调查的范围内）得到明显纠正③。这种新现

---

① 笔者认为，其实是用公务员招考制度替代了大学生直接进入干部队伍的制度，大学生与权力之间的连接并没有真正阻断，而是有了新的通道，大学生由人事部门进行身份管理的制度也没有改变，实际上仍然具有干部的潜在身份。

② 彭拥军. 大学生精英形象起伏的逻辑 [J]. 中国地质大学学报，2011 (6)：104-109.

③ 彭拥军. 走出边缘：农村社会流动的教育张力 [M]. 武汉：华中科技大学出版社，2011：5.

象的出现，说明农村开始走向新的发展阶段，农村对人力和人才的吸引力和吸附力将会增强。

上述两个方面的重要变化，加上国家新农村建设的全面推进，使大学生“村官”的制度化推进了有了现实的需要和可能。但我们在政策上仍然需要逐步澄清以下问题：第一，大学生“村官”是政策的过程性产物或政府的政绩依托还是促进大学生成长的一种事业追求？第二，大学生“村官”是政府安排的计划性任务还是大学生自由选择的过程或结果？第三，大学生当“村官”是为“镀金”还是求得职业发展机会？在理想状态下，大学生“村官”的成长过程应当立足于给大学生创造发展机会，给农村创造良好的人才环境，从而根本上改变农村发展面貌。

当然，大学生“村官”作为一种政策性行为，其实际效果与政策预期之间肯定会存在距离。事实上，也有一部分学者对大学生“村官”政策持反对意见。如贺雪峰教授①认为，大学生客观上并没有也不可能为农民做成什么事情或提供什么有效的帮助。他分别从农村和大学生的角度出发对其观点进行了阐述，认为农村目前的实际情况不需要大学生，因为随着城镇化、农村工业化的发展，农村所需要的“官员”会减少，村干部的职务也相应减少，而大学生作为财政需承担的“村官”是一种浪费；大学生作为一种外来的“管理者”也不可能真正熟悉当地的民性，无法深度参与。

2. 大学生“村官”现象的角色关怀

从大学生“村官”的存在样态看，首先，大学生“村官”存在身份尴尬。大学生“村官”实际上非公非农，身份很不清晰。具体而言，他们是公共服务的提供者，也是公共财政供养人员，承担着拟制公务员的社会职能或者说政府期待他们承担这样的职能，但他们并不具备公务员的真正身份，故是一种非公身份；与此同时，他们也不是地地道道的农民甚至根本就没有农村生活或谋生的经历，他们是受政府委派来到农村的，是政策动员结果或者政策后果的真正承担者。其次，大学生“村

① 贺雪峰：给大学生“村官”计划泼冷水［EB/OL］. http://www.snzg.cn/article/2008/0719/article_11122.html.

官”存在比较明显的角色尴尬。因为大学生“村官”没有编制，直接导致大学生“村官”身份位置模糊；他们也没有真正的权力，他们的“村官”身份是需要加引号的。因为如果委派具有真正权力的“村官”，这种政策必然与目前推行的农村村民自治的法律相冲突①。大学生“村官”这种身份尴尬，必然导致其角色尴尬，并引发出他们对前途出路的迷茫感甚至无助感。因为大学生“村官”的权利与义务没有法律法规的支持，大学生“村官”的角色定位必然是尴尬的。在大学生“村官”的现行实践中，他们的社会角色定位基本上是信息技术提供者、致富带头人、农民的服务者和各种矛盾的处理者。

大学生“村官”从语词逻辑来看，既是大学生又是“村官”，这是两个不同的社会角色，扮演这两个社会角色一般会存在一定矛盾，容易产生角色紧张甚至角色冲突，但如何成功地把二者变成一个统一角色来扮演，这似乎超越了我的知识和能力范围，估计也超出了很多人的行动所能把握的范围。正如贺雪峰教授指出的，“新农村建设并非要将农村建设成为花园，而是要为农民提供最基础的公共品”。客观说，大学生“村官”并不是作为一种官到农村的，大学生“村官”目前在农村提供的公共服务与农村发展的当下需要实际上是存在距离的。据了解，一些地方乡镇机关欢迎大学生“村官”，因为他们很容易实现上级机关的意图，这种情况存在搞形式主义的成分，比如说让大学生“村官”在村里建设党员活动室，搞一些展板、图片之类的东西。现在县乡党政机关搞所谓升级达标评比之类的事情很多，这种事老“村官”肯定不如大学生“村官”干得好，而真正把为农业、农村和农民所需要的公共服务落实到位，就不那么简单了。但不管怎样，毕竟随着新农村建设重要性的不断提升，健全农村基本公共服务越来越成为国家和地方政府的明确要求和具体政策措施，大学生“村官”的工作必将越来越从搞形式转变为实实在在的公共服务，他们的作用也会越来越凸显出来。像河南省安阳市

---

① 《中华人民共和国村民委员会组织法》第十一条规定“村民委员会主任、副主任和委员，由村民直接选举产生。任何组织或者个人不得指定、委派或者撤换村民委员会成员”。

把大学生在农村创业发展的成功事例送到农民身边，让大学生村干部教给农民[①]有用的东西，这样对农民的帮助就是实实在在的。也可以说，国家组织大学生到农村当村干部本身就是一项公共服务。

值得指出的是，对于受传统思想文化影响较深的父母而言，农村出来的孩子上大学就是为了跳出农门，光宗耀祖，毕业后能找一个“铁饭碗”。而当“村官”，面对的都是人文素质较低的农民。这容易被认为是一件很丢人的事情，是没有出路的工作，不符合大学生的身份与地位。孩子做“村官”，常常让其父母产生这样的疑问：那四年大学岂不是白读了么？这种疑问就足以说明父母对自己孩子的角色期望与对“村官”这一角色的看法存在明显差距。这种现实会对即将成为“村官”的大学生产生巨大心理压力。大学生“村官”如果带着包袱去上岗，就更难以充分发挥自己的优势；此外，就大学生自身而言，作为曾经的“天之骄子”，大学生对自己的职业预计期望和发展预期都比较高，而农村的生活环境以及“村官”的工资福利又与他们自身的期望并不吻合，而“村官”不论是工资待遇、工作环境还是发展预期都存在需要提升的较大空间。同时，当他们的同学在其他工作岗位上崭露头角，各个方面都比他们优越的时候，担任“村官”的大学生们常常会在心理上产生一种不平衡感，这种巨大的心理落差会直接影响大学生“村官”对自己所从事职业的看法，进而对其在岗位上真正安心工作产生冲击。

如果大学生“村官”不能解决好相应的社会角色适应问题，大学生“村官”的流失问题就会凸显，从而逐步呈现出大学生“村官”政策预期与政策效果间可能存在的巨大罅隙。因为我们都知道，大学生“村官”实际上存在显性流失和隐性流失两种情形。显性流失是指大学生“村官”彻底放弃“村官”这一职业而另谋高就；隐形流失则是指，从表面看大学生担任“村官”这一社会角色，抱着“当一天和尚，撞一天钟”的心态，没有能够在现实岗位中没有发挥实质作用或应有作用。如果大学生“村官”长期不能度过适应期或者自身能力有限而不能满足国

① 蔡永飞：贺雪峰对大学生“村官”计划的“冷思考”太冷了［EB/OL］. http://www.clgs.cn/Article_Show.asp? ArticleID=1587.

家、政府、村民对他们寄予的期望，隐形流失就不可避免。

此外，如何实现大学生“村官”身份的自我认同、如何最大限度缩小大学生“村官”与农民的心理距离，如何正确理解大学生“村官”的价值及其实现度，这是大学生“村官”“角色社会化”过程中绕不过去的重要问题。

3. 大学生“村官”现象的心理关怀

为了比较方便地说明这一问题并尽可能避免偏见和误解，有必要先简单重温马斯洛的相关理论。马斯洛于1943年在《人类激励理论》的论文中提出：人的基本需求可分为生理的需求、安全的需求、归属与爱的需求、尊重的需求、自我实现的需求等五种，这五种需求像阶梯一样从低到高，按层次逐级递升。除此之外，人还有另外两种需要，即认知的需要和审美的需要，他认为这两种需要应居于尊重的需求与自我实现的需求之间①。客观地说，大学生“村官”作为一个总体，对农村的地域归属感偏低，对大学生“村官”角色的自我认同度较低；与此同时，由于农村社会总体上还处于熟人社会阶段，外来大学生只是农村的他者。因此，大学生“村官”和村民社会实际上还存在一定心理隔膜。在当今这个价值观念走向多元、文化样态呈现多样的社会转型期，大学生“村官”如何真正嵌入到特定村民社会当中，让大学生“村官”在农村比较艰苦的环境中实现自我价值，这是每一个大学生“村官”需要自我调适才能完成的重要角色转换，也是我们在政策制定和实施过程中一定要加以注意的重要内容。在社会主义新农村建设过程中，确实需要输入新型的高素质农村干部，从这种意义上说，大学生“村官”计划的实施对于新农村建设是必不可少的。但大学生“村官”要真正服水土，除了政府努力营造良好的体制环境外，如何让大学生“村官”真正实现角色的自我认同，如何选好合适的大学生“村官”苗子，如何在大学生“村官”实践中进行合理引导和帮扶，都是我们需要认真思考的。这些问题的顺利解决，能够帮助大学生“村官”这种新的知识下乡或者新的知识分子上山下乡政策从美好的政策期许或者政策期待转化为成功的社会实

① 马斯洛．动机与人格［M］．北京：华夏出版社，1987．

践或者社会事实。

总而言之，大学生“村官”的社会认同度还不高，大学生“村官”这一新生的社会角色尚未被社会完全理解和接纳。如何明确大学生“村官”的权利与义务，如何解决大学生“村官”在心理和行为上的适应，真正让大学生“村官”成为农村的主人而不是旁观者，真正做到为新农村建设注入新的内容与活力，我们有必要创造条件，不断消除影响大学生“村官”服务基层的障碍因素。要解决这些障碍因素，首先需要大学生“村官”更新就业观念，有长期服务农村的意识；其次，要提高大学生“村官”的综合素质，通过各种引导和帮助，使其锻炼出适应基层的知识和技能；其三，要改善农村基层环境，提升农村对优秀人才的吸引力和吸附力；最后，健全和完善各种保障制度，促进大学生“村官”的职业成长和发展。

二、经济需求推动的高等教育与农村发展互动

农村现代化是我国现代化的重要组成部分。农村现代化的一个重要方面是农业现代化，其重要尺度是传统农业向现代农业的转变；农村现代化的另一个重要方面是农村人口的现代转变，其实质就是实现农民从传统人向现代人的转变。令人感到有些遗憾的是，我国对农村教育的设计实际上并不致力于为农业和农村培养人才。我国现代化的推进也是采取城乡、工农非均衡发展的战略。在这种背景下，受过教育的农村青壮年人口大量流向城市和工业，农村发展丧失了人口红利和智力资源，农村的现代化发展迫切需要智力回流。正如农民出身的美国总统杜鲁门所言：“有农民的富裕就有国家的富裕。农民处于困境中，国家必定在困境中。”①

1. 农村发展呼唤新型村庄精英

著名经济学家舒尔茨曾强调，只有把传统农业改造为现代农业才能对经济增长做出重要贡献，而改造传统农业的关键是引进新的现代农业生产要素，不仅要引进杂交种子、机械这些物的要素，还要引进具有现

① 罗吉斯，伯德格．乡村社会变迁［M］．王晓毅，王地宁，译．杭州：浙江人民出版社，1988：223.

代科学知识、能运用新生产要素的人①，从而使农业成为经济增长的源泉。在我国现代化进程中，城市优于农村、工业优于农业的发展模式造成在城市和非农产业就业高于在农村和农业从业的收益这样一种社会后果。在比较利益驱动下，农村青壮年人口向城市和非农产业大规模流动。农村青壮年人口的大量流出，使农村精英大量流失，从而可能使农村极大地流失了社会底层的潜在领导力量②。事实上，农村的政治精英是村级事务的管理者和推动者，是农村中权力的象征；经济精英在当地创办各种实业，转移了部分农村富余劳动力；文化精英在社会事务上积极参与，这些人都具有很高的威望。值得指出的是，农村社会中的村庄精英往往是相互渗透的。一个在经济上获得了成功的人，其社会地位往往也会变得重要起来，从而拥有较高的声望。随着青壮年人口大量流出农村，在众多的村落中已经很难找到有威望、有知识、懂技术的合适村组干部人选。在农村社会中，威望本来就是乡土中国社会中产生社会动员力量的根基；技术是带领村民致富的必要条件，知识是带领农民致富的智力保障。由于传统乡村社会仍然呈现明显的熟人社会形态，刚毕业的大学生担任“村官”往往不容易很快胜任村长等职务，因为他们不是本土的村庄精英，缺乏必要的社会根基，一时难以形成社会威望，难以让人信服，工作很难开展。具有本土根基的新型村庄精英将是农村未来发展的重要领导力量。

2．农村发展需要富有生机的劳动者

要改善目前我国存在的由城市优势圈和农村劣势圈所构成的不合理城乡等级结构，形成现代国家所需要的“中间大两头小”的橄榄型社会，就有必要加快实现农业产业结构优化和农业技术升级的进程，使农村发展走上赶超型现代化的道路。要顺利实现农村赶超型现代化的目标，当务之急就是为农村造就大量富有生机的优质劳动力。遗憾的是，目前城市相对优越的生活使大多数农村青壮年流动人口不愿意再回农村

---

① 舒尔茨．改造传统农业［M］．王晓毅，梁小民，译．北京：商务印书馆，1987．

② 斯科特．农民的道义经济学：东南亚的反叛与生存［M］．程立显，刘建，等译．南京：译林出版社，2001：273．

从事农业生产，农村的留守人口则主要由老人、妇女和孩子等社会流动能力相对较弱的人群组成，他们总体上表现出观念上趋于保守、体力较弱、技术匮乏、科学文化水平低以及不具备与外界接触的实践经历等非现代性特征。仅仅依靠这样的人群，显然难以实现农业和农村的现代化，也难以在农村产生大量的中产阶级阶层，甚至还将使整体素质本来就较低的农村劳动者的素质进一步降低。事实上，我国农村大量出现的空壳化、凋敝化现象就是农村宝贵自然资源没有得到合理开发和深度利用的一种反映，也是农村产业结构和社会结构未能真正优化的现实反映。毋庸讳言，不协调好农村人力资源的开发利用与农村经济健康发展之间的关系，而一味地让大量的农村优质劳动力流向工业和城市，完全有可能引发粮食安全等一系列基本的民生问题，从而阻碍社会的良性发展。20 世纪 60 年代印度发生的粮食危机就是前车之鉴，印度在社会转型过程中采取的是重工轻农的发展路子，结果导致工业的高速发展以牺牲农业发展和农民利益为代价。尽管印度建造了发电拦水坝和巨大的钢铁厂，但农业生产依然十分落后。在医疗条件改善、死亡率下降和出生率提高等因素影响下，印度人口大增，由此导致印度政府每年不得不大量进口粮食，给进一步发展埋下了巨大隐忧①。而美国的情况则是在城市和乡村的竞争中，实现了农业人口和农业技术的优化，并提高了农业和农民的地位，也确保了美国真正的现代化大国地位。

3. 农村发展需要高素质科技人才

从发达国家农村社会变迁的过程来看，实现农村及农业的现代转变都是在大量高素质农业人才的支撑下完成的。美国农业的机械化和自动化是农业科技进步与农民高素质化同步推进的产物。在美国现有的农业人口中，高中以上（包括大学）文化程度的比例已经达到 90%，而 50 岁以下的农民中有 50%具有大学或大专文化程度；而我国农业科技人员仅占农业人口的 0.1%。日本在 1880 年到 1938 年间对“乡村教育和农

① 值得指出的是，印度为了解决农业发展迟缓的问题，先后发动了“绿色革命”寻求解决粮食问题的合理方案，发动“白色革命”提高牛奶产量，发动“蓝色革命”积极发展渔业，取得了举世瞩目的积极效果。

业研究、发展、推广所进行的投资”每年所产生的收益率是35%①。事实上，已经有大量证据表明，农民的技能和知识水平与其耕作的生产率之间存在着正相关关系。因此，我们不难形成以下认识：我国农村人口文化程度太低的现状对我国农村的职业地位提升和农村产业结构优化都十分不利。如果不迅速改变这种现状，如果农村不能够很好地吸引和吸附足量的高素质科技人才，农村发展将无法跟上现代化的节奏，农村人口不但无法成为现代化的积极推动者和现代化成果的享用者，而且完全可能被甩出现代化的轨道而成为真正的社会边缘人。农村现代化需要建立在发展现代农业和现代农业技术的基础之上。目前我国农村由于缺乏足够的拥有先进技术、推崇科学、视野开阔的科技带头人和技术转化者。这一方面会导致已有的农业先进技术难以普及或者普及程度不高(仅以抛秧技术这种简单有效而容易推广的农业技术为例，我国南方水田的抛秧技术的推广度也仅仅在50%左右，由此可见现代农业的形成和发展仍然存在很大困难)；另一方面，由于农村缺乏可以促进农业产业转移、发展现代农业综合企业的高素质人才，提高农业产品的附加值，改变农业社会的产业结构等问题一时也难以得到有效解决。

第四节　推动高等教育与农村发展良性互动的现实抓手

高等教育大众化和普及化使高等教育逐渐被越来越多的人视为进入社会生活的必要准备和个人应当享有的一种权利，也是实现农村智力流动良性发展的重要保障。然而，数量众多的学生拥挤于高校，冲击着原本致力于培养精英的高等教育机构，并逐渐消解高等教育原本具有的“卓越”涵义，高等教育不再毫无疑问地意味着高质量。从产出的角度把高等教育服务而非人才定义为高校的主要产品，日益成为一种重要的质量观②。概而言之，高等教育质量标准现在日益倾向于从生产者质量

① 舒尔茨. 改造传统农业[M]. 王晓毅，梁小民，译. 北京：商务印书馆，1987：143.

② 孙妍，李名梁. 高等教育服务产品质量管理研究[J]. 西南交通大学学报(社会科学版)，2006(6)：63-66.

标准向消费者质量标准转换，如何满足不同顾客的差异性需求越来越成为高等教育质量的重要评判依据。教育，尤其是高等教育如何满足差异性教育需求，提升农村人口素质，对农村智力流动进入新的发展阶段具有重要意义。

一、满足顾客差异性需求：高等教育由生产向服务转向

高等教育从精英教育走向大众和普及教育，不但使高等教育这一概念的内涵与外延发生重要变化，也使其服务对象发生很大改变。正如克拉克·克尔所言，大学最初是为社会精英服务的，而后又为中产阶级服务，现在则为所有人服务，不论其社会和经济背景如何①，高等教育及其服务对象的变化客观上都会带来高等教育质量评判主体和标准的变化。从顾客需求视角看，高等教育质量的评判标准越来越需要用“高等教育的属性是否满足高等教育服务主体的需要及其满足程度”来衡量②。根据高等教育服务主体特性，人们通常把高等教育顾客分为学生，委托人（父母、雇主）、市场、政府、高校四种类型③。他们之间因分类标准不同而形成的不同关系可以借助表 5-1 来呈现。

表 5-1　高等教育顾客的类型

高等教育顾客的主体类型	高等教育顾客的服务类型	
学生	初级外部顾客	外部视角
委托人（父母、雇主）	次级外部顾客	
市场、政府	三级外部顾客	
高校	内部顾客	内部视角

1. 满足发展性需求：高等教育对初级顾客利益的满足

受教育者（学生）作为高等教育直接受益者进入高校，希望通过接受高等教育文凭既是知识和能力的凭证，也预示着未来获取知识和提升

① 克尔．大学的功用［M］．南昌：江西教育出版社，1993：64．

② 史秋衡，王爱萍．高等教育质量观：从认识论向价值论转变［J］．厦门大学学报（哲学社会科学版），2010（2）：72-78．

③ Sallis．全面质量教育［M］．何瑞薇，译．上海：华东师范大学出版社，2005：4-31．

能力的潜力，从而使文凭成为社会筛选有用之才的重要甚至首要依据。在初级顾客视野下，高等教育服务应当以人才培养为导向，以学生的受益情况和知识能力发展程度作为判断高等教育质量的依据。

值得指出的是，发展性表达的是高等教育初级顾客整体的利益诉求，但大学生内部仍然存在巨大的利益诉求差异，这必然带来他们对高等教育服务质量的要求或评价差异。换句话说，我们有必要实现满足社会对专门人才在层次、类型等方面存在的需求差异与促进不同个体和群体差异性发展之间的有效对接。因此，层次、类型、能级等不尽相同的高校，如何真正做到培养“数以亿计的高素质劳动者、数以千万计的专门人才和一大批拔尖创新人才”①，全面提升高等教育服务质量，实现我国从人口大国向人力资源强国的转变，实现经济社会和人自身的协调发展，还有很多文章可做。

可以肯定，从人自身发展的差异性诉求视角看，高等教育除了为提高学生素质和促进人格完善等共性方面提供服务外，应该对有不同追求和抱负的学生提供差异性服务。对那些着眼于生存的学生而言，接受高等教育能否帮助他们完善知识体系和提升职业能力会成为他们评价高等教育服务质量的重要依据；对于那些着眼于功用性取向的学生来说，高等教育文凭是否能够帮助他们提升社会地位成为他们衡量接受高等教育服务是否有价值的质量准绳；对于那些以提升自身素质为取向的学生来讲，他们对高等教育能否改造人的生活方式、启迪人的心灵、提高人的素养等人之为人的本源性目标更为注重，认为高等教育服务质量应以是否能帮助他们实现人自身价值为评判标准。对农村人来说，则是分化的需要，也就是说，农村人对高等教育的需求同时存在生存性需求和发展性需求，并且这种需求是变化的。

2．满足回报性需求：高等教育对次级顾客利益的满足

正常情况下，“高等教育作为人力资本的重要内容对个人收入影响颇

---

① 江泽民．全面建设小康社会，开创中国特色社会主义事业新局面——在中国共产党第十六次全国代表大会上的报告［EB/OL］．http://www.Chinamil.com/gb/pladiailv/2002/11/18/200211/800/014todavnes.html.

大，教育投资不仅具有较高回报率，而且使收入增长具有长期效用和极强稳定性”①。从理性经济人视角看，高等教育作为一种个人教育投资，必须使投资者在投入与产出的合理比较中让委托人感觉有超额收益。只有这样，家庭才会觉得让子女接受高等教育是值得的；同样地，雇主对雇员教育需求的满足，也需要通过对雇员教育投入与产出的比较来判定是否具有经济的和非经济的超额收益。因此，站在次级顾客立场，尽管他们并不直接接受高等教育服务，但他们对高等教育服务质量的判断直接影响“初级顾客”接受高等教育权利的实现和实现程度。从逻辑上说，次级顾客的利益诉求和初级顾客是一致的，委托人的回报性需求也要以学生的发展性需求为基础。然而在现实性上，二者的诉求常常存在冲突，委托人的教育期望往往直接根据投入产出的比较来衡量并以此判断让初级顾客接受高等教育的行为是否合算、是否理性。

可以肯定的是，期待受过高等教育的人在将来能达到较高收入水平或帮助自己赚取利润，以提升委托人的经济和社会地位，这是委托人对学生进行高等教育投资的直接动力。因为受教育者的成功关乎家庭发展或雇主财富的积累。所以，次级顾客对高等教育服务的需求，往往以经济上的高收益为主要取向，回报率是次级顾客判断高等教育服务质量的重要乃至首要依据。对农村而言，受过的高等教育是否能够获得更好的经济回报，会影响大多数家庭的教育热忱。众多农村高中生放弃高考，实际上与他们对高等教育经济回报或发展性回报存在失望预期有很大关系。

3．遵循市场或再分配逻辑：高等教育对三级顾客利益的满足

高等教育需要的资源往往通过市场竞争和政府再分配来获得。高等教育服务通常既需要遵循市场逻辑，又需要满足政府需要。

首先，高等教育服务需要满足政府的规定性需求。在我国，政府是高等教育的主要办学主体，政府对高等教育的质量判断依据的是人才培养、学术研究和直接社会服务功能与国家相关质量标准的符合程度。但

① 马永霞．多元主体利益冲突的高等教育供求结构失衡［C］∥2005 年中国教育经济学年会，2005：902-911.

政府的质量标准实际上裹挟着复杂的利益诉求。一方面，政府是一个巨大的公众“委托人”，它应该追求公众利益最大化。政府举办高等教育，负担其必要开支，维护高等教育的政治、经济和文化等功能。政府增加高等教育投入的目的是促进社会经济增长，提高社会生产率，改进科学技术水平，提升国民素质，提高就业水平，在国家范围内追求公众利益最大化，在世界范围内凸显更强的综合国力。另一方面，政府的组织属性决定了其组织利益不可能与公众利益完全吻合，它对高等教育的支持也是一种最大程度追求组织利益的投资行为。由于不能通过直接干涉高校正常教学工作来实现对高等教育质量的实时监督，政府往往寄希望于通过政策法规和经费投入等杠杆来引导和调控高等教育的发展方向，以实现其高等教育质量预期。

其次，高等教育服务需要遵循市场规则并满足市场的合理需求。政府有限的投资和适当的政策优惠难以使高等教育在人才培养数量和质量方面都达到社会生产力发展的要求，并且现实中也存在政府失灵①现象。故高等教育资源配置通常也需要运用市场这只看不见的手来弥补政府失灵可能产生的不良影响。

在市场竞争中，员工素质高低直接影响企业等生产部门的发展水平和社会竞争力。然而，随着社会分工不断细化和专业化，用人单位对人才需求也日渐多样。高校作为人才培养者和科学技术“孵化器”，如何很好地满足用人单位对多样化的高素质人才和新科技的需求，重要策略就是要面向市场办学。高等教育服务要以培养社会经济发展所需的人才为重要目标，而毕业生素质的高低、工作能力的大小和对社会发展的贡献力就顺理成章地成为市场判断高等教育服务质量的依据。换句话说，用人单位对人才的多样化需求成为高等教育人才培养改革的重要参考，如何面对市场培养各种层次和类型的人才是高等教育服务满足市场诉求越来越需要关注的重要问题。

① 政府失灵是指公共部门在提供公共物品时趋向于浪费和滥用资源，致使公共支出规模过大或者效率降低，政府的活动或干预措施缺乏效率，或者说政府做出了降低经济效率的决策或不能实施改善经济效率的决策。

4．满足适应性需求：高等教育对内部顾客利益的满足

高校是高等教育服务的供给主体，也是其内部顾客。高等教育服务需要满足个人、政府和市场的共同诉求，适应三者的需求成为其必然导向。高校满足上述主体不同需求的同时，也要满足自身的利益诉求。高校必须通过服务并在服务中获得自身的适应性发展，高校自身需要满足的适应性需求主要包括以下三个方面。

首先，要满足高校的内适应性需求。也就是说，高校提供的高等教育服务要与自身发展目标有较好的符合程度。高等教育活动除了应遵循教育自身的规律外，高校的人才培养目标需要通过完善教学设施、优化学科结构、完善课程设置、充实教学内容、提高师资队伍水平等手段来实现。高校虽然是非营利性组织，但它的日常运行需要大量资金支持，高校必须有经营意识。

其次，要凸显学生的适切性需求。它要求高校提供的教育服务要与学生个体发展的需求相符合。它强调高等教育服务要以学生的天赋条件差异和现实需要为出发点，以社会需要为导向，遵循知识掌握和知识发展的一般规律，追求人的主体性发展①。

最后，要满足其外适应性需求。高校提供的高等教育服务需要与政府的质量标准和用人单位的人才需求相符合。也就是说，高等教育服务质量标准必须与政府的质量评价标准和市场的人才需求标准相对接。

二、难以克服的紧张：顾客需求多元性与高教服务有限性的矛盾

高等教育的三个适应性需求相辅相成，内适应性是外适应性和学生适切性需求的基础，满足外适应性是提升高等教育服务质量的社会基础，满足学生适切性需求是高校改革和高等教育服务的终极目标。只有实现三者的合理平衡，高等教育服务质量才是公认的高质量。但高等教育需求主体的多元性必然导致需求复杂化和需求格局变化，高等教育需求格局的变化必然带来以下难以克服的紧张：一方面不同需求主体都要

① 彭拥军．高等教育研究的立场与责任［J］．大学教育科学，2011（3）：18-23.

求获得高校公平对待并满足其服务诉求；另一方面高校因无法充分满足不同顾客的全部需求而只能选择性对待。这必然导致顾客需求多元性与高等教育服务有限性之间存在一种难以克服的紧张。

1．满足学生发展型需求存在内生性缺陷

首先，生源与高校之间的匹配机制存在内生性缺陷。我国高等教育基本的生源匹配机制是政府主导的高考，高考长久以来都被誉为国家的抡才大典，这种高考定位容易导致政府需求和高校需求之间的调和失效。除此之外，我国教育领域的主要政策基本上是政府主导形成的（比如 1999 年高校扩招政策突然推出，当时的中等教育和高等教育都未做好充分准备）。高等教育大众化使数量众多的学生经由一样的考试标准筛选后涌进了层次、类型和培养目标与服务面向不尽相同的诸多高校，造成高校难以选择到合适的学生，学生也不容易选择与其意愿、特长和志向相一致的高校，高等教育要真正促进学生多元多向发展，就变成了一项很难达成的目标。

其次，一味要求高等教育服务面向市场使高等教育难免不咽下市场失灵①的苦果。高校要满足其外部适应性需求，需要密切关注市场的人才需求方向，适时调整培养方式，提升委托人的回报性期望，这无疑是必需的。正如 Alex Thio 所言，人们对从学校获得的教育和技能的重视并非由于自身对知识和技能的热爱，而是寄希望于把这些知识和技能转化成好工作和赚更多钱②。但高校如果过度满足市场，甚至蜕变到“吃谁的面包，哼谁的调调”这样的程度，会给学生徒增很多无谓的压力并造成其需求目标偏移。尽管目前仍然有一定数量的学生能树立高尚的社会理想，但我们也必须承认，现在相当多的学生盲目追求高学历，仅仅视高等教育为谋生工具，很多学生社会责任心缺失，学术素质低下，学习功利化倾向严重。

2．政府规定性需求的满足与高校经费配置间的过强关联左右高校服

① 市场失灵是指市场无法有效率地分配商品和劳务的情况。

② THIO. Sociology: an introduction [M]. 2nd ed. New York: Harpper & Row, Publishers, Inc., 1989: 343.

务能力

首先，政府提供充足的经费支持是高校提供优质高等教育服务的经济前提。政府是高等教育尤其是公立高等教育举办者，也是其他高等教育重要的办学力量，政府的投入水平影响高等教育服务的质量和水平。然而，我国高等教育长期存在投入不足的问题。早在1993年，我国制定的《中国教育改革和发展纲要》就提出了“逐步提高国家财政教育经费支出占国民生产总值的比例，20世纪末达到4%”的经费投入承诺，但直到2012年，这个目标才得以实现。而自1999年开始，我国高校因大规模扩招而出现从2000—2005年全国普通高等学校生均预算内公用经费支出逐年下降的情况（2000年为2921.23元，2001年为2613.56元，2002年为2453.47元，2003年为2352.36元，2004年为2298.41元，2005年为2237.57元），2006年才开始出现全国普通高等学校生均预算内公用经费新的增长趋势（2006年为2513.33元，比上年的2237.57元增长12.32%）①。过高的师生比，教学设施跟不上发展需求，教师素质和教学投入难以与学生数量增长相匹配都与高等教育投入不足有关。高校自身的发展需求长期得不到满足，就难以确保高等教育质量。2007年后，采用全国普通高等学校生均预算内事业费支出为统计口径，2007—2012年的生均预算内事业费依次为6546.04元、7577.71元、8542.30、9589.73元、13877.53元、16367.21元②，基本上以每年不低于15%的速度递增。如此，高校的日子逐步好过一些了。

其次是教育经费分配问题。虽然我国高等教育已经步入大众化阶段，但国家的政策仍然向精英教育倾斜，对“985”和“211工程”高校大力扶持。高校扩招对重点高校和经济发达地区的高校影响较弱，因为教育经费的分配优先考虑重点高校的发展。相比之下，大批非重点高校在生源质量下降、学生数量激增和教育经费严重短缺的情况下发展相对迟缓，被迫通过扩大招生、银行借贷等方式维持教育教学工作的正常开

---

① 教育部．1998—2006年间各年度全国教育经费执行情况统计公告［EB/OL］．http://www.eol.cn/article/20050105/3125939.shtml.

② 教育部．2007—2012年间各年度全国教育经费执行情况统计公告［EB/OL］．http://www.china.com.cn/policy/txt/2008-12/16/content16955339.htm.

展，容易坠入恶性循环之中。

概而言之，规定性需求决定了政府的投资偏好：优先投资收益快、回报周期短的项目；忽视培养周期长、收益慢的学生投资。这种带有一定片面性的选择性投资行为会阻碍高等教育全面健康发展，影响高校服务质量的提升，甚至产生高校失灵现象①。事实上，农村学生在教育资源享有上处于劣势地位，对优质高等教育资源的争夺也处于不利地位。以“985”、“211”等形式存在的优质高等教育在资源分配上没有能够合理照顾农村，从而使农村人口对优质高等教育竞争处于不利的尴尬境地。

3. 适应性需求的满足与避免高校行政化、市场化和实用化之间难以取舍

高校因科层管理而呈现的行政化主要受政府需求的影响，是高校对接政府部门的一种自然后果，是政府监管高校运行的必然产物。我国在高校实施党委领导下的校长负责制，实际上就是采用政府的管理模式来管理大学。然而，我们必须承认，教育发展有其自身的规律，它不同于社会行政机构。如果大学管理者长期陷于官员职务和教育责任的两难之中，为追求政绩，必然会让教学这种不容易在表格中体现政绩的工作让位于学术研究等可以作为政绩的工作，使高等教育的教学水平难以达到满足高等教育发展的应有要求。

高校呈现的市场化色彩毫无疑问是应对市场需求的体现。迅猛发展的市场经济使作为非营利性机构的学校不得不展开竞争。高校本来就存在办学定位模糊、盲目向综合性方向发展、同质化严重和办学特色不鲜明等问题。市场化对高等教育带来的影响是多方面的。首先，它使政府制定高等教育政策时向就业倾斜，忽视高校科研和知识创新、传承工作；其次，它使高校的专业设置和人才培养模式不得不面向市场，甚至简单面向市场，在市场需求的诱导下忽视自身的内适应性发展；再次，市场需求极大影响学生的自我定位，使学生被动放弃自身的素质性需求和学术性需求，忽视兴趣和个性发展，盲目选择热门专业。这种大环境

① 高校失灵是指高校作为组织机构失灵，它表现为高校偏离社会公益或共益宗旨，片面以功利主义为取向或衍生出大量去教育甚至反教育行为。

下的高等教育服务虽然培养了大量专业性人才，但容易因一哄而起而很快导致供过于求，一方面浪费了大量教育资源和学生的学习精力，另一方面阻碍了高校学术发展和科研人才培养，必然造成高等教育质量下滑。

伴随市场需求还产生了高校的实用化色彩。因为政府和企业需要人才，学生渴望成才，人们就简单地把大学生就业率作为衡量高校办学水平或质量的依据，外适性需求导致专业性人才和技术性人才成为培养重点，学生产生实用主义的学习倾向，忽视自身素质的全面提升和个性发展，就业性需求的高涨严重打破其与学生发展性需求间的合理结构平衡，衍生高校失灵现象。

三、观念与行动契合：实现农村智力回流的必由之路

农村社会要发展并实现现代化，需要构筑合适通道，在农村发展与大学生到农村就业二者之间形成良性互动。

1. 改变某些不合理的观念使大学生认识到农村就业所特有的使命感和责任感

首先，大学生要认识到农业职业将产生大量的新式中产阶级，大学生是构成广义白领阶层中的新式中产阶级的主要来源。正如米尔斯所指出的，那些生活在乡村，但本身不参加农业的乡村非农人口所从事的行业都可以广义地定义为白领性行业①。从事这些行业的人便是正在崛起的新式中产阶级，他们来自社会各个领域和层面，依附于庞大的工作机构，专门从事非直接生产性的行政管理工作与技术服务，靠知识与技术领取稳定且丰厚的薪水，其职业可以是管理者、工薪阶层、销售人员和办公室人员等。可以肯定，随着现代农业的逐步形成，大学生将可以在农村更广泛的职业中实现自身的价值。

其次，倡导有利于大学生到农村就业的社会舆论。在政治分层的社会中，单位影响人们寻求向上发展的机会以及政治、文化、经济和社会等方面的利益②。如果没有了单位，大学生手中的文凭就不能带来预期

---

① 米尔斯．白领：美国的中产阶级［M］．周晓虹，译．南京：南京大学出版社，2006：50.

② 李汉林．中国单位社会：议论、思考与研究［M］．上海：上海人民出版社，2004：1.

的价值和地位，社会上出现的新“读书无用论”既是大学生对读书的目的、价值及意义认识上偏差的反映，实际上也是单位社会所导致的客观不良社会后果的体现。我们必须承认，在经济分层日益明显的社会中，教育仍然是个人作为提升能力和水平的工具之一，但也不能否认最终决定人们社会地位的是经济资本和社会资本。客观地说，社会的经济分层能有效地改变目前社会上流行的官本位、人情关系、面子等因素所产生的不良影响，也有可能使大学生认识到，在人才相对稀缺的农村其实更容易凭借自己的知识和能力走向富裕，从而实现自己的价值并获取较高的社会地位，并从新的角度和领域重塑大学生形象，提高大学生群体的声望。可以预见，随着农村人口素质的优化，农村人口的经济社会地位也会相应提高。实际上，这在美国等实现了农业现代化的国家已经成为了事实。在发达国家，农村人口在社会政治、经济等事务中都是不容忽视的重要社会力量。

2．办好服务农村的高校使大学生成为农村社会富有生机和活力的就业者与创业者

首先，农业经济的发展靠科技，靠拥有知识的农业科技人才。高等教育要提高服务农村的质量和水平，必须充分考虑到农村的不同地区的人才需求在数量、类型、专业和层次结构上存在的显著差异。除了农业大学专门培养新生的大学生外，还可以在农村中发展教授现代农业技术和农业综合企业等知识的高等职业技术教育，向农村传播知识或推广科技成果，为农村提供各类直接的社会服务，就地培养大量的创新型技术人才，使高等教育为农业现代化、农村工业化和城镇化提供分层次的智力支持网络。美国在《莫里尔法案》及其随后相关法令的颁布实施后，高等教育服务农村并促进农村飞速发展的成功经验就值得我们借鉴。美国各州赠地学院积极主动地为农业提供灵活多样的社会服务；同时高等职业技术教育也为农业培养了数量充足的高素质专门人才，这些都为美国农业生产提供了有力的智力支持和技术保障。

其次，高等教育应该致力于提高大学生服务农村的技能水平。现有的国民教育体系实际上不能很好地为农村经济社会发展提供必要的人才和技术支持，需要根据现代农业和农村的发展趋势，努力将人才培养的

内在规律和农村的具体要求结合起来，培养学生的创新能力、实践能力、适应能力和创业能力。此外，还可以组织大学生亲自去参与一系列与农业相关的实践活动，如建设生态农业、旅游农业等活动，加深他们对农业专业的理解，感受农业专业对农村社会乃至整个国家发展的重要性。目前，国内也有少量大学生回农村就业和创业获得成功的例子。据《成都商报》报道，四川农业大学毕业生龙波、王旭不顾家人反对，大学毕业后回乡养猪，两年后身价300万，并创造了中国的第一个品牌猪“普兰克”。用他们的话来说，他们的成功在于将知识和土壤结合起来，这样不光解决了自己的就业问题，为自身带来了财富，同时也带动整个村的人养猪致富。可以肯定，没有夕阳的产业，只有夕阳的技术。传统农业要走向现代农业，需要大量的具有知识和技能的新型建设者来改造传统农业。

3. 努力使大学生成为农村发展的实际推动者

首先，大学生是推动农村技术创新的生力军。大学生是新生产要素中现代科技知识和技能的体现者。目前我国农村正在形成各种农业服务组织以及与农业相关的企业，大学生因为具有较高的知识文化水平，他们对新型农业机械的组装、操作、维护等技能学习比普通农民上手要快，这就为大学生在农村成为新型白领提供了重要契机。随着农村土地流转等新型土地制度的推进，农业和农村领域的制度创新将会进一步推动，大学生自主创业的机会将越来越多，创业的环境也将越来越好，他们可以依靠知识入股，真正实现科技兴农。在促进传统农业向现代农业的转变过程中，大学生还可以发挥两个方面的重要作用：一方面，他们可以帮助农民提高素质及技能水平，帮助农民更好地利用现代农业技术和相关设施，也可以利用农业信息化对农业生产的各种要素进行科学化管理，提高生产效益，真正促进农民改变旧的生产方式；另一方面，他们可以推动农业的产业化改革，提高农业专业化程度，促进农业综合企业以及农业相关工业的发展，为农村发展提供更好的基础和平台。

其次，大学生是推动农村制度创新的重要力量。随着农村土地流转等一系列农村改革和制度创新的出现，大学生在制度创新过程中将有更大的用武之地。大学生在将来的所有权与经营权合一、能适应市场变化、实现农业集约化生产的新型农业合作社将发挥新的作用。各种农场或农业合作社是顺应农业专业化发展的趋势而产生的，伴随农场或农业合作社而诞生的农村二、三产业迅速发展，使这些生活在农村中的人不再是一般意义上的农民了，他们将从事专门的谷物种植、果木栽培、鸡禽生产、牛奶生产等白领性工作。这些专业农户也可以通过组建专业合作社或农民协会的形式，提高农业的比较收益，带动农业沿着生产社会化和经营集约化方向发展，真正形成自己的农业品牌，提高农业产品的社会知名度和附加值。随着农业和农民经济地位的提高，农业的社会地位必将大大改善。事实上，在发达国家和地区，农村和城市只存在职业分工的不同，而不存在身份和等级的差别，农村居民也和城市居民一样实现了生产社会化、经济市场化和生活城市化。

第六章　前瞻：高等教育与农村发展良性互动的反思

发达国家乡村的崛起是我国乡村发展的重要参照。如果说，我们现在的某些发展样态还只是它们过去的某种重复或再现，那么它们的现在很可能预示着我们农村未来发展的某些走向。美国当年的农村智力流动，既是农村自身发展驱动的产物，也是工业技术革命进步带来的必然结果。工业化进程带动了城市经济发展并引发城市劳动力相对不足甚至稀缺，进一步吸引农村劳动力向城市流动，并产生齿轮效应，使城镇化步伐加快①。工业化也推动了美国交通大发展，加快了农村劳动力转移速度，并促进大城市崛起；与此同时，工业化推动农业机械化的迅速普及、提高和农业生产力的大幅提升。农业发展不仅为城镇化推进所需要的粮食资源，也使大批农业人口从土地上解放出来而成为城镇化的人口和劳动力来源。农业机械化也在进一步改善农业技术构成，拉动农村人才需求升级，最终促进了美国农业从传统形态向现代形态的转变。与我国农村发展与变迁到现阶段所不同的是，美国农业现代化促成了美国农场主等新型职业农民的出现，美国农场主等职业农民具有相当高的社会经济地位并可以发挥很大的政治能量。在这一方面，即使到现在，我国尚只能看到大规模农村社会流动并且这种流动正在由注重或依靠体力向注重知识技能的方向转变，但我们尚不能看到或者不能清晰看到农民的专业化和农村人口经济社会地位尤其是政治地位的显著提高，这种职业

① 周天勇．托达罗模型的缺陷及其相反的政策含义［J］．经济研究，2001(3)：75-82.

转换和地位提高还处于朦胧或萌芽状态。这种状态倒还是能够从农村发展现实中找到某些踪迹。笔者在2007年所作的调查，发现了农村经济能人介入政治的诸多例证①。

第一节　高等教育与农村现代发展的制度性反思

在理想状态下，农村智力流动与农村现代发展应该是一体两面的。然而，在现实发展进程中，两者却存在分离甚至对立。有鉴于此，我们有必要对高等教育与农村现代发展的互动关系从多个层面或侧面进行检讨和反思。

一、高等教育与农村发展互动的经济结构反思

斯科特认为，19世纪晚期和20世纪国家发展的悲剧都来源于三个因素的致命结合：第一个因素是对自然和社会管理秩序的雄心，第二个因素是毫无节制地滥用现代国家权力作为达到目标的工具，第三个因素是缺乏抵制这些计划能力的软弱和顺从的市民社会。极端现代主义意识形态提供了欲望，现代国家提供了实现欲望的工具，无能的市民社会提供了平整的基础。当精英不承诺民主或公民权利，并为了达到目标毫无节制地使用国家权力时，乌托邦的幻想就会走向错误。当接受乌托邦试验的社会没有任何抵制能力时，乌托邦的幻想就会走向致命的错误②。尽管我们不能把斯科特的警告当作真理，但我们正视不同意见以避免走不必要的弯路或犯致命的错误真的很有必要。因此，我们对高等教育与农村发展互动进行多方面反思的价值毋庸置疑。

1．二元社会是高等教育与农村发展互动的结构基础

中国高等教育与农村发展互动所蕴含的问题和表现的特点实际上是不平等的二元社会结构长期积累的深层次矛盾的集中反映，也是现代化

① 彭拥军．走出边缘——农村社会流动的教育张力［M］．武汉：华中科技大学出版社，2011：124，150-160．

② 斯科特．国家的视角——那些试图改善人类状况的项目是如何失败的［M］．王晓毅，译．北京：社会科学文献出版社，2004：115-117．

过程中必然会发生的一种社会现象。二元经济主要是指发展中国家在实现产业结构转换和推进工业化进程过程中，由于部门间生产函数与劳动生产率的差异、区域之间或区域内经济发展的不平衡等原因而导致经济发展两极分化现象。刘易斯认为二元经济具有三个基本特征①：第一，它包括“现代的”和“传统的”两大经济部门，现代部门通过从传统部门吸收劳动力而得到发展。第二，在提供同等质量、同等数量的劳动条件下，非熟练劳动者在现代部门比在传统部门得到更多的工资。第三，在现行工资水平下，对现代部门的劳动力供给超过了这个部门的劳动力需求。由此使传统部门充当了现代部门的劳动力蓄水池。正是二元经济的存在，大规模、单向度的农村智力流动就具有了经济方面的驱动力。客观地说，现代部门的扩张可以通过四种途径使传统部门获益，这四种途径是：提供就业机会，分享物质设施，传播现代思想和制度，相互之间的贸易。但每一种渠道也包含着不利方面。更为明确地说，二元经济结构的二元性实际上表现在三个方面：其一，基于技术或生产率差异的二元性。技术差异或生产率差异的二元性使传统部门和现代部门之间经济增长存在明显的差异性或者不对称性，形成了具有较高劳动生产率和较先进技术水平的现代部门和生产率较低且没有享受到技术进步（或生产率提高）好处的传统部门，从而形成了基于技术或生产率差异的经济结构二元性。其二，基于组织制度差异的二元性。由于市场制度的不完全性，也由于政府体制的不完全性，造成了货物市场的二元性、资本市场的二元性、劳动力市场的二元性以及政府管理的二元性，从而形成了有差异的（或二元的）经济组织制度。其三，基于空间发展不平衡的二元性。在我国，二元社会主要是指城乡二元经济结构。它指的是城市中发达的现代工业与乡村中落后的传统农业并存的经济结构。这种二元经济结构是我国经济非均衡发展的产物，也是中国现代化进程中必须认真面对的一个重大课题。由于中国是一个农业人口占较大比重、农村经济占相当分量的国家，所以城乡二元经济结构也就成了整个经济的一个基本特征。

① 刘易斯．二元经济论［M］．北京：北京经济学院出版社，1989：149-150.

我国在相当长的一段发展时期，存在着二元分割的社会结构和相应的制度安排，并带有以下社会后果：在提供就业机会上，城市主要吸纳农村出身的接受了高等教育的知识精英而排斥一般劳动者，造成农村智力流动的流量和流速都很小，甚至导致自主性社会流动不具有合法性。因此，我们就不难理解：1949 到 1979 年的 30 年时间里，我国农村人口占总人口的比重只从 89.4%下降到 86.8%。而改革开放后，我国农村劳动力在各种主客观因素的推拉影响下，出现了大规模社会流动，到 1999 年，我国城市人口已经达到约占 40%的水平①。到 2011 年末，中国大陆历史上第一次出现了城镇人口超过乡村人口（乡村人口数 65656 万人，城镇人口数 69079 万人）的情况，人口城镇化水平②超过了 50%。从居住意义（或常住人口意义）上说，大陆城市人口第一次超过了农村人口。即使如此，我们还是有必要指出城乡作为生存和发展的地理总单元，仍然在以下几方面存在较大差别：在物质设施的投入上，工业布局基本上集中在城市，社会公共设施也基本上投向城市，造成城乡截然不同的两个世界。在思想和意识形态上，以工人阶级（这里是名义上的、真正的一线工人，目前的情况相当复杂，因为该问题不是本研究关注的，在此不赘述）为领导实际上造成农村在政治上无权，农村也缺乏自己名义上的利益（这里包括政治、经济等合法利益）表达的组织与机制，在政治上全面接受城市和非农人口的领导。有人指出，以前农村也有自己的组织“农会”，尽管国民党的农会是以地主阶级为主体的政治性组织，其目的是维护社会稳定，而共产党的农会是按照阶级斗争原则组织起来的准政权组织，是破坏传统乡村秩序的武器③。新中国成立后，

---

① 《中国城市年鉴》编辑部. 中国城市年鉴［M］. 北京：中国城市出版社，2000：84.

② 该人口数不是指户籍人口数，而是指常住人口数（国家统计局 2012 年 1 月 17 日公布的数据）。据清华大学中国经济数据中心发布的一项有关中国城镇化调查报告显示，中国户籍城镇化率仍然非常低，非农户籍人口占全国总人口的比例仅为 27.6%。参见《中国青年报》，2013 年 11 月 5 日 第 7 版，这一数据与 2010 年第六次全国人口普查获得的数据 27.7%比较吻合。

③ 于建嵘. 20 世纪中国农会制度的变迁及启迪［J］. 福建师范大学学报（哲学社会科学版），2003（5）：11-16.

农会在改造中消失，而没有被改造成为维护社会稳定的农民自身的组织。农村基层政权由于政治权力的下沉而改变了中国数千年皇权不下县的传统。在城乡相互的贸易往来上，通过工农产品的价格“剪刀差”，实现城市（工业）对农村的经济剥夺。城市与乡村，既是地理上的边界，也是政治上的边界、经济上的边界，乃至文化上的边界。在政治上，城乡之间实际上表现为一种权力关系，更加直白地说，就是城市对农村的领导。国家的政治机构都设在城市，国家的政治经济决策都在城市形成，农村或农民的参与无论从形式上或者从内容上看，都显得微不足道；在经济上，城乡之间表现出经济的相互依赖和相互斗争。城乡之间由于经济格局存在明显差异，因而互补性较强，从而形成较好的经济依赖关系，但这种依赖由于世界范围的经济分工，国内城市对农村的单纯依赖有所下降。在农村城镇化进程中，城乡也存在着经济机会和经济利益竞争。工农比较利益的差别引诱农村人口向城市流动，而城市人原有的福利受到的冲击往往把它归结为农民进城，城市几乎都出现过的歧视性政策实际上就是这种城市人口自我利益保护的“合法性”表达，但进城农民各种形式的抗争在否定这种合法性并形成新的合理性和合法性。在文化上，城市中心主义的文化设计不但使城市取向成为合法的主流取向，而且在有意无意之中把乡村文化贬抑成愚昧落后的代名词。

如何合理认识城市和乡村的结构和组织，对正确认识高等教育与农村发展互动的本质和演进方向都具有积极意义。由于心理性和制度性的城乡对立，在现代化过程中，在城市与乡村的抗拒与变迁之中，农村的中心地位被城市所取代，农村由传统社会的中心位置滑落到现代的边缘地位。事实上，农村的经济社会发展需要农村自身的社会组织来协调。比如美国的农民协会、农民联盟和农场局是美国农民的三大团体，它们既是农民经济活动的重要组织者，也是农民利益表达和维护的重要组织者，这对美国的农村和社会起着十分重要的作用。而我国，农民的利益和愿望往往只能通过别人代为表达，这种代为表达往往与农民自身的需要和利益之间存在一定距离。

这种在结构、制度和市场等方面的二元特征，给高等教育与农村发展互动带来深刻影响。实际上，统一有效的劳动力市场的缺失、以户籍制等为代表的限制劳动力自由流动的体制性障碍所形成的制度不当等制度性壁垒的存在影响了高等教育与农村发展互动的速度、秩序和有效性，并使农村难以吸取城市资本，难以享受现代科技成果。它不但加大了城乡二元经济结构转换的难度，而且容易拉大城乡之间各方面的差距。

我们在调查和分析过程中努力防止以朴素的道德判断来替代社会学分析的倾向。尽管我们要有坚定的为弱势者说话的道德立场，但我们不能把学术探究简单地理解为替弱者说话。事实上，随着技术进步扩散到农业，农业生产率得以提高，农业劳动力出现富余，这种情形客观上要求劳动力进行产业间的转移，即由农业第一产业向城市第二、第三产业转移；与此同时，城市产业的发展又需要不断地补充劳动力，从而加快城市人口增长，扩展城市规模。但发展中国家的劳动力市场往往是二元性的，或者说是相互分割的。因此，有许多人认为，发展教育是消除二元劳动力市场的根本出路①。

2．经济状况变化是反映城乡社会结构变化的晴雨表

金钱是高度抽象化和非人格化的。无论是怎样弄到手的金钱，不管是骗来的也好，靠制度性手段挣来的也好，金钱实际上都可以用来购买相同的商品和服务。都市社会的陌生人结构，再加上金钱的这些奇特好处，容许财富作为标示个人社会身份和地位的可观察指标。即使明知某些财富的不纯洁性，这种不纯洁性也可能会随着时间推移而变得纯洁。随着乡土社会的熟人特征逐步弱化和经济家庭化日渐明朗，经济状况影响家庭社会地位的现象在农村也日渐浸染了城市色彩，并逐步得到人们默认甚至认同。当然，我们仍然不能忽视两个基本情况：第一，对于成功的激励与现存的文化价值有着比较直接的关联；第二，通向成功目标的适当途径受到社会阶层结构的很大限制。简单说，成功是缘于运气还是缘于努力和个体的智慧，成功榜样在受不同文化价值观念影响的人身上所产生的动员作用会存在明显差异。值得指出的是，现在越来越多的人倾向于认为，成功需要运气、努力和智慧等的适当结合，但适当结合

---

① 高帆．二元经济理论的演化和最新进展［J］．学术探索，2004（1）：550-552.

只可以描述却难以精确量化或操作，因而人们的行为其实还是相当复杂的。

我国农村智力流动的演变也是如此。从20世纪70年代末期到90年代中期，体制改革引发了中国大规模社会阶层结构变动和社会流动。具体而言，社会结构的松动，首先是从农村的土地承包责任制开始，农业的发展和富余劳动力的产生，以及受城市比较利益优势的驱动，农民纷纷向城市和发达地区转移，由此引发了全国性的大规模社会流动①。所以，改革开放后的第一拨大规模社会流动是从农村开始的；第二拨社会流动才从城市的底层开始出现：城市中没有职业的社会闲散人员（甚至包括刑满释放人员）由于在原有的体制内无法获取充足的社会资源，在商品经济大潮的裹挟下，纷纷加入个体私营行业，借政策倾斜迅速致富而实现某种意义上的向上社会流动；第三拨社会流动则是从公有制内部涌动的。“下海”、“孔雀东南飞”等比较形象地描绘了当时的这种现象。与此同时，原有的制度性壁垒也逐步松动，教育对社会流动质量和社会流动自由度的影响逐步在增大。社会流动的质量和有序化问题更加凸显。但由于在一定的阶段，权力因素向市场因素逐步让位，因此出现了教育筛选、人事筛选、市场筛选和政策筛选同时对个人社会流动产生作用。在历次社会流动中，封闭的社会认同逐步走向了开放的社会认同，并且社会结构也逐步发生了相应的转变。社会动员由单一的自上而下转变为自上而下、自下而上等多种形态。这些不同方向的社会动员之间出现了对抗和转换，从而引起了社会新面貌的出现和社会结构的重组。这些状况和变化，既有历史遭遇的原因，也受人们主观自觉的影响。社会流动既反映了宏观社会状态的变化，也表现了不断自我纠正和调整，既蕴含着希望，也潜藏着失败的可能。

可以肯定地说，一切得失的最重要成因是当事者的选择，以及那些选择的制度化结果所导致的相对恒常的社会关系。而个体的需要是组织

---

① 这里使用社会流动而不是智力流动，主要是基于大多数人只把它作为一种社会现象来描述，并且其合法性的获得经历了一个较长的渐变过程，而其中隐含的知识技能等智力元素甚至到目前也没有达成共识。

和文化模式产生的源泉，社会系统的存在是为了满足诸多个体的种种需要。一旦某种制度设计把人们的前途归因于不确定，一种政治巫术或社会巫术就会应运而生，甚至会把巫术当成信念。这种巫术信念可以帮助人们超越实际追求中的不确定性，帮助减少忧虑，并期待绝处逢生的偶遇。有鉴于此，对中国农村智力流动的调查分析不能限于农村本身，因为在经济上农村是城乡网络的基础，离开了上层结构就不容易看清楚农村的面貌。而随着农村严密整齐的均质化社会开始解体并走向异质化社会，强国家-弱社会模式开始滑向强国家-强社会的新模式。这是深入分析农村智力流动过去、现在和未来必须积极关注并准确把握的。

二、高等教育与农村发展互动的制度性反思

中国二元结构所具有的特征，不仅包含着一般发展中国家通常存在的二元经济结构特征甚至更为典型的某些特征，而且形成了中国因二元经济结构造成的一个二元社会结构。这种社会结构在城市和乡村，农业和非农业人口之间人为地制造了一个制度性和社会性壁垒。

1. 特定制度设计是造成城乡不平等的制度根源

有人认为，中国的二元社会结构主要由 14 个具体制度来维护，这 14 个制度即户籍制度、住宅制度、粮油供给制度、副食品和燃料供给制度、生产资料供给制度、教育制度、就业、医疗制度、养老保险制度、劳动保护制度、征兵和婚姻制度等等，由此构成了发展中国家特有的中国式社会状态①。我们仅以户籍制来加以说明。1958 年通过的《户口登记条例》第一次从法律上正式限制了农民进城，这个条例也事实上使农民的居住和迁徙自由权失去了法律保障。而 1975 年的《中华人民共和国宪法》则干脆将公民的居住和迁徙自由从宪法条文中予以取消，以后的历次修宪（包括改革开放以来的先后四次对宪法的修正）都没有恢复和重新确立公民的居住和迁徙自由权，这实际上进一步使农民的居住和迁徙自由权失去了宪法保障。因此，20 世纪 50 年代人为建立的城乡分隔的二元户籍制度，既是中国农民丧失迁徙自由权的标志，也是中国农

① 郭书田，等. 失衡的中国——农村城市化的过去、现在与未来［M］. 石家庄：河北人民出版社，1990：7-8.

民平等权利失落的起点。人为地把全国人口划分为城镇户口和农村户口两大户口性质，并对农转非进行严格控制。这在客观上把城乡人口分成经济利益上不平等的阶层，形成了事实上的人身等级关系，并由此限制人口的合理社会流动。事实上，户籍制度除了导致经济不平等外，还衍生出政治不平等、社会不平等和文化不平等等诸多不平等。

严格地说，户籍歧视即使到现在也没有从根本上动摇，这具体表现在两个方面：一是在思想上认为户籍管制是文明合理的，比古代处以刑罚文明，甚至有人以美国也限制移民为例证，试图说明户籍限制似乎是世界通例；二是担心城镇人口的机械增长，因为到现在为止还没有形成城市人口向农村流动的社会机制和动力基础。尽管也出现过知识青年上山下乡运动，但人们对此往往持否定态度。现在实际上也存在城市人口置换到农村的举动，但这只是一种个别人的私人行为，尚未成为公共社会景观。

我国独特的城乡二元社会背后的经济原因实际上与新中国成立初年优先发展重工业的策略分不开。因为重工业的巨大资本需求主要靠工农业产品价格“剪刀差”① 来实现，因为重工业是资本密集型产业，其大力发展吸纳的劳动力增量十分有限。这种以农补工的发展模式客观上既造成农业发展所需要的基本积累难以实现，也无法帮助农业劳动力实现产业转移。优先发展重工业和工农产品价格“剪刀差”是造成早期城乡经济发展不平等的制度化原因。据统计，农民通过工农品价格“剪刀差”向国家提供的积累，从 1952 年到 1986 年是 5823.74 亿元，加上收缴的农业税 1044.38 亿元，两项合计 6868.12 亿元，约占农民所创造价值的 18.5%②。在 1979 年到 1994 年的 16 年间，政府通过工农产品“剪刀差”从农民那里占有了大约 15000 亿元的收入，同期农业税总额 1755 亿元，各项支农支出 3769 亿元，政府通过农村税费制度提取农业

① 所谓“剪刀差”就是指工农产品交换时，工业品的定价高于其价值，而农产品的定价低于其价值，从而使价格背离价值，工农产品的价值与等价交换形成了一个向两边分离的剪刀形图式。

② 郭书田．再论当今的中国农民问题［J］．农业经济问题．1995（10）：2-7.

剩余约占 12986 亿元，农民每年的平均总负担高达 811 亿元[①]。农村在经济上处于劣势，除了工农产品“剪刀差”外，还因为国家经济投入在很长一段时间都是以城市和工业为中心。在社会福利和保障方面，非农人口和农业人口的划分，除了限制农村人口流入城市外，实际上也产生了把农民排除在国家福利和保障体系覆盖之外的社会后果，从而使户口变相地包含着身份区隔和等级区分。

2．高等教育与农村发展良性互动需要从制度上理顺城乡关系

城市工业对农村经济剥夺的直接后果之一就是造成了农业劳动力数量的积累不断增加而农业资金和技术积累则相对缓慢甚至非常缓慢。这种尴尬局面容易导致农业的技术改造和升级困难，进而造成农业和农村对知识和技术人才的吸纳和吸附能力很弱，使高等教育对农村人口的教育筛选——实际上是对农村智力剥夺（农村人口心甘情愿地接受这种剥夺）——具有了更好的现实合理性。

与之形成鲜明对照的是，体力劳动地位的下降以及白领劳动赢得越来越多的赞誉，这种分割的劳动力市场诱使人们产生通过合法努力或不择手段地去达到文化上认可的目标的倾向。比如我们的文凭制度，在努力为合法的事业提供服务的同时，也难以避免为非法事业提供没有什么区别的服务。这就是假文凭[②]得以滋生泛滥的制度性和社会性基础。因此，从制度层面上确立城市和农村的合理关系就很有必要。比如，城市和乡村到底是中心与边缘关系还是其他关系；城市人口和农村人口在身份和地位方面应该是凝固不变的还是可以互相置换的；城乡之间是否必然存在行业和职业的分离；现代化的模式是单一的城市化模式还是存在其他多元替代模式，这些问题的解决都可能具有制度创新意义和进一步分析的价值。与此相关的问题是：农村现代化是朝向城市化方向发展，还是以城市生活作为重要出发点和持续参照点，从而衍生出新的文明形态和制度模式，这是一个值得从制度层面好好思考的问题。此外，农村

---

① 徐冰．城乡差距：世纪难题求解［N］．中国经济时报，2005-03-09．

② 这里的假文凭包括合法化的和非法化的假文凭，这也就是人们通俗地指称为纯粹的假文凭和假的真文凭。

的发展能否医治城市病并给现代化开辟新的道路，这也是一个值得思考的问题。但这种城乡之间的模式选择和制度选择，实际上会产生以下难以克服的思维紧张甚至逻辑难题：首先，现代化过程中存在着总体性概念和多元主义概念的矛盾与冲突，这种矛盾或冲突既反应在概念自身的建构上，也反映在对自然、人类社会及其历史的建构之中；其次，反映在对自然和社会的反思和积极建构之中，比如人类到底应该是征服自然还是与自然和平共处，人的伦理道德规则是否可以适用自然界，这些问题实际上无论在认识层面还是行动层面都存在诸多困扰；第三，存在于对人类经验的主要维度的不同评价之间，比如如何看待科学的理性精神，道德的善良、公平、正义与规则，艺术追求的自由和唯美；第四，存在于控制和自主之间，比如经济领域的政府控制与市场经济的公平自由竞争之间如何合理平衡，政治领域的政府权力边界与人民天赋人权之间如何取舍。概而言之，我们有必要澄清以下问题：人们到底应该对现行制度进行简单的依附而使现行程序合法化，还是要通过对实质性条款的改造而使程序进一步合法化。

农村智力流动作为一种沟通城乡的社会存在形式，既可能积极建构社会新秩序，也存在破坏社会秩序的可能性。农村智力流动既可以建立新的信任关系，促进不同群体间的互动和相互了解；也可能涉及权力实施过程中逾越合法性边界，让人感到社会秩序的专断和脆弱，对社会秩序产生强烈的矛盾心理。所以，从积极意义上说，农村智力流动可以促进人的主观能动性、自主性的表达，也可能破坏或者建构社会秩序。但不管怎么说，不断扩大制度赋予个人的自由与活动领域，会不断扩展人的活动性、创造性和自主性，终将有利于社会流动进入更加良性的状态。可以肯定地说，开放的未来与人的自主性结合起来，通过人的有意识活动积极塑造社会，这是完全可能的。毋庸置疑，多元化的个体利益与共同的集体利益具有同样的正当性，对共同利益和社会秩序的不同解释也可能具有同样的正当性，但这些差别性利益和差异性秩序仍然会影响农村智力流动的有序性和有效性。因此，新的制度形态的发展，如城乡关系、城乡人口管理以及社会流动的制度性确认以及与之相关的文化方案，都会对农村智力流动产生重要作用。

有必要指出的是，人们在推进制度建构过程中，人的现代性也必须随之发展[①]。但是，人的现代性的发展不是通过社会自然进化而形成的，不是通过传统的自然展开而构成的，也不是通过它们置身新的国际环境而构成的。准确地说，它们是在社会的原有结构、社会的历史经验和现代性的新的文化、政治方案之间的不断遭遇和互动中逐步形成的。然而，在现实生活中，教育资源和发展渠道都存在着严重的城乡不平等甚至隔离。比如，带有歧视意味的户籍制度，不仅使每个农民饱尝了户籍歧视的辛酸，也使国家的经济和社会发展蒙受了重大损失。在这种背景下，通过各种渠道实现了社会流动的乡村能人对农村人口就更加具有深刻的示范和激励效应。

概而言之，高等教育教育与农村发展互动的终点不等于简单的农村城市化，城市的生活方式也不是现代化的唯一模式甚至可能不是主流的生活方式，尽管城市在现代化进程中确实享有历史上的优先地位，并继续成为现代化进程中的一个重要参照点。但就像城市之间在具有共性的基础上仍然具有个性那样，农村现代化进程在具有现代性的一些基本特质的同时，应该同样保持或形成自身的、不同历史和地域的个性，从而丰富现代化本身。有鉴于此，农村对城市的模仿、对城市中心地位的抗争和对城市的渗透都可能促进城乡之间中心与边缘关系的重建。也有必要指出，正是城乡间的冲突与协调才会使现代化本身变得更加丰富。高等教育与农村发展的积极互动最容易观察到的就是农村智力流动，但其最佳形态并非农村人口的简单输出，而应该是逐步走向城市与农村之间各种层面的交流，也包括农村自身的多元多向发展。毫无疑问，农村智力流动不断向前推进的过程，不是城市霸主地位的确立过程，而应该是引起大多数共同制度领域（比如家庭生活、经济政治结构、都市化、现代教育、大众传播和个人发展取向等）产生一种趋向结构分化与重组的过程，并引发多元制度模式的成形和相应意识支持和文化方案的确立。

---

① 英克尔斯认为，在发展过程中一个基本的因素是个人，除非国民是现代的，否则一个国家不是现代的。英克尔斯．从传统人到现代人——六个发展中国家中的个人变化［M］．北京：中国人民大学出版社，1992：10．

从高等教育视角看，在制度设计上，能否让教育作为一种社会流动的原初符号在城乡具有同等的表现和竞争机会，使教育同样进入人们的社会生活领域当中而成为特殊结构化模式的一部分，并使之具有共同的社会流动价值。就像财富是证明一个人的能力和实力的一个具有很强说服力因素那样，良好的教育也应该是令人尊敬的。教育程度不仅是个人相关基本资源获得的依据，也是炫耀性或炫耀性消费的一种形态（尽管它不是所有人的，也不是唯一的形态）。这种教育消费指向地位提高、地位效用增强、名誉卓著等等，在收费时代还暗含经济实力。因此，有必要设计一种合理的制度安排，使高等教育成为促进农村智力良性流动而不是引发农村自身走向凋敝和空壳化的力量，以促进农村发展并不断产生新的多元现代文明。

第二节　高等教育难以对农村发展实现智力反哺的思索

农村现代化是国家现代化整体战略的重要组成部分。农村现代化的一个重要方面是农业现代化，其重要判定尺度是传统农业向现代农业的成功转变；农村现代化的另一个重要方面是农村人口的现代转变，其实质就是实现农民从传统人向现代人的转变，以及传统农民向现代职业农民的转变。从高等教育与农村发展良性互动视角看，令人感到些许遗憾的是，我国对农村教育的设计并不致力于为农业和农村培养人才，而我国现代化进程也是采取城乡、工农非均衡发展战略来推进的。在这种背景下，受过教育的农村青壮年人口必然大量流向城市和工业，农村现代化发展更加迫切需要智力回流。

在当前的形势下，如何引导高校毕业生到农村就业既缓解大学生就业难题，又为农村发展提供高素质人才，真正实现农村的智力回流，已经成为越来越重要的现实问题。如何使农村出身的部分大学生成为我国现代农业和现代农村的新型建设者，以促进传统农业向现代农业的转变，使农村发展成为可以与城市相媲美的生活场所，这是一个值得关注的重要问题。

因此，让大学生成为农村的新型建设者是满足农村发展人才需求的现实选择。遗憾的是，目前的城乡二元经济结构形成了两个不等质的封闭循环圈：城市优势循环圈和农村劣势循环圈①。城市代表着先进文化和生产力，城市的优势决定了大学生不愿去农村；反之，如果农村这一概念总是意味着落后和贫穷，农村的劣势地位必然使大学生（即使那些愿意到农村就业的大学生）到农村就业困难重重。

一、某些固有观念阻碍大学生成为农村建设者

首先，读书“离农”的思想阻碍大学生到农村就业。将生存作为第一需要的生存伦理植根于农民社会的经济实践和社会交易之中②。当今，农村大学生除了将读书作为谋生手段之外，更多地寄希望于通过读书获取较高的学历、职位和声望从而跨越原来低下的社会阶层。远离农村和农业就是这种目标最直观的反映。客观地说，农民子女接受高等教育远远不是出于对知识的渴求（尽管我们不排除这种可能），更多的是把教育视为一种改变自身地位和命运的工具。通过读书离开农村就是这种愿望最直观的表现，也是教育的这种工具价值是否真正得以发挥的重要检验尺度。在这样一种深厚的思想背景下，大学生就业一时难以彻底摆脱“离农”观念的影响。

其次，读书为官的仕途观念阻碍大学生到农村就业。我国古代读书、应试、做官三位一体，这种官本位的社会文化心理实际上把教育作为个人社会地位的“提升机”③。农村人以前都希望子女能够找到一份福利好而又稳定的工作，拥有干部身份（农村以前把它称为“吃国家粮”），并以此为荣。大学毕业回农村从事农业生产将无法获得干部身份，在农村这样一个特别注重“人情面子”的熟人社会里，大学生回农村从事农业生产必然是很没“面子”的事情。

再次，读书致富的功利价值观阻碍大学生到农村就业。对农村大学

---

① 余秀兰. 中国教育的城乡差异——一种文化再生产现象的分析［M］. 北京：教育科学出版社，2004：114.

② 斯科特. 农民的道义经济学东南亚的反叛与生存［M］. 程立显，刘建，等译. 南京：译林出版社，2001：3.

③ 彭拥军. 高等教育与农村社会流动［M］. 北京：中国人民大学出版社，2007：13.

生而言，教育到底是“致贫”还是“治贫”已经成为了一个无法回避的现实问题。在现实社会中，一些农村大学生通过读书，走出农村而脱贫致富，他们就会成为邻里乡亲争相仿效的对象；但现在也有许多农村家庭因孩子读书而走向贫困。在当今经济分层日益明显的背景下，大学生从事农业工作除了丧失干部身份外，实际上也意味着丧失了制度可能会赋予的经济资本和权力资本，而他们能否依靠所拥有的文化资本优势来致富实际上还是未知数。读大学的投入不一定能够取得所期待的产出，会使原本贫穷的农村家庭误认为，大学生到农村从事与农业相关的工作，说明接受大学教育不值得，甚至是无用的。

二、缺乏足够的涉农技能阻碍大学生成为农村建设者

首先，大学生培养的城市和工业取向让大学生难以形成到农村就业的观念。目前我国农村的基础教育、现有的高等教育（包括农业类高等院校）基本上致力于培养城市和工业需要的人才，较少考虑如何有效培养农村所需人才。这样的教育制度设计，一方面使农村教育筛选农村的优秀者送往城市，它在提升部分农村人的同时也在对农村进行“智力剥夺”，并一步步造成农村人力资源丰富而人才资源缺乏的格局，产生农村拥有的是大量低素质劳动者的社会后果。另一方面，城市和工业取向的教育除了难以培养适合和满足农业和农村发展需要的大学生，甚至从大学生的脑袋里洗去了服务农村这样的概念。这样培养出来的大学生，即使他们中有人愿意到农村工作，也容易沦为“多余的人”。

其次，高等院校配套设施不够、涉农专业逐渐萎缩，使大学生缺乏到农村就业所需要的技能。近年来，各高校在专业设置上越来越遵循市场导向，无论本科或高职院校几乎都增设了“热门”的管理或法律等专业，但很少增设涉农专业，甚至新增专业还冲击了原有的涉农专业。以培养涉农人才为特色的中国农业大学为例，其理学院、经济管理学院等院系本科设立的非农专业与涉农专业所占比例几乎相当，其涉农的农学、动物学、生物学等专业往往要到第五学期才分流，学生实际上没有足够长的时间将其专攻的涉农专业学好、学精。不仅如此，这些直接涉农的大学往往并不致力于为农村培养相应的管理人才，从而难以有效帮助农村创设吸引智力的制度性和管理性环境（当然，即使培养了这类人

才，他们是否有机会进入农村相应的管理岗位也是一个未知数）；而普通高等院校即使有少数涉农专业，其实用性往往更成问题。

再次，大学生个人的学农意愿不足影响其到农村就业。我们不能否认，确实存在一些大学生热爱农业，能认识到农业在社会发展中不可或缺的重要作用，但他们往往因担心工作不好找而犹豫不决。反之，那些已经就读涉农专业的大学生则往往认为涉农专业不实用、待遇和名声都较差。受这种认识的影响，这些大学生学习积极性不高，对所学专业不感兴趣，甚至内心始终有改行打算的人也不在少数，他们对所学专业存在敷衍了事倾向的情况也就十分常见。缺乏对将来从事职业必要认同感的人，一般很难在其职业领域做出成就。

三、路径不通畅阻碍大学生成为农村建设者

首先，农业职业缺少白领性工作岗位对大学生到农村就业产生阻塞性影响。目前我国农业总体上还处于传统农业水平，在参与国际市场竞争时处于附庸地位。尽管农村第二、三产业都在快速发展，但农村经济发展水平和劳动力市场发育水平尚处于粗放型阶段。大学生到农村往往找不到合适的白领性岗位，即便有大学生能够成为“村官”或政府公务员，毕竟人数很少，并且这些工作与他们所期待的理想职业常常存在较大差距，理想与现实间的差距容易阻塞大学生到农村就业的道路。

其次，非农非城的尴尬身份成为大学生到农村就业的现实阻碍力量。大学生作为高素质的人才到农村，本应该拥有很高声誉、地位和权力，但中国社会成员的声誉、地位和权力基本上是通过单位来获取的。而目前我国农村社会不是真正的单位社会，也不能像城里一样为大学生提供住房、医保等福利保障，大学生在农村就业往往陷入非农非城的尴尬境地。此外，在我国乡村社会中，大学生所学的知识往往不能很好地与权力、财富、声望相结合。在乡村社会，大学生占有的文化资本不具备带来权力的特性，他们在乡村社会中和普通农民一样没有话语权。

再次，农村人才的潜在需求缺乏有效激发阻碍农村对大学生吸纳能力的生成。从理论上说，农业和农村发展需要大量高素质人才。从 2006 年起，国家每年招募 2 万名高校毕业生到农村基层从事 2 到 3 年的支教、支农、支医和扶贫工作的实践看，这些举措确实取得了一定成效，但客

观地说，这些“三支一扶”人员中愿意并最终能够成功留在农村继续为农村服务的很少。缺乏国家强有力政策支持的大学生自发到农村就业，其结果如何，自然不难想象。事实上，大多数大学毕业生认为到农村就业就是从事体力劳动，因为缺乏合适条件，他们难以成为现代农业技术推广、运用的带头人。因为农村的集约化程度低，传统农业生产模式不容易产生把知识和土地联系起来在农村创造财富的需求，农村目前较为低下的现实生产力水平在缺乏必要的制度和政策推动时，无法有效吸纳大学生。

第三节　高等教育与农村发展互动可能遭遇的陷阱

改革开放以来，我国农村发生了规模庞大的智力流动。从教育视角看，农村智力流动者实际上可以归属于下列两种类型：一类是教育作为制度化手段（比如高考或中考）实现农村人口身份和地位的根本性转变的智力流动者。在相当长一段时期内，这类流动者基本上成为农村社会的永久流出者。当然，随着高等教育大众化逐步向深度推进，这种流动在制度性身份赋予方面已经出现了一些变化，但接受高层次教育的人成为永久性流出者的可能性仍然很大。一类是保留农村人身份和地位的流动者，即我们通常所说的农民工，尽管这种说法并不够确切，但它确实体现了中国的特殊意味。实际上，农民身份的农村智力流动者可以分为以下几个亚层次。如果以他们实际生活地域和主要谋生方式来对他们加以分类，可以把他们分为离土离乡的农村智力流动者（到外地从事非农职业）、离乡不离土的农村智力流动者（到外地从事农业生产或农忙季节回乡务农）、不离乡但离土（在本地从事非农职业）、不离土也不离乡（新式农民）的智力流动者以及亦工亦农者。离土离乡和离乡不离土的农村智力流动者仍然保持着农民身份，他们有可能是潜在的永久流出者，也可能是新的归乡者；离土不离乡的农村智力流动者是一种本土化的非农职业流动者，是农村社会城镇居民的重要来源和重要力量之一；不离土不离乡的农村智力流动者实际上有两种类型，一种是农业职业技术升级的产物，如专业种田能手的出现。他们的出现可能意味着新式农民的诞生，他们身上凝聚着农业职业化升级的希望；不离土不离乡的农村智力流动者中的另一类是亦工亦农的两栖群体，是一种尚处于分化状态之中的农村智力流动者。他们可能成为上面各种类型中的一种，代表着农村智力流动的另一类图景。亦工亦农者则是一种两栖者，存在着保持现状、回乡或离乡三种可能。值得指出的是，在农村智力流动中，很多农村青壮年人口流动把农村的经济财富和政治地位同城市捆在一起。他们已经不是传统意义上的农民了，在他们的日常行为及行为互动过程中，他们将农村承载的文化淡化而融入城市之中。正如斯科特所指出的那样，在他们身上，“农民”概念的社会和经济内容也被逐渐地剥光了，因而农民乃至农村越来越不成其为特殊的范畴了①。

一、高等教育与农村发展互动的可能陷阱

如果社会的开放与进步、农村教育的不断发展带来的社会后果仅仅是让农村人更加坚定了离开农村的决心，并且社会为这种决心提供了越来越合适的知识和技术条件，那么这种开放、进步或发展就很有可能是陷阱。这种进步性或发展性陷阱在社会变迁过程中经常会出现。孙立平先生曾经就明确提出过要防止改革陷阱②的观点。现在看来，这种观点具有很强的预见性和解释力。

客观地说，高等教育与农村发展互动的完整历史过程，既应该包括高等教育促进农村人口向城市的流动，也应该内在包含高等教育在农村自身城镇化水平不断提高中发挥越来越大的作用。与此同时，高等教育与农村发展互动过程既反映社会结构性上升的过程和农村人身份不断转变的过程，也体现在农村发展对高等教育（或者说大学生）不断增强的吸引力和吸纳力。在理想状态下，高等教育与农村发展互动不应该单纯体现为高等教育帮助农村人口从乡村向城市流动，也应该体现在高等教

---

① 斯科特．农民的道义经济学：东南亚的反叛与生存［M］．程立显，刘建，等译．南京：译林出版社，2001：273．

② 为了克服某种弊端而出台一种措施，过一段时间后，弊端死灰复燃，结果是弊端和为了克服弊端所采取的措施一起强化了原来的弊端。孙立平．博弈：断裂社会中的利益冲突与和谐［M］．北京：社会科学文献出版社，2006：7．

育日益渗透在农村职业地位提升或职业形态改变当中，但由于我国农村和欠发达地区的资源短缺或社会中高层职位严重不足，这种现实状况必然造成农村和欠发达地区对高等教育（比较直观的是对大学生）的吸引力和吸纳能力不足，它在一定时期内必然导致高等教育引发农村和欠发达区域的智力流动是流向城市和发达地区的。这种农村智力流动，从积极方面看，可以拓通农村与城市或发达地区联系的渠道，有利于把新知识、新技术、新观念带回农村，实现文化反哺、信息回流甚至技术回流，并可能形成新的城乡之间、发达与不发达地区之间的联系，产生激励和示范作用；但也可能造成对农村资源的剥夺，尤其是智力剥夺，造成农村和欠发达地区人才的严重流失。事实上，农村和欠发达地区本身的职业地位并没有在农村智力流动过程中得到明显提高，农村一度大量出现的空壳村和农村凋敝现象实质上与农村教育的“去农化”有着内在关联①。我国高等教育引起的农村智力流动本质上是城乡社会政治经济乃至制度框架上的不平等所造成的一种特殊社会后果。事实上，中国高等教育与农村发展互动过程中出现的积极或消极社会后果，在发达国家（如美国）现代化过程中也曾出现过，包含着某些发展过程中的共性。

值得指出的是，中国是一个在很长一段时间采取城乡分离制度的国家。在这种体制和机制设计下，高等教育对城市人口（尤其是城市中直接与物质财富的流通和分配打交道的人们）并没有很大吸引力，正是这种制度设计，使高等教育对农村人口跨越城乡制度壁垒意义重大，“跳农门”的生活化用语比较传神地刻画了这一行为的实质。而通过高等教育筛选农村优秀人才送往城市的高等教育招考制度，一方面实现了农村人口社会地位的提升，另一方面也造成农村人才资源的流失而导致农村人口资源丰富而人才资源缺失，这在一定程度上迟滞了农村发展的步伐。正由于以上原因，有学者认为，改革开放前，高等教育对城镇非农业人口的社会地位影响很小，是否受过高等教育与他们所获得和占有的各种社会资源——权力、财富（收入）、声望之间关联不大。高等教育大

① 彭拥军．高等教育与农村社会流动［M］．北京：中国人民大学出版社，2007.

众化后，高等教育大门大开，实际上不可避免地给农村青年的就业带来许多问题（他们在职业机会的寻找上处于相对弱势的地位）。现在推动大学生到农村就业的举措，就被很多人视为新知识青年上山下乡。这种情况的出现，实际上意味着部分农村人口在成功接受教育后又坠入成长或者发展的陷阱。

而外出打工的农民工可能陷入另一种陷阱：一方面，他们走出了农村这个边缘，进入了城市这个中心，从形式上跨越了城乡中心边缘关系的阻隔，但这只是从生活的地理环境或者说生活地域来说的。其实，由于身份原因，农民工实际上是处于城市生活的边缘地带，他们是城市群体中的底层或边缘层的主要构成者。农民工这一类农村智力流动者一方面从农村这个城乡关系的边缘走向甚至走到了城市这个中心，但另一方面又实际上处于城市自身的边缘位置，也就是说，他们的流动基本上没有能够真正走出边缘。那些在农村本土实现向上社会流动的智力流动者，倒是逐步进入了农村社会这个城乡中心-边缘结构中乡村这个边缘的中心地带①。他们的处境往往优于那些处于城市边缘的农民工，但他们能否最终过上城市中心者一样的生活，则还需要时间来进一步证明。也许，从物质生活的品质上，他们已经与城市中产阶级没有差别甚至更优，但在生活环境和精神层面，肯定还存在一定距离。

与此同时，农村这个边缘社会中也在出现新的中心阶层，这个中心阶层的出现可能代表着农村智力流动的新方向。因此，如何优化农业生产布局，推进农业产业化经营，促进农产品加工转化增值，发展高产、优质、高效的“三高”农业，把农村建设成为现代农村，使农村人也能够像城市一样生活，一样具有现代意味，也许真是一个具有价值的问题。因此，在促进农村人口走向中产阶级的过程中，既要保障农村人口进城道路的畅通，也要开辟市民下乡的通道，使农村有市民的梦想空间。尽管曾经有过的知识青年上山下乡是一种反向智力流动，但现在确实存在自发的受利益驱动的从发达地区到欠发达地区进行生产经营的智

① 彭拥军．走出边缘——农村社会流动的教育张力［M］．武汉：华中科技大学出版社，2011．

力流动样态，尽管从城市到农村的人相对较少，但这并不意味着一定是此路不通。

二、走出高等教育与农村发展互动的陷阱

新中国成立后的一段时期，我国优先发展重工业的模式造成城市和工业在资金以及智力等方面对农村进行全面剥夺，但城市和工业发展对农村人口的整体吸纳作用却很弱。在城市和工业发展的挤压下，农业科技发展相对迟缓。改革开放后，制度创新提高了农村的生产效力，使农村劳动力出现相对甚至绝对富余，并使城乡比较利益差别被人们普遍察觉。乡村在一定程度的市场力量作用下最直接和最重要的社会后果就是智力流动增加和乡村社会的分层结构发生变化，农民职业分化和经济差距的扩大改变了原来刚性的城乡二元结构，并在此基础上形成新的利益关系。在农村，由于经济资源和智力资源的市场化主导性配置取代了行政主导的配置方式，基层政权由于经济动员能力弱化而导致政治动员能力也在走向弱化；与此同时，乡村精英（各种能人）阶层的崛起在改变乡村的权威结构和治理环境①，对农村智力流动会产生更加深刻的影响。上述两种社会现象的出现，共同说明：在高等教育与农村发展互动导引的农村智力流动过程中，农民如果在体制内难以寻求到对其合法权益的保护，制度性权威就会逐渐丧失，体制外的地方性权威很可能应运而生。

概而言之，农村智力流动过程的延续一方面仍然在促进农村人口进一步接近和走进现代文明，享受到和城市相仿的丰富多彩的生活内容；另一方面，农村智力流动也在促使城市中人与人的交往更为广泛、眼界更为拓展、生活更为自主、流动更为自由、个性潜力发挥空间更为广阔。与此同时，农村智力流动所引发的力量对现代人格的塑造会产生同构性影响，将使农村人格类型在变革中转向都市人格类型，并促使城市居民的角色行为、思维方式和社会心态趋于现代整合，在城乡二元冲突的消解中走出边际性怪圈，走进新的文明境界。

对农村而言，新社会精英的出现，会给农村发展带来身边的榜样，

① 彭拥军. 走出边缘——农村社会流动的教育张力［M］. 武汉：华中科技大学出版社，2011.

产生重要的示范和模塑作用。农村人身边的榜样最具有教育作用，正如威廉·G. 布朗所言，教育“可以让人们从他们最初的社会地位中解放出来”①。布朗所指的教育对人的解放就是从职业的改变立言的。从国际经验看，英国农村的智力流动是工业发展和城市扩张产生巨大劳动力需求与农村积累了大量富余劳动力两者相互呼应的产物；美国则是城市工业发展和农村劳动力需求竞争的结果，它导致了工业和农业的技术进步。因为农村劳动力的短缺，刺激了农业生产方式不断改进，推动了农业劳动生产率的持续提高，加快了农业的机械化和现代化进程。

我们还可以找到更多例证。比如日本经济起飞时期（1950—1980年）的农业人口下降了65%，而美国在经济起飞时期农业人口下降了72%。遗憾的是，在中国大陆曾经采用了种种限制移民的政策（如户籍制度等），由此导致1985—1990年只有1.5%的农村人口转移出去②。从发达国家的经验来看，智力流动的历史常常就是一部优化人口的历史。有些国家（如美国），除了农村人口的向上社会流动和适应性提高外，还采取了广泛吸纳世界科技移民的方式来实现人口优化。我国的发展历史，必然也是一部优化人口的历史，因为工业化和城市化过程，不仅意味着大量农村劳动力涌入城市，也意味着农业和农民自身的转变。在我国现代化过程中，如何通过合理的农村智力流动减少和优化农村人口，是实现农村智力良性流动、促进城乡共同发展的重要问题。这也是防止农村智力流动坠入陷阱，必须认真考虑的问题。

可以肯定地说，农村智力流动是我国现代化过程中社会结构变动的重要内容，也是促进社会结构变动的重要力量。社会的结构性流动既破坏或改造原有制度，又创造和维护新的制度。这种结构性智力流动常常会凸显制度的四个方面的特征③：首先，从内在结构上，制度总是具有抗拒变迁的倾向。一些相对稳定的行为规范和取向成为一种制度，是人

---

① 埃伦伯格. 美国的大学：国家的财富还是濒于灭绝的物种？[M]. 康乃尔大学出版社，1997：23.

② 孙立平. 断裂：20世纪90年代以来的中国社会［M］. 北京：社会科学文献出版社，2003：4.

③ 李汉林. 中国单位社会［M］. 上海：上海人民出版社，2004：5.

们长期社会化的结果。人们接受它，实践它，遵循它，并自然而然地作为了一种行为惯性。这种习惯和惯性是不可能一挥而去的。这种惯性所引起的滞后性，一方面保证了一个社会及社会结构的相对稳定，另一方面又对社会变迁产生一种巨大的无形阻力。其次，制度与制度之间是一个相互依赖的整体，它们都建立在一些基本的价值观念和意识形态之上。第三，一个社会的制度发生变化或者变迁，往往是或者意味着这个社会的整个制度可能同时发生变迁。最后，制度往往也是一个社会出现主要社会问题的地方。比如，农民工大量出现引起农村凋敝等新现象的出现，实际上预示着社会经济制度运行与发展过程中出现了某种偏差。可以肯定，在现代化过程中，社会将得到进一步发育，社会的政府将逐步取代政府的社会。各种群体和各种阶层将能够更好地表达各自的利益和发出自己的声音。

事实上，中国高等教育与农村发展互动过程实际上已经出现了五种应对手段[①]：第一种是顺从。社会行为既满足整个社会的基本价值需要，又可以通过合法手段实现自己的目标，从而把社会纳入稳定和持续的发展轨道，不产生或较少产生社会偏差。第二种是革新。个人在极力强调自身文化的同时，无法将实现这一目标的手段的制度规范完全内化，只能采取某种越出习俗和法律规定范围的手段进而攫取社会资源。换句话说，社会普遍存在的价值目标无法兑现自己的实际目标，只能超越或者突破已有的价值准则。高等教育制造精致的利己主义者和社会底层对高等教育出现的冷漠二者并存，就孕育着社会需要革新的胚芽。第三种是仪式主义。对规范制度表面上采用顺应态度，但在行动上并不自觉，人们更倾向于采用一种不触线的游戏化行为。高等教育改革的上有政策、下有对策或者以改革的名义出现持续改革，最终出现回到原点甚至回不到原点，这种怪或者不怪的社会现象，都是仪式主义在作怪。第四种是逃避主义。既不接受共同的文化价值，也不遵守社会的制度规范，出现一种非社会化的偏差行为。第五种是反叛。表现为在文化目标和制度手

① 李汉林，等. 中国单位组织变迁中的失范效应［M］. 上海：上海人民出版社，2005：11-12.

段上的否定，希望实现价值重建和社会结构重组。市民或农民对重大特殊事件的冷漠（比如2016年多地发生的洪水灾难，但报道中呈现出来的积极参与者多是干部和武警官兵，普通大众总体上缺乏参与积极性）。农村的公益性和共益性活动，民众的参与积极性也不高。

第四节　高等教育促进农村现代转变何以可能

正如诺贝尔经济学奖获得者舒尔茨指出的，传统农业的弱小性越来越体现在：农民已耗尽了作为他们所支配的投入和知识的一个组成部分的“生产技术”的有利性，而对于农民的储蓄与投资以增加再生产性资本的各种形式的存量，几乎没有什么刺激。……改造这种类型的农业，就要发展并供给一套比较有利可图的要素。发展和供给这种要素，并学会有效地使用这些要素，是投资——向人力和物质资本的投资——的事①。

目前的乡村能人基本上没有受过大学以上的教育（因为早期的大中专学生都进入了国家包办起来的体制中），但这些留在乡村的能人都受过不低于同龄人平均水平的教育。大多数的乡村名人，在生活中，几乎都受过各种形式的职业技术方面的训练，他们是某方面的技术能人。普通教育对他们成为名人，看不到明显的直接作用。老实说，他们都不是普通教育终端筛选的获胜者，从这种意义上说，教育没有造就他们。但教育上的“不成功”，使他们进入了农村这个广阔的天地，他们在生活经历中又有幸接受了不同形式的职业教育，并用它来提升了自己。可以肯定地说，教育，至少是普通教育，在农村智力流动中呈现出一种特殊张力。因为建设社会主义新农村需要高素质的农村人口，需要绝对地减少农民数量和不断提高农民从事现代农业的技能水平。单纯以“扫盲”、“识字”为重点的补偿性成人教育已经不能满足农村发展的需要，农村成人教育需要升级为更高等级的教育并调整服务策略，以更好地满足农民文化素养提高和新职业技能发展的要求，促进农村人口向其他行业的

---

① 舒尔茨. 改造传统农业［M］. 北京：商务印书馆，1987：序言1-2.

流动，不断提升农村劳动力的就业机会和就业层次。高等教育（尤其是涉农的高等教育，前面已有专门论述，在此不赘述）以及高等职业教育（目前可能还需要包含中等职业教育）如何通向农村，以便更好地促进农村发展，其重要价值不言自明。

一、积极拓宽补偿性农村成人职业教育的服务范围

要提高农民的社会地位和社会参与能力，就需要改变农民的思想意识，提高农民素质，重塑昔日农民良好的社会形象，因此更迫切需要对农民积极实施补偿性教育。

首先，补偿性教育旨在提高农民参与和享受现代生活的能力。《中国农村统计年鉴》提供的数据表明，2002 年我国农村劳动力中文盲、半文盲占 7.59%，小学文化程度的占 30.63%，初中文化程度的占 49.33%，高中文化程度的占 9.81%，中专文化程度的占 2.09%，大专以上文化程度的仅占 0.56%①。农村成年人口文化素质低已经成为制约农村长远发展的重要因素。因此，很有必要通过行之有效的农村成人职业教育对他们进行文化基础知识和现代意识等方面的补偿教育，以使他们能够更好地适应现代社会生活。另据 2006 年教育部公布的数据：我国适龄儿童的小学净入学率为 99.27%，已经达到了全面普及小学教育的水平；初中阶段的毛入学率为 69.97% ，高中阶段的毛入学率为 59.8%。然而，对于每年近 2000 万名的适龄儿童来说，近 1%的适龄儿童不能入学或辍学，这意味着每年仍然有几十万人成为文盲后备军；有 30%以上的小学毕业生没有进入初中阶段学习，超过 40%的初中毕业生不能进入高中阶段学习，这些没有机会接受初中和高中教育的人大多数生长在农村②。因此，对农村人口实施文化基础知识和职业技能并举的补偿性职业教育仍然是一个数量大、持续时间长的工作。农村成人教育如果能够用合适的方法促进农村成年人提高生活所必需的基本文化知识和工作技能，必将为农村人口有效参与现代化建设和分享现代化的发展成果提供更好的

① 邓峙．试论农村劳动力科技素质与城乡和谐发展［J］．当代经济，2007(11)：88-89．

② 教育部．2006 年教育事业发展统计公报［R］．

基础和条件。

其次，农村成人教育应从农民终身教育体系的视角来思考提高农民文化和技能问题，并着眼于全面长效地提高农民素质！要实现党中央提出的“在二十一世纪前20年全面建设小康社会”的奋斗目标，从根本上解决“三农”问题，重要途径之一就是大力发展农村职业教育与培训，切实有效地提高农村人口综合素质和职业技能水平。而现在，我国就业和经济发展正面临两大变化：第一个变化是正在逐步形成由直接就业走向先接受技能培训后就业的新格局，第二个变化是产业结构优化升级对高级技工产生了强劲需求。从国家现代化建设的大局出发，我们要认识到加强农民职业教育的重要性和紧迫性。在发展农村职业教育中，应把农民的长远发展和提高素质纳入农民终身教育体系中，以加速农村人力资源的二次开发①，提高农村劳动者素质，把农民由一般性劳动力提升为专门性劳动力。这种开发对农村人口的职业转换具有积极意义：它有助于实现传统农业向现代化农业的转化，并实现农村发展与农村成人教育之间的良性互动。因为农业发展可以为农村成人职业教育提供新的发展空间，使农民感受到应接受进一步教育的必要性，从而主动地融入终身教育框架体系中。

其三，农村成人职业教育要逐步着眼于重塑农民形象。在中国古代，农民在士农工商四大阶级序列中居于第二位，而新中国的农民更以世界7%的耕地养活了世界上21%的人口，创造了让中国人感到自豪的成果，这都曾经让农民扬眉吐气。但随着现代化的推进，农民甚至被演化成落后、愚昧的代名词。农民形象的矮小化和农业在国民经济中的比重下降，都迫使人们重新审视农业经济结构的缺陷与农业和农民等相关的问题。有鉴于此，甚至有人对我们曾经引以为豪的事实做出了带有颠覆意味的判断。我国以狭小的耕地面积养活庞大人口的事实也被人们从新的角度来重新审视，如果考虑到我们是以占世界40%的农民养活占世界7%的非农民的话，曾经让农业和农民引以为豪的事实中就包括了许

① 一次开发是指正规的普通教育所实现的把潜在劳动力转化为现实劳动力的开发。

多尴尬成分。因为据《美国农业》一书记载，一个美国农民能养活98个本国人和34个其他国家的人[①]。这一冰冷的事实无情地表明我国农业生产的低效率和低回报，它甚至揭示出农民单纯依靠传统农业获取收益必然难以走出收入低下的尴尬境地背后所隐藏的事实真相。因此，如何使农业从低效率走向高效率，使农业生产从松散的个体活动走向严密的集约经营，一个无法回避的问题就是如何让农民接受合适的职业训练，使其转化为现代农民或者进入其他服务行业，以重塑农民形象。当然，在农民形象的重塑过程中，必然会对我国面向农村的成人教育产生很大的现实需要，这就需要我们不断拓展农村成人职业教育的发展空间。

二、强化农村成人职业教育的“为农”服务功能

农村发展的一个重要目标是提高农村的生活品质。传统农业向现代农业发展的趋势决定了有限的土地不可能容纳数量如此庞大的农民，传统农民数量必将大大减少，而与农业和农村相关联的行业将成为就地吸纳农村劳动力的重要力量，农村成人教育要在对传统农业的全面改造（或者说扬弃）进程中发挥积极作用。那么，如何通过农村成人教育（主要是成人职业教育）的发展来有效提高农民职业素质，培养多层次的农业技术人才，造就一批具有发展致富意识和较强劳动技能的新型农民[②]就成为一个越来越现实的问题。

首先，国家要大力发展针对农村成人的职业教育，积极培养具有广阔的就业、创业适应性和心理健康、心态平衡的新一代农民，使之成为建设社会主义新农村的中坚力量。对那些立志在农村发展的劳动力，特别是已经离校返乡的初、高中毕业生们，应对他们进行农村实用技术培训，引导他们增强市场创新意识，帮助他们进一步学习和掌握农业高新技术知识，以提高他们在农村经济发展中不断开拓市场、驾驭市场的能力。同时还要鼓励他们发展现代农业，大力促进生态农业产业的发展，

① 沈丽英．努力实现好农村劳动力的有序有效转移［J］．厦门特区党校学报，2002（6）：30-32．

② 这里的新型农民至少有两层含义：一是在身份意义上是农民身份，二是与农业生产存在较强的直接关联。

使传统农业产业从低附加值的农业初级产品生产向高附加值的农业产品开发的现代农业方向发展，逐步形成具有高附加值的农业产业链，从而实现传统农业向现代农业的根本转变，并促使农民由传统农民向现代农民转变！通过提高农村农民的科学技术水平，实现农业和农村现代化，使农村成为与城市相媲美的生活场所和就业、创业场所。

开发农村劳动力资源，提高劳动者素质，最终实现农村生产力水平的提高，已经成为农村成人教育要获得长久发展和产生重要社会影响力所不得不直面的发展方向性选择。从总体上说，农村经济落后，教育资源贫乏，在较长一段时期内面对适龄儿童的普通教育与城市相比总体上处于不利地位，因而更需要富有针对性的职业教育对农村成人教育予以补偿。事实上，随着经济的不断发展，每个人都会产生甚至强化发展自己、提高自己的愿望，而农村人这种愿望更需要国家予以引导、激发和满足。可以肯定，从理论上说，农村成人职业教育存在巨大发展空间和现实需要。这就需要职业教育能想农民之所想，采取灵活多样的办学方式，建立适合农村经济发展的办学机制，改变过去过于重视学历、忽视短期培训的做法，实现教育观念创新，并根据农村实际情况来办学，采取多形式、多渠道地向农村各类人员开展各种层次的基本知识和技能的补偿性教育和短期的实用技术培训，以满足农民群众对农技知识的需求和农村经济发展的需要，培养出能真正服务于农村生产，服务于农业小康社会建设的各类人才，促进农业增效，农民增收，使农村成人教育产生新的硕果。如果农村成人教育能够脚踏实地向这一目标迈进，这将会既有利于促进广大农民脱贫致富奔小康，也将为更好地实现农村人口向其他行业转移提供物质基础。

其次，农村成人职业教育要促进农民就地向与农业相关联的产业转移。农业的集约化生产，以及农业产品的商业化运作，不但意味着原来意义上的农民数量大大减少，而且意味着农民将向农业工人转变，这需要更高层次的农村人才和与农业相关联的技术来支撑。事实上，在 2004 年 2 月，教育部就启动了“一村一名大学生计划”①，由中央电大牵头组

① 教育部 2004 年第 6 次新闻发布会：教育部启动“一村一名大学生计划”。

织实施。截至2006年10月，全国就有31所省级电大和357个县级电大教学点参与试点项目。已注册学习的5.54万名学生中，80%以上是现职的乡镇干部，另外近20%的人是科技致富能手和乡镇企业职工。电大和电大教学点的教师针对农村经济、文化发展及生产管理的需要，已开设了具有职业教育特色的11个专科专业，其中包括种植类的农业技术、种子生产与经营、园艺技术、林业技术、园林技术；养殖类的特种动物养殖、畜牧兽医、畜牧；管理类的农村行政管理、农业经济管理、乡镇企业管理等，以突出与农业生产和乡村管理等实用性方面内容的教学。此外，农村成人职业教育还应积极探索远程教育，希望远程教育资源能为中国农村普及农业科学技术，帮助农民脱贫致富，加快农村经济社会和城乡协调发展，促进农村精神文明和物质文明建设做出贡献；并运用广播、电视、互联网络、卫星网络等手段，开展了多形式、多层次、多功能的农民教育培训，使农民不出家门就能上大学。如果今后能够把农业技术和农产品深加工的技术推广与农村人才培养真正结合起来，那么，农村社会的全面深刻变迁是可以预期的，而这种预期在发达国家实际上已经成为现实。

其三，农村成人职业教育要注重提高农村对高素质人才的吸引力。高素质人才是加速农业现代化进程的重要力量。我国是农业大国，农民所占比重较大，农民素质的高低和农民知识化进程的快慢在很大程度上决定着农业现代化发展的步伐，决定着农村小康社会目标的实现。农村职业教育为社会培养大量高素质、高技能的人才，可以加速整个社会的现代化进程！我们必须清醒地认识到农业对国家经济发展具有的巨大约束力，农业发展跟不上，现代化就缺乏稳定的现实基础。可以毫不夸张地说，没有持续发展的农业，就没有持续发展的工业；没有农村的富裕，就难以有城市真正长久的富裕。而农业发展的根本就在于农业技术的发展和农业人才的培养，当然也离不开农村职业教育的大力发展。因此，作为我国现代教育重要组成部分的农村职业教育是农村工业化、现代化的重要支持力量。大力发展农村职业教育是发展农村经济，推进农村工业化建设的一项战略措施。目前，我国综合国力的增强在很大程度上取决于9亿农民综合素质的提高，它呼唤农村成人职业教育的大力发展，而农村成人职业教育的良性发展又有助于新农村的建设。农村成人职业教育应以当地农业产业化发展的需要为出发点，打破以单一学习课本知识为主体的教学模式，注重围绕当地农业主导产业，有选择性地开设课程，注重课程与教学内容的科学性、先进性、针对性、实用性和灵活性；在传授给学生以先进知识和实用技能的同时，培养学生的综合适应能力、自我学习能力和自主选择能力，以提高其为农业产业化服务的本领。与此同时，还应注重农村职业教育的实验实习基地建设，努力为学员创造良好的实验实习条件，让学员在经过培训后很快地适应农村经济发展的需要和满足个人致富的需要，从而提高农村对人才的吸引力。

三、优化农村成人职业教育的“离农”服务效果

“三农”问题的根本解决既在于提高农民素质，更在于减少农民数量。在目前的现实条件下，我们不可能机械地减少农民数量，只能努力实现农民的制度性转移，其根本点在于提高农民社会流动的愿望和能力①。随着农村人口大量转移，我国工人队伍构成发生历史性变化，农民工实际上已经成为产业工人的主体。权威调查显示，在第二产业就业的农业户口劳动力已占57.6%，有些行业中农业户口的从业人员已占相当高的比重，如批发零售业和餐饮业占52.6%，加工制造业占58.2%，建筑业占79.8%②。农村成人职业教育如何进一步帮助农民真正走出农业已经成为日渐凸显的问题。

首先，教育已经成为推动部分中青年农民走出农村、实现社会流动的重要力量。从理论上说，农村成人职业教育能够激发农村中青年劳动者的学习愿望并提高对职业教育的积极预期。在我国大部分农村，本来就有一些农民子弟通过正规学校教育在社会阶梯中占据了较高位置。他们所拥有的政治地位、经济地位和文化地位都明显高于一般农民，这些获得较高社会地位的人为其他的农民子弟树立了榜样。在改革开放后，

---

① 彭拥军. 高等教育与农村社会流动［M］. 北京：中国人民大学出版社，2007：241，246.

② 佚名. 中国农民的角色定位出现历史性变化［EB/OL］.［2008-10-09］. http://news.xinhuanet.com/newscenter/2008-10/09/content_10171840.htm.

农民因大规模社会流动而走出了农业和农村，但他们主要从事补充性劳动岗位，容易成为城市贫民。因此，应充分发挥远程教育的作用，大力发展农村成人职业教育，积极开展农村劳动力的转移培训，通过对劳动者进行文化和职业技能的培训，促使进城打工的农村劳动者获得更多的就业机会，提升其就业层次，真正实现农民身份改变和人格转换，这将是农村成人职业教育越来越需要担负起的重要社会使命。因为只有从根本上提高农民的人力资本水平，增强农民向非农行业和非农产业的流动能力，从职业意义上最大限度地减少农民，才是抓住了“三农”问题的关键。目前开展的针对农民工的职业技能培训，就是一种比较好的尝试，它有助于解决需要引进农民工地区的民工荒问题和农民工输出地的劳动力闲置问题。

其次，农村劳动力转移培训实践证明了农村劳动力转移的必要性和可能性。我国从 2004 年开始实施农村劳动力转移培训阳光工程①。今后，应围绕国家农村劳动力转移培训阳光工程，大力开展农村劳动力转移培训和进城农民工培训。而我国在今后能够像发达国家一样，采取有力措施鼓励一部分科研院所积极参与农业科学技术方面的应用性研发，以及参与对农村人才和农村人口转移的相关培训来为农民走出农业和农村提供更多的知识性和技能性支持，使农民接受更多的职业技能教育和培训，这既是农村成人教育发展所需要的一个现实条件，也是农民真正能够从农村转移出去而成为新型市民的必然要求。

其三，农村成人教育要为促进农民成为永久离开者贡献力量。在目前的社会结构中，白领性工作岗位主要集中在城市和非农行业，经过良好的正规教育而成为农村永久流出者大都成为白领，而经过二次教育实现农民白领化在目前仍然只具有理论上的可能性。事实上，农民自主性社会流动者主要从事城市和工业的替代性和补偿性劳动，也就是主要从事城市人口不愿意做的脏、苦、累和危险的工作。这种局面的存在其实也是城乡和工农不平等的一种反映，也折射出农村人口竞争白领性工作

---

① 农业部，财政部，劳动和社会保障部，教育部，科技部，建设部. 关于组织实施农村劳动力转移培训阳光工程的通知（农科教发〔2004〕4 号）[R].

岗位无论在知识能力层面，还是在制度性开放层面都处于弱势地位。因此，如何通过农村成人职业教育提升农民进城的现实竞争力，并使他们成为农村永远的流出者和城市的永久居民，将是我国现代化过程中难以回避的重要问题。

可以肯定地说，农村智力流动是我国现代化过程中社会结构变动的重要内容，也是促进社会结构变动的重要力量。社会的结构性流动既破坏或改造原有制度，又创造和维护新的制度。这种结构性社会流动常常会凸显制度的四个方面的特征[①]：首先，制度从内在结构上总是具有抗拒变迁的倾向。一些相对稳定的行为规范和取向成为一种制度，是人们长期社会化的结果。人们接受它，实践它，遵循它，并自然而然地作为了一种行为的惯性。这种习惯和惯性是不可能一挥而去的。这种惯性所引起的滞后性，一方面保证了一个社会及社会结构的相对稳定，另一方面又对社会变迁产生一种巨大的无形阻力。其次，制度与制度之间是一个相互依赖的整体，它们都是建立在一些基本的价值观念和意识形态之上。第三，一个社会的制度发生着变化或者变迁，往往是或者意味着这个社会中的整个制度同时发生着变迁。最后，制度往往也是一个社会出现主要社会问题的地方。比如，农民工大量出现引起农村凋敝等新现象的出现，实际上预示着社会经济制度运行与发展过程中可能出现的某种偏差。可以肯定，在现代化过程中，社会将得到进一步发育，社会的政府将逐步取代政府的社会。各种群体和各种阶层将能够更好地表达各自的利益和发出自己的声音。

① 李汉林．中国单位社会［M］．上海：上海人民出版社，2004：5.

参考文献

一、书籍类

[1] 英格尔斯. 从传统人到现代人：六个发展中国家中的个人变化［M］. 北京：中国人民大学出版社，1974.

[2] 熊培云. 一个村庄里的中国［M］. 北京：新星出版社，2011.

[3] 班固. 汉书：董仲舒传［M］. 北京：中华书局，2005.

[4] 黄留珠. 秦汉仕进制度［M］. 西安：西北大学出版社，1985.

[5] 安作璋，熊铁基. 秦汉官制史稿［M］. 济南：齐鲁书社，2007.

[6] 李宗桂. 中国文化概论［M］. 广州：中山大学出版社，1988.

[7] 亨廷顿. 变化社会中的政治秩序［M］. 北京：生活·读书·新知三联书店，1989.

[8] 彭拥军. 走出边缘——农村社会流动的教育张力［M］. 武汉：华中科技大学出版社，2011.

[9] 希尔斯. 论传统［M］. 上海：上海人民出版社，1991.

[10] 汤因比. 历史研究［M］. 上海：上海人民出版社，1986.

[11] 英格尔斯. 人的现代化——心理·思想·态度·行为［M］. 成都：四川人民出版社，1985.

[12] 斯科特. 农民的道义经济学：东南亚的反叛与生存［M］. 南京：译林出版社，2001.

[13] HABERMAS. The theory of communicative action: 2 Vols [M]. Translated by McCarthy. Boston: Beacon Press, 1981.

[14] 彭拥军. 高等教育与农村社会流动［M］. 北京：中国人民大

学出版社，2007.

[15] 孙立平．博弈：断裂社会中的利益冲突与和谐［M］．北京：社会科学文献出版社，2006.

[16] 布劳．不平等与异质性［M］．王春光，等译．北京：中国社会科学出版社，1977.

[17] 墨菲．文化与社会人类学引论［M］．北京：商务印书馆，1991.

[18] 波普诺．社会学：下［M］．刘云德，等译．沈阳：辽宁人民出版社，1989.

[19] 张英洪．农民权利论［M］．北京：中国经济出版社，2007.

[20] 舒尔茨．改造传统农业［M］．北京：商务印书馆，2006.

[21] 罗吉斯，等．乡村社会变迁［M］．王晓毅，等译．杭州：浙江人民出版社，1987.

[22] 李培林．村落的终结——羊城村的故事［M］．北京：商务印书馆，2004.

[23] 费孝通．江村经济［M］．北京：商务印书馆，2001.

[24] 余秀兰．中国教育的城乡差异——一种文化再生产现象的分析［M］．北京：教育科学出版社，2004.

[25] 何建章．中国社会指标的理论和实践［M］．北京：中国统计出版社，1989.

[26] DARENDORF. Class and class conflict in industrial society [M]. Stanford: Stanford University Press, 1959.

[27] 李路路，王奋宇．当代中国现代化进程中的社会结构及其变革［M］．杭州：浙江人民出版社，1992.

[28] 李汉林，渠敬东．中国单位组织变迁中的社会失范效应［M］．上海：上海人民出版社，2005.

[29] 麦金太尔．追寻美德：道德伦理研究［M］．南京：译林出版社，2008.

[30] 罗素．宗教与科学［M］．北京：商务印书馆，2005.

[31] 沈红．美国研究型大学的形成与发展［M］．武汉：华中理工

大学出版社，1999.

[32] 王英杰．美国高等教育的发展与改革［M］．北京：人民教育出版社，2002.

[33] 胡建华．大学制度改革论［M］．南京：南京师范大学出版社，2006.

[34] 斯沃茨：文化与权力——布尔迪厄的社会学［M］．上海：上海译文出版社，2006.

[35] 夏征农．辞海［M］．上海：上海辞书出版社，1979.

[36] 刘易斯．二元经济论［M］．北京：北京经济学院出版社，1991.

[37] 托达罗．经济发展［M］．北京：中国经济出版社，1999.

[38] 托达罗．经济发展与第三世界［M］．北京：中国经济出版社，1992.

[39] 吴晗，费孝通．皇权与绅权［M］．天津：天津人民出版社，1988.

[40] 许烺光．美国人与中国人——两种生活比较［M］．北京：华夏出版社，1989.

[41] 梁漱溟．中国文化要义［M］．上海：学林出版社，1987.

[42] 涂尔干．教育思想的演进［M］．上海：上海人民出版社，2006.

[43] 费孝通．乡土中国　生育制度［M］．北京：北京大学出版社，2003.

[44] 帕森斯．现代社会的结构与过程［M］．梁向阳，译．北京：光明日报出版社，1988.

[45] 许欣欣．当代中国社会结构变迁与流动［M］．北京：社会科学文献出版社，2000.

[46] 班克斯．教育社会学［M］．林清江，译．台北：台湾伟文图书出版社，1978.

[47] 吴铎．社会学［M］．北京：高等教育出版社，1992.

[48] 李强．当代中国社会分层与流动［M］．北京：中国经济出版

社，1993.

[49] 王春光. 社会流动与社会重构——京城“浙江村”研究 [M]. 杭州：浙江人民出版社，1995.

[50] 福柯. 规训与惩罚 [M]. 北京：生活·读书·新知三联书店，1999.

[51] 张人杰. 国外教育社会学基本文选 [M]. 上海：华东师范大学出版社，1989.

[52] 毛泽东. 毛泽东选集：第二卷 [M]. 北京：人民出版社，1969.

[53] 林聚任. 社会信任和社会资本重建——当前社会关系研究 [M]. 济南：山东人民出版社，2007.

[54] 胡顺延，王先洪. 古泽云梦的城边村 [M]. 北京：社会科学文献出版社，2007.

[55] 吉尔伯特，卡尔. 美国阶级结构 [M]. 北京：中国社会科学出版社，1992.

[56] 格伦斯基. 社会分层 [M]. 北京：华夏出版社，2006.

[57] 约翰逊. 社会学理论 [M]. 南开大学社会学系，译. 北京：国际文化出版社，1988.

[58] 杜里-柏拉. 学校社会学 [M]. 上海：华东师范大学出版社，2001.

[59] 杭特. 教育社会学理论 [M]. 李锦旭，译. 台北：桂冠图书公司，1993.

[60] 孙立平. 断裂：20 世纪 90 年代以来的中国社会 [M]. 北京：社会科学文献出版社，2003.

[61] 邓小平. 邓小平文选：第三卷 [M]. 北京：人民出版社，2001.

[62] 中共中央组织部，等. 知识分子问题文献选编 [M]. 北京：人民出版社，1983.

[63] 贺春兰. 义务教育谁买单 [M]. 苏州：苏州大学出版社，2003.

[64] 罗尔斯. 正义论 [M]. 北京：中国社会科学出版社，1988.

[65] 奈斯比特. 大趋势 [M]. 北京：中国社会科学出版社，1984.

[66] 弗朗索瓦·佩鲁. 新发展观 [M]. 北京：华夏出版社，1987.

[67] 国务院研究室课题组. 中国农民工调研报告 [M]. 北京：中国言实出版社，2006.

[68] 默顿. 社会理论和社会结构 [M]. 南京：译林出版社，2006.

[69] 布劳. 社会生活中的交换与权力 [M]. 北京：华夏出版社，1987.

[70] 怀特. 街角社会：一个意大利人贫民区的社会结构 [M]. 北京：商务印书馆，1994.

[71] 何增科. 公民社会与第三部门 [M]. 北京：社会科学文献出版社，2000.

[72] 科瑟. 社会学思想名家 [M]. 合肥：安徽教育出版社，1991.

[73] 郭书田，等. 失衡的中国——农村城市化的过去、现在与未来 [M]. 石家庄：河北人民出版社，1990.

[74] 孟德斯鸠. 论法的精神：上 [M]. 张雁深，译. 北京：商务印书馆，2005.

[75] 卢梭. 论人类不平等的起源和基础 [M]. 李常山，译. 北京：商务印书馆，1982.

[76] 勒鲁. 论平等 [M]. 北京：商务印书馆，1994.

[77] 托克维尔. 论美国的民主：下 [M]. 董果良，译. 北京：商务印书馆，1997.

[78] 李汉林. 中国单位社会：议论、思考与研究 [M]. 上海：上海人民出版社，2004.

[79] 李培林. 中国社会分层 [M]. 北京：社会科学文献出版社，2004.

[80] 吉尔伯特. 美国阶级结构 [M]. 北京：中国社会科学出版社，1992.

[81] 埃尔德. 大萧条的孩子们 [M]. 南京：译林出版社，2004.

[82] 秦言. 中国中产阶层——未来社会结构的主流 [M]. 北京：

中国计划出版社，1999.

[83] 凯恩斯．就业、利息与货币通论［M］．北京：商务印书馆，2004.

[84] 纪玉山．网络经济［M］．长春：长春出版社，2000.

[85] 莱文．高科技、效益、筹资与改革［M］．北京：人民日报出版社，1995.

[86] 吴康宁．教育社会学［M］．北京：人民教育出版社，1998.

[87] 马斯洛．动机与人格［M］．北京：华夏出版社，1987.

[88] 舒尔茨．改造传统农业［M］．王晓毅，梁小民，译．北京：商务印书馆，1987.

[89] 克尔．大学的功用［M］．南昌：江西教育出版社，1993.

[90] SALLIS. 全面质量教育［M］．何瑞薇，译．上海：华东师范大学出版社，2005.

[91]《中国城市年鉴》编辑部．中国城市年鉴［M］．北京：中国城市出版社，2000.

[92] THIO. Sociology: an introduction [M]. 2nd ed. New York: Harpper & Row Publishers, Inc., 1989.

[93] 米尔斯．白领：美国的中产阶级［M］．周晓虹，译．南京：南京大学出版社，2006.

[94] 斯科特．国家的视角——那些试图改善人类状况的项目是如何失败的［M］．王晓毅，译．北京：社会科学文献出版社，2004.

二、论文类

[1] 王春光．新生代农民工：特征、问题与对策［J］．人口研究，2010 (2).

[2] 张再生．中国的智力回流及其引致机制研究［J］．人口学刊，2003 (6).

[3] 彭拥军，姜婷婷．个案研究中的学术抱负：兼论个案的拓展与推广［J］．西安交通大学学报（社会科学版），2010 (3).

[4] 李培林．另一只看不见的手：社会结构转型［J］．中国社会科学，1992 (5).

[5] 胡俊生. 由隔离走向融合——城乡关系的历史演变及其发展趋势 [J]. 延安大学学报 (社会科学版), 1997 (3).

[6] 李飞龙. 改革开放以前中国农村社会的人口流动 (1949—1978) ——基于国家和社会的视角分析 [J]. 天府新论, 2011 (2).

[7] 李若建. “民工潮” 对中国社会的冲击 [J]. 未来与发展, 1995 (3).

[8] 李春玲. 社会结构变迁中的城镇社会流动 [J]. 社会学研究, 1997 (5).

[9] 彭拥军, 陈乐. 大学生精英形象起伏的逻辑 [J]. 中国地质大学学报, 2011 (6).

[10] 彭拥军, 等. 高校扩招要防止文凭疾病 [J]. 湖南教育学院学报, 2000 (6).

[11] 彭拥军, 唐慧君. 高等教育大众化对农村社会流动的影响 [J]. 大学教育科学, 2007 (1).

[12] 章辉美. 农民社会流动对农村现代化影响探讨 [J]. 求索, 2002 (6).

[13] 彭拥军. 高等教育改革的合法性: 话语的视角 [J]. 江苏高教, 2011 (1).

[14] 彭拥军. 高等教育研究的旨趣 [J]. 中国地质大学学报, 2008 (5).

[15] 张萍. “高分低能” 之说不科学 [J]. 广州师院学报, 1995 (4).

[16] 彭拥军. 农村社会流动的考察——教育的视角 [J]. 南京社会科学, 2007 (6).

[17] 高晓清, 顾明远. 学术自由与学术规范对我国切实性问题的思考 [J]. 高等教育研究, 2004 (3).

[18] 陈恢忠. 论社会分层的功能与社会冲突 [J]. 华中理工大学学报 (社会科学版), 2000 (1).

[19] 彭拥军. 教育对农村人口社会流动能力的影响——基于阶层背景实证材料的分析 [J]. 高等教育研究, 2007 (8).

[20] 孙立平. “关系”社会关系与社会结构 [J]. 社会学研究, 1996 (6).

[21] 翟学伟. 中国人际关系的特质——本土的概念及其模式 [J]. 社会学研究, 1993 (4).

[22] 郭于华. 农村现代化过程中的传统亲缘关系 [J]. 社会学研究, 1994 (6).

[23] 张玉林. 目前中国农村的教育危机 [J]. 战略与管理, 2004 (4).

[24] 张玉林. 教育均衡化与中国城镇化的健康发展 [J]. 东北师大学报 (哲学社会科学版), 2003 (1).

[25] 温家宝. 在全国农村教育工作会议上的讲话 [J]. 求是, 2003 (20).

[26] 张玉林. 中国城乡教育差距 [J]. 战略与管理, 2002 (6).

[27] 郑若玲. 高等教育与社会分层的关系 [J]. 现代大学教育, 2003 (2).

[28] 谢作栩. 高等教育大众化与缩小社会阶层高等教育差异的研究 [J]. 大学研究与评价, 2008 (4).

[29] 彭拥军, 尹可珍. 农村智力回流的若干思考 [J]. 大学教育科学, 2009 (6).

[30] 余小波. 当前我国社会分层与高等教育机会探析 [J]. 现代大学教育, 2002 (2).

[31] 朱丽亚. 生态农业未来掌握在谁手里 [N]. 中国青年报, 2012-04-06 (05).

[32] 朱巧玲. 我国农村剩余劳动力转移的思路与对策 [J]. 农业经济问题, 2003 (1).

[33] 张照新, 宋洪远. 中国农村劳动力流动国际研讨会主要观点综述 [J]. 中国农村观察, 2002 (1).

[34] CAIN. The challenge of segmented labor market theories to orthodox theory: a survey [J]. Journal of Economic Literature, 1976 (4).

[35] ZARETSKY, COUGHLIN. An introduction of the theory and estimation of job-search model [J]. Review (Federal Reserve Bank of Saint Louis), 1995 (1).

[36] 孙妍，李名梁. 高等教育服务产品质量管理研究 [J]. 西南交通大学学报（社会科学版），2006 (6).

[37] 史秋衡，王爱萍. 高等教育质量观：从认识论向价值论转变 [J]. 厦门大学学报（哲学社会科学版），2010 (2).

[38] 彭拥军. 高等教育研究的立场与责任 [J]. 大学教育科学，2011 (3).

[39] 周天勇. 托达罗模型的缺陷及其相反的政策含义 [J]. 经济研究，2001 (3).

[40] 于建嵘. 20世纪中国农会制度的变迁及启迪 [J]. 福建师范大学学报（哲学社会科学版），2003 (5).

[41] 高帆. 二元经济理论的演化和最新进展 [J]. 学术探索，2004 (1).

[42] 郭书田. 再论当今的中国农民问题 [J]. 农业经济问题，1995 (10).

[43] 邓峙. 试论农村劳动力科技素质与城乡和谐发展 [J]. 当代经济，2007 (11).

[44] 李强. 现代化与中国分层结构之变迁 [G] //陆学艺. 中国社会学年鉴 1992.7—1995.6. 北京：中国大百科全书出版社，1996.

[45] 鲁洁. 论学校的选择功能 [G] //翟葆奎. 教育学文集：教育与社会发展. 北京：人民教育出版社，1989.

[46] 马永霞. 多元主体利益冲突的高等教育供求结构失衡 [C] //2005年中国教育经济学年会，2005.

[47] 彭拥军. 多学科视角下的大学生就业问题 [J]. 江苏高教，2009 (5).

三、其他类

[1] 王辉耀. 中国如何应对“人才外流” [N]. 南方周末，2010-06-24.

［2］百万考生放弃高考　农村学生占大多数［EB/OL］. 中国广播网，2013-06-08.

［3］国家统计局. 2011年我国农民工调查监测报告［EB/OL］. http://www.stats.gov.cn/was40/gjtjj_nodate_detail.jsp?channelid=75004&record=192.

［4］中国恢复高考迄今30周年，高考改革在阵痛中推进［N］. 中国青年报，2007-05-20（02）.

［5］贺雪峰：给大学生村官计划泼冷水［EB/OL］. http://www.snzg.cn/article/2008/0719/article_11122.html.

［6］蔡永飞：贺雪峰对大学生村官计划的“冷思考”太冷了［EB/OL］. http://www.clgs.cn/Article_Show.asp?ArticleID=1587.

［7］江泽民. 全面建设小康社会，开创中国特色社会主义事业新局面——在中国共产党第十六次全国代表大会上的报告［EB/OL］. http://www.Chinamil.com/gb/pladiailv/2002/11/18/200211/800/014todavnes.html.

［8］教育部. 1998—2006年间各年度全国教育经费执行情况统计公告［EB/OL］. http://www.eol.cn/article/20050105/3125939.shtml.

［9］教育部. 2007—2012年间各年度全国教育经费执行情况统计公告［EB/OL］. http://www.china.com.cn/policy/txt/2008-12/16/content16955339.htm.

［10］徐冰. 城乡差距：世纪难题求解［N］. 中国经济时报，2005-03-09.

［11］中国农民的角色定位出现历史性变化［EB/OL］.［2008-10-9］. http://news.xinhuanet.com/newscenter/2008-10/09/content_10171840.htm.

后　　记

身处一个期待多出成果、快出成果和出好成果的新时代，我在自己选定和认定的研究道路上却一直是蹒跚而行。这种做法，可能就像当年选取“高等教育与农村社会流动”作为研究选题一样，让人觉得自己属于非主流。笔者这种非主流的学术生活实际上是从2002年攻读博士学位开始的。由于各种机缘，笔者把研究目光投向了教育与农村人口空间流动、农村发展相关联的论域，开始了自己的学术苦旅。在不知不觉间，笔者在这一领域历经了15年或连续或断续的观察、调查、思考和研究，也逐步形成了某些文字性产品并以此获得了一些学术同行的帮助和认可。说实话，通过研究，也悲哀地发现自己踏入了爱因斯坦所说的怪圈中，越来越感觉到自己在该论域相关问题上日益增多的无知甚至无奈，深深感觉到单凭个人的力量，要完成这一广大领域富有价值的研究是一种不可能完成的任务。

如果说有所收获的话，那就是我从教育视角对农村人口流动问题的研究似乎在一步步有序推进，对教育与农村社会流动、农村发展之间关系的认识也在不断变化甚至深化。笔者在攻读博士期间撰写成型的《高等教育与农村社会流动》（中国人民大学出版社2007年版）主要探讨了高等教育与农村社会流动的关系，揭示和解释了高等教育如何使部分农村人口（或农村子弟）成功改变自己的生活场所并改善了职业处境，实现了上升性社会流动；并由此对农村人的思想和行为产生深刻影响。他们通过高等教育获得的成功，让农村人把“知识改变命运”准确无误地理解为知识可以改善命运。这种理解曾经强有力地指引着农村人发奋读书。然而，经过冷静思考后发现，高等教育其实只改变了数量极少（这是从人口比例上说的）的农村孩子的命运。在做博士后期间，我把研究侧重点转向了整个教育对农村人口的影响，并完成了《走出边缘：农村社会流动的教育张力》（华中科技大学出版社 2011 年版）。这本著作侧重关注中等教育对那些没有受过高等教育的农村人命运的改变所带来的可能或真实的影响。

上述两部著作既试图反映出农村人走出农村的种种成功和喜悦，也努力揭示农村人在走出农村后在新环境下遭遇的种种挫折或无奈。这种两极性思绪使我越来越觉得如何把农村建设成能与城市媲美的地方，是我国现代化发展过程中不能回避的重要问题。由于对问题关注角度发生了变化，我完成的第三部著作《现代教育与农村智力流动》（湘潭大学出版社 2013 年版）明确提出了农村社会流动者应该从体力携带者向知识技能携带者转向，并认真阐发了农村智力流动这一新概念；与此同时，我也关注到，单纯的农村智力输出型流动不足以推动我国现代化的全面实现，农村智力流动有必要向合理的智力回流形态转向。

如何实现农村智力输出与回流平衡，如何实现奔向城市和工业与积极发展农村和农业之间的平衡，高等教育与农村智力流动和农村发展如何实现良性互动，这些都是我很想研究和试图解决的问题。正在这个时候，董泽芳教授积极鼓励我做这方面的研究并创造出版机会。因为我当时的研究和思考还没有真正开始，加上出国做访问学者的事情千头万绪，一时不敢答应这个明显超出我当时的精力和能力允许的研究课题。但董老师的鼓励、帮助和诱导让我无法逃避，我通过认真梳理自己主持的湖南省教育科学规划重点资助项目《非均衡城乡格局下农村教育功能优化研究》（XJK015AFZ001）后，发现其核心问题之一就是如何实现教育（高等教育）与农村发展的良性互动。两项看似不同的任务就这样统一起来了，于是在主动和被动之间就有了这本《挑战与应答：高等教育与农村发展互动》。

回想自己的学术成长过程，我觉得自己能够一步步走到今天，确实与很多贵人引导、支持、关心和帮助分不开。在此，我要对他们表示感谢。首先要感谢我硕士、博士和博士后期间的导师董泽芳教授、潘懋元教授和吴康宁教授，正是导师们富有成效的教诲让我获得了从纷繁复杂社会现象中寻找和提炼适合我研究的问题的能力；同样要感谢我的工作单位湖南科技大学给我提供的良好研究条件和学术成长环境；要感谢我父母和妻儿对我的理解、支持乃至帮助，让我能够平衡生活与研究的关系并从二者中获得乐趣；要感谢国家留学基金委为我提供的到美国访学的机会以及美国中佛罗里达大学提供的种种研究便利，特别是我的访学指导老师 Karen L Biraimah 教授的宽容和支持；最后，我要感谢华中师范大学出版社为“高等教育与社会发展研究丛书”获得湖北省学术著作出版专项资金和国家出版基金做出的种种努力以及本书稿的责任编辑古沁女士在实现从文本到著作转身中独具匠心的种种付出。

彭拥军

2016 年 10 月初稿于湖南科技大学

2017 年 3 月终稿于中佛罗里达大学